职业院校教学诊断、培训与改进专著

课程设计的诊断与优化

陈承欢　李移伦　著

方小斌　张　莹　审定

電子工業出版社
Publishing House of Electronics Industry
北京 · BEIJING

内 容 简 介

本专著所说的课程设计是指课程整体设计。课程整体设计是针对一门课程而言的，解决的是怎样才能上好一门课程的问题。课程的“整体设计”是按照现代职业教育思想和先进教学理念提出的一个教学改革概念。按照系统理论，从单元“联系”的角度对课程教学的设计进行整体优化。每门课程都需要诊断与改进，都有优化提高的空间。

本专著将课程的诊断、培训、改进三者有机结合，探索与实施课程设计诊断与优化的全过程，为改进、优化课程设计提供行之有效的方法，为职业院校教师教学能力提升培训提供全新解决方案。

本专著可以作为职业院校的课程设计和教学能力提升培训用书，也可以作为广大职业教育工作者、课程设计人员的参考书。

图书在版编目（CIP）数据

课程设计的诊断与优化 / 陈承欢，李移伦著. —北京：电子工业出版社，2018.4
ISBN 978-7-121-34060-4

Ⅰ. ①课… Ⅱ. ①陈… ②李… Ⅲ. ①高等职业教育—课程设计—研究 Ⅳ. ①G718.5

中国版本图书馆 CIP 数据核字（2018）第 074309 号

策划编辑：程超群
责任编辑：程超群
印　　刷：北京七彩京通数码快印有限公司
装　　订：北京七彩京通数码快印有限公司
出版发行：电子工业出版社
　　　　　北京市海淀区万寿路 173 信箱　邮编 100036
开　　本：787×1 092　1/16　印张：12　字数：307 千字
版　　次：2018 年 4 月第 1 版
印　　次：2018 年 8 月第 3 次印刷
定　　价：35.00 元

凡所购买电子工业出版社图书有缺损问题，请向购买书店调换。若书店售缺，请与本社发行部联系，联系及邮购电话：（010）88254888，88258888。

质量投诉请发邮件至 zlts@phei.com.cn，盗版侵权举报请发邮件至 dbqq@phei.com.cn。

本书咨询联系方式：（010）88254577，ccq@phei.com.cn。

本专著获湖南铁道职业技术学院学术著作出版资助。

序

职业院校的“教学诊改”是当下的热门话题，根据教育部的统一部署，从2015年秋季学期开始，逐步在全国职业院校推进建立“教学工作诊断与改进”（以下简称“诊改”）制度，全面开展诊改工作。诊改工作的主要目标是建立常态化自主保证人才培养质量机制，引导和促进职业院校不断完善内部质量保证体系建设、提升内部质量保证工作成效，从而持续提高技术技能人才培养质量。

“教育部办公厅关于建立职业院校教学工作诊断与改进制度的通知（教职成厅〔2015〕2号）”中明确了“诊改”的目的与意义为：提高技术技能人才培养质量是发展现代职业教育的基本任务，是构建现代职业教育体系的关键所在，是主动适应经济发展新常态、服务中国制造2025、创造更大人才红利的重要抓手。建立职业院校教学工作诊断与改进制度，引导和支持学校全面开展教学诊断与改进工作，切实发挥学校的教育质量保证主体作用，不断完善内部质量保证制度体系和运行机制，是持续提高技术技能人才培养质量的重要举措和制度安排，也是教育行政部门加强事中事后监管、履行管理职责的重要形式，对加快发展现代职业教育具有重要意义。“诊改”的任务应聚焦专业建设、教师队伍建设、课程体系改革、课堂教学与实践、校企合作与创新、质量监控等人才培养工作要素。

“高等职业院校内部质量保证体系诊断与改进指导方案（教职成司函〔2015〕168号）”中要求“诊改”应以诊断与改进为手段，促使高职院校在学校、专业、课程、教师、学生不同层面建立起完整且相对独立的自我质量保证机制，强化学校各层级管理系统间的质量依存关系，形成全要素网络化的内部质量保证体系。

同时，“高职院校内部质量保证体系诊断项目参考表”中对专业建设、课程建设、学生素质教育等方面提出了具体的“诊改”要求。专业建设的“诊改”要求包括：有无明确的专业建设目标和标准；专业人才培养方案是否规范、科学、先进并不断优化；学校内部是否建立常态化的专业诊改机制；是否能够促成校内专业设置随产业发展动态调整等。课程建设的“诊改”要求包括：课程建设规划是否科学合理；是否具有可行性与可操作性；课程建设规划目标达成度；课程标准是否具备科学性、先进性、规范性与完备性；校内是否开展对课程建设水平和教学质量的诊改，形成常态化的课程质量保证机制；是否对提高课程建设水平和教学质量产生明显的推进作用等。学生素质的“诊改”要求包括：是否制定学生综合素质标准；学生素质教育方案制定是否科学，培养目标定位是否准确；是否因材施教，注重分类培养与分层教学；是否实施全员、全过程、全方位育人，加强创意、创新、创业教育；学生自主学习能力、主动学习积极性、职业能力和创新创业能力是否得到提高等。

由此可见，“教学工作诊断与改进”应重点关注专业建设、课程建设、课堂教学和学生素质教育，培养什么样的技术技能人才、怎样培养技术技能人才是职业院校要解决的根本问题和首要任务。在“诊改”过程中如何保证各类标准、课程体系、课程设计、教学设计、素质培养的先进性、合理性和规范性，如何保证开发的教学资源的有用、好用，这些方面都是“教学工作诊断与改进”工作中的难点和重点，是“诊改”的地基与源头，必须足够重视和充分保证。如果“诊改”过程使用科学性、先进性、规范性不够强的标准去诊断课程体系、课程设计、教学设计、学生素质，得出的结论也是偏差很大的。如果课程体系、课程设计、教学设计的理念、模式和方法都不够先进，导致的结果就是教学效率和教学效果都达不到预期目标，也谈不上人才培养的高质量。

为了保证“教学工作诊断与改进”的科学性、先进性、有效性，应着力探索如何开发科学合理的诊断标准、如何根据标准进行诊断发现问题、发现问题时如何进行完善与优化，从而解决问题。

“教育部关于深化职业教育教学改革全面提高人才培养质量的若干意见（教职成〔2015〕6 号）”对专业教学、课程改革、教师培训、信息化教学、职业精神培育等方面都提出了具体要求，强调“坚持工学结合、知行合一，注重教育与生产劳动、社会实践相结合，突出做中学、做中教，强化教育教学实践性和职业性，促进学以致用、用以促学、学用相长”。针对专业教学和课程改革提出了要求：推进专业教学紧贴技术进步和生产实际。对接最新职业标准、行业标准和岗位规范，紧贴岗位实际工作过程，调整课程结构，更新课程内容，深化多种模式的课程改革。要普及推广项目教学、案例教学、情景教学、工作过程导向教学，广泛运用启发式、探究式、讨论式、参与式教学，充分激发学生的学习兴趣和积极性。针对教师培养培训提出了要求：加强教师专业技能、实践教学、信息技术应用和教学研究能力提升培训，提高具备“双师”素质的专业课教师比例。针对信息化教学能力提出了要求：广泛开展教师信息化教学能力提升培训，不断提高教师的信息素养。组织和支持教师和教研人员开展对教育教学信息化的研究。要积极推动信息技术环境中教师角色、教育理念、教学观念、教学内容、教学方法以及教学评价等方面的变革。针对学生职业精神培育提出了要求：把提高学生职业技能和培养职业精神高度融合，积极探索有效的方式和途径，形成常态化、长效化的职业精神培育机制，重视崇尚劳动、敬业守信、创新务实等精神的培养。充分利用实习实训等环节，增强学生安全意识、纪律意识，培养良好的职业道德。

职业院校教师在进行专业建设、课程建设、课堂教学、教学资源开发、学生素质培养过程中，在“教学工作诊断与改进”过程中，要充分领会和贯彻这些理念和要求，开发高质量的课程体系、课程标准、教学设计方案、教学资源，不断提高人才培养质量。

湖南铁道职业技术学院在课程体系构建、课程整体设计、教学设计、教学资源开发、学生素质培养、教师教学能力培训等方面勇于创新和实践、积累了丰富的经验，也具有在全国范围进行推广的价值。为了构建科学合理的课程体系、设计先进规范的课程方案和教学方案、开发有用好用的教学资源、全面提升学生素质、全面提升“教学工作诊断与改进”质量和效果，围绕专业建设与教学管理、课程整体设计、教学设计与实施、教学资源开发与信息化教学、学生素质培养等方面“如何进行有效诊断、完善与优化”进行了探索和研究，形成了系列专著，这些专著将诊断、培训、优化三者有机结合，探索与实施诊断与优化的全过程和行之有效的方法，为职业院校教师教学能力提升培训提供全新解决方案。

期待这些专著为提升“教学工作诊断与改进”质量、全面提高职业院校人才培养质量提供帮助和支持。

前言

教育部职成司发布的《高等职业院校内部质量保证体系诊断与改进指导方案（试行）》中明确要求：以《国务院关于加快发展现代职业教育的决定》精神为指导，以完善质量标准和制度、提高利益相关方对人才培养工作的满意度为目标，按照“需求导向、自我保证，多元诊断、重在改进”的工作方针，引导高职院校切实履行人才培养工作质量保证主体的责任，建立常态化的内部质量保证体系和可持续的诊断与改进工作机制，不断提高人才培养质量。同时还要求：以诊断与改进为手段，促使高职院校在学校、专业、课程、教师、学生不同层面建立起完整且相对独立的自我质量保证机制，强化学校各层级管理系统间的质量依存关系，形成全要素网络化的内部质量保证体系。由此可知，课程是职业院校教学工作诊断与改进的重点项目之一。

教育部《关于深化职业教育教学改革全面提高人才培养质量的若干意见》（教职成〔2015〕6号）中明确提出：推进专业教学紧贴技术进步和生产实际。对接最新职业标准、行业标准和岗位规范，紧贴岗位实际工作过程，调整课程结构，更新课程内容，深化多种模式的课程改革。职业院校要加强与职业技能鉴定机构、行业企业的合作，积极推行“双证书”制度，把职业岗位所需要的知识、技能和职业素养融入相关专业教学中，将相关课程考试考核与职业技能鉴定合并进行。要普及推广项目教学、案例教学、情景教学、工作过程导向教学，广泛运用启发式、探究式、讨论式、参与式教学，充分激发学生的学习兴趣和积极性。同时还要求：注重教育与生产劳动、社会实践相结合，突出做中学、做中教，强化教育教学实践性和职业性，促进学以致用、用以促学、学用相长。

由此可知，课程改进的重点在于跟踪市场变化调整课程结构，更新课程内容，深化多种模式的课程改革，普及推广多种先进的教学方法和手段，目标是制定体现课程内容与职业标准对接、教学过程与生产过程对接、毕业证书与职业资格证书对接的人才培养方案。制定具备科学性、先进性、规范性与完备性的实施性课程标准，形成自我约束、自我评价、自我改进、自我发展的机制，持续提高人才培养质量，不断提升发展能力。

课程建设在职业教育的教学改革中处于核心地位，是职业教育人才培养质量提升的关键要素之一。课程的整体设计是人才培养方案中专业课程体系的落脚点，是课程教学实施起始点。一套优秀的课程设计方案应基于先进的职业教育理念，源自岗位实际工作任务，选用合理的载体，采用适用的教学方法。由于课程设计方案具有多样性，没有千篇一律的固定模式，没有唯一的标准答案，其优劣程度也是相对的，没有最好只有更好。同时课程设计也具有复杂性，需要经过大量的需求调研、反复的研讨论证，课程设计方案的实施还受师资、场地、设备等多方面条件的限制，优秀的课程设计方案在真正实施过程会出现打折扣现象。

为了提高职业教育课程设计方案的科学性、先进性、规范性和可行性，本专著尝试探索一套职业教育课程设计的流程和方法，也尝试使用行动导向的理念进行课程设计。

这里所说的课程设计主要是指课程整体设计。课程整体设计是针对一门课程而言的，解决的是怎样才能上好一门课程的问题。好的课程整体设计为怎样上好一门课画就了一张完美的蓝图。但是再好的蓝图，都要依赖任课教师将它贯彻落实到课程教学的每一堂课中去，才能有效地引领学生逐步建立起能力和知识的殿堂。

课程整体设计是课程教学设计、教学资源开发的基础和保障，没有课程整体的优化，就谈不上课程单元的优化，开发的教学资源也就无法保证有用、好用。

课程教学的“整体设计”是按照现代职业教育思想和先进教学理念提出的一个教学改革概念。按照系统理论，从单元“联系”的角度对课程教学的设计进行整体优化。每门课程都需要诊断与改进，都有优化提高的空间。职业院校教师可以对一门课程进行全新的课程整体设计，也可以借鉴他人的课程整体设计方案对自己的课程设计方案进行优化改进。

本专著有以下特色和创新：

（1）将课程的诊断、培训、改进三者有机结合。

通过对现有课程设计方案的诊断明确现有课程方案的不足，即发现问题；通过培训掌握正确的课程开发方法，即理解问题；通过优化改进提升课程设计水平，即解决问题。

（2）探索与实施课程设计诊断与优化的全过程。

课程整体设计的诊断与优化的过程有其自身特点，本专著划分为 6 个阶段予以实施：第 1 阶段明确课程设计目标，第 2 阶段熟知课程设计标准，第 3 阶段分析课程设计现状，第 4 阶段改进优化课程设计，第 5 阶段控制课程设计过程，第 6 阶段评审课程设计方案。

（3）为改进、优化课程设计提供行之有效的方法。

将改进、优化课程设计细分为 7 个环节：概念探究、方法指导、样例展示、比较分析、参考借鉴、尝试改进、实战体验。在“概念探究”环节认知、区分、理解课程整体设计过程中涉及的名词术语，力争排除概念上的误区；在“方法指导”环节提供一套课程设计模式，在“剖析理念思路、调研岗位需求、选择课程模式、明确课程目标、选取教学内容、确定教学载体、设计教学单元、整合教学内容、设计教学过程、形成课程方案”10 个方面提供可行的方法指导；在“样例展示”环节提供一个完整的课程设计范例，展示一门课程完整的设计过程和设计方案；在“比较分析”环节提供9门课程多个成熟的设计方案，进一步熟悉课程设计的方法和技巧，提高课程设计能力；在“参考借鉴”环节提供6个不同专业相关岗位的岗位职责分析，10个不同专业相关岗位的典型工作任务分析，还提供了23门课程设计方案供参考借鉴；在“尝试改进”环节提供8门课程的设计方案，这些课程设计方案不同程度地存在一些不足，运用前面介绍的方法和过程进行改进优化；在“实战体验”环节选择一门熟悉的课程，首先对该课程现有方案进行分析，然后运用前面所掌握的方法和技巧，重新对课程方案进行设计。

（4）为职业院校教师教学能力提升培训提供全新解决方案。

职业院校教师参加教学能力提升培训时，或多或少出现过一些困惑，例如，能理解先进的课程开发理念，但不知道怎样的课程设计方案才真正体现了先进理念；培训师通常只介绍一般课程开发方法，至多列举1～2个实例，由于所学专业的不同，无法完全理解培训师所列举的实例，导致培训师列举的实例对其他专业课程开发的指导作用不大；培训时，培训师通常介绍课程开发的基本原则，遵守基本原则的课程设计方案是什么样子，违背基本原则的课程是什么样子，没有深刻的印象。本专著试图将这些困惑一并消除，从理解概念入手学习课程开发方法，通过阅读完整课程设计样例、分析成熟的课程设计方案、借鉴他人设计的课程方案、尝试改进有缺陷的课程设计方案，积累课程设计经验，悟透课程设计方法，最后独立进行课程设计，实现从生手到新手，再到熟手，再到专家的提升。

诊改（即“诊断与改进”，下同）和培训都需要有攻坚克难的自信，有自我净化、自我完善、自我革新、自我提高的勇气。需要多一点真抓实干、出实招、求实效的真气，要立足实际抓关键，无私无畏出实招，数据说话求实效；我们必须发扬“撸起袖子加油干”的精神，从一门课、一堂课、一张试卷开始，砥砺前行、久久为功。

本专著在撰写过程中参阅了有关著作和论文，吸收了多方面的研究成果，并引用了许多文献和课程案例，在此向各参考文献和课程案例作者表示衷心的谢意！

本专著由湖南铁道职业技术学院陈承欢、李移伦共同撰写，湖南铁道职业技术学院方小斌院长、张莹副院长组织策划了全书的整体结构，并审阅了全书。湖南铁道职业技术学院的颜谦和、宁云智、颜珍平、吴献文、谢树新、潘玫玫、肖素华、林保康、王欢燕、王姿、张丹、谭传武、张丽芳等老师参与了专著中案例的收集、整理与撰写工作。

由于作者水平有限，又是初步探索，专著中难免存在疏漏之处，敬请各位专家和读者批评指正。

目　录

前导

本专著所说的课程设计是指课程整体设计。课程整体设计是针对一门课程而言的，解决的是怎样才能上好一门课程的问题。好的课程整体设计为怎样上好一门课画就了一张完美的蓝图。但是再好的蓝图，都要依赖任课教师将它贯彻落实到课程教学的每一堂课中去，才能有效地引领学生逐步建立起能力和知识的殿堂。

课程整体设计是课程教学设计、教学资源开发的基础和保障，没有课程整体的优化，就谈不上课程单元的优化，开发的教学资源也就无法保证有用、好用。

课程教学的“整体设计”是我们按照现代职业教育思想和先进教学理念提出的一个教学改革概念。按照系统理论，从单元“联系”的角度对课程教学的设计进行整体优化。每门课程都需要诊断与改进，都有优化提高的空间。可以对一门课程进行全新的课程整体设计，也可以借鉴他人的课程整体设计方案对课程设计进行优化改进。

课程的教学改革，应重点针对教学内容、教学方法和教学手段进行优化改进，推进专业教学紧贴技术进步和生产实际，把职业岗位所需要的知识、技能和职业素养融入相关专业教学中。对接最新职业标准、行业标准和岗位规范，紧贴岗位实际工作过程，调整课程结构，更新课程内容，深化多种模式的课程改革。要普及推广项目教学、案例教学、情景教学、工作过程导向教学，广泛运用启发式、探究式、讨论式、参与式教学，充分激发学生的学习兴趣和积极性。要注重教育与生产劳动、社会实践相结合，突出做中学、做中教，强化教育教学实践性和职业性，促进学以致用、用以促学、学用相长。要制定体现课程内容与职业标准对接、教学过程与生产过程对接、毕业证书与职业资格证书对接的人才培养方案。最大限度地强化学生的能力培养，使学生在学和做中构建自己的专业知识，引导学生将专业知识用于解决实际工作问题之中。要制定具备科学性、先进性、规范性与完备性的实施性课程标准。形成自我约束、自我评价、自我改进、自我发展的机制，持续提高人才培养质量，不断提升发展能力。一门课程要满足这些要求，达成这些目标，必须对整门课程进行全方向系统规划与设计，就好像一部优秀的电影，必须有一本优秀的剧本一样。

课程建设在职业教育的教学改革中处于核心地位，是职业教育人才培养质量提升的关键要素。课程的整体设计是人才培养方案中专业课程体系的落脚点，是课程教学实施起始点。一套优秀的课程设计方案应基于先进的职业教育理念，源自岗位实际工作任务，选用合理的载体，采用适用的教学方法。由于课程设计方案具有多样性，没有千篇一律的固定模式，没有唯一的标准答案，其优劣程度也是相对的，没有最好只有更好。同时课程设计也具有复杂性，需要经过大量的岗位需求与职业活动调研、职业能力需求分析论证，课程设计方案的实施还受师资、场地、设备等多方面条件的限制，优秀的课程设计方案不一定能取得理想的教学效果。

传统的课程教学的基本特点有：

① 以教师为主体；

② 以理论知识系统性学习为导向；

③ 以掌握理论知识为目标，重点突出知识目标；

④ 以教师讲解、课堂活动、问与答、做习题为课堂主要教学形式；

⑤ 以逻辑推导来训练思维能力为主；

⑥ 以终结性的理论考试为主要评价形式，更多关注分数高低；

⑦ 理论知识与操作实践基本分离，更多的是纸上谈兵；

⑧ 学习者记忆能力、逻辑思维能力训练得更多，而运用知识解决实际问题能力训练得较少，围绕实际工作任务训练计划能力、决策能力、创新能力的机会较少。

基于先进职业教育理念对课程教学的基本要求有：

① 以学生为主体；

② 以职业活动为导向；

③ 以训练职业能力为目标，重点突出能力目标；

④ 以源自工作岗位的项目或任务为载体，更多采用任务驱动、项目教学为课堂主要教学形式；

⑤ 以任务训练职业岗位能力为主；

⑥ 以过程考核与综合考核有机结合为评价模式，不仅关注分数高低，更关注能力和素养；

⑦ 课程教学将理论实践一体化设计、有机融合，更多关注动手能力的训练和职业素养的养成；

⑧ 融“做、学、教”为一体，围绕实际工作任务训练计划能力、决策能力、创新能力、解决实际问题的能力和成本意识。

课程设计的诊断与优化就是要对课程进行全方向诊断，对传统课程教学的不足进行改进，按先进职业教育理念的基本要求对课程教学进行全面优化，使课程设计方案适应现代职业教育理念的要求，满足提高职业教育质量的要求。

第1阶段 1

明确课程设计目标

课程整体设计的第 1 步应该认真学习、深入领会各级教育行政部门的最新政策文件精神，在思想、理念等方面与最新政策文件精神保持一致，全面贯彻并真正落实现代职业教育思想和先进教学理念，并在此基础上，明确课程设计和教学改革的新目标和新要求。

1.1 领会政策文件精神

1.《教育部关于深化职业教育教学改革全面提高人才培养质量的若干意见》中对课程建设的相关要求

《教育部关于深化职业教育教学改革全面提高人才培养质量的若干意见》中对课程建设的相关要求如下：

（1）关于推进专业教学紧贴技术进步和生产实际

对接最新职业标准、行业标准和岗位规范，紧贴岗位实际工作过程，调整课程结构，更新课程内容，深化多种模式的课程改革。职业院校要加强与职业技能鉴定机构、行业企业的合作，积极推行“双证书”制度，把职业岗位所需要的知识、技能和职业素养融入相关专业教学中，将相关课程考试考核与职业技能鉴定合并进行。要普及推广项目教学、案例教学、情景教学、工作过程导向教学，广泛运用启发式、探究式、讨论式、参与式教学，充分激发学生的学习兴趣和积极性。

（2）关于中高职人才培养衔接和专业课程衔接

① 积极稳妥推进中高职人才培养衔接。要在坚持中高职各自办学定位的基础上，形成适应发展需求、产教深度融合，中高职优势互补、衔接贯通的培养体系。要适应行业产业特征和人才需求，研究行业企业技术等级、产业价值链特点和技术技能人才培养规律，科学确定适合衔接培养的专业，重点设置培养要求年龄小、培养周期长、复合性教学内容多的专业。要研究确定开展衔接培养的学校资质和学生入学要求，当前开展衔接培养的学校以国家级、省级示范（骨干、重点）院校为主。

② 完善专业课程衔接体系。统筹安排开展中高职衔接专业的公共基础课、专业课和顶岗实习，研究制定中高职衔接专业教学标准。注重中高职在培养规格、课程设

置、工学比例、教学内容、教学方式方法、教学资源配置上的衔接。合理确定各阶段课程内容的难度、深度、广度和能力要求，推进课程的综合化、模块化和项目化。鼓励开发中高职衔接教材和教学资源。

（3）关于提升信息化教学能力

要加强区域联合、优势互补、资源共享，构建全国职业教育教学资源信息化网络。各地、各职业院校要组织开发一批优质的专业教学资源库、网络课程、模拟仿真实训软件和生产实际教学案例等。广泛开展教师信息化教学能力提升培训，不断提高教师的信息素养。组织和支持教师和教研人员开展对教育教学信息化的研究。要积极推动信息技术环境中教师角色、教育理念、教学观念、教学内容、教学方法以及教学评价等方面的变革。

2.《湖南省职业院校示范性特色专业群建设方案》中有关课程体系改革、数字化教学资源建设、实践教学体系建设等方面的具体要求

《湖南省职业院校示范性特色专业群建设方案》中有关课程体系改革、数字化教学资源建设、实践教学体系建设的具体要求如下：

（1）课程体系改革

按照确保学生职业能力、人文素质、职业素养整体提升的要求，以“基础模块+专业模块”的形式，注重群内相通或相近的专业基础课程和相关或相近的专业技术课程建设，系统构建专业群课程体系。加强群内专业课程内容整合，实时引入行业企业的新知识、新技术、新标准、新设备、新工艺、新成果和国际通用的技能型人才职业资格标准，动态更新教学内容。改革教学方法和手段，深入开展项目教学、现场教学、案例教学、模拟教学，以“做”为核心，真正实现“教、学、做”合一。

（2）数字化教学资源建设

按照群内专业课程资源共建共享原则，建设数字化教学资源。依据专业教学标准和岗位标准，建设包括案例、素材在内的专业教学资源库。强化数字化教学资源应用，建立健全一线教师应用数字化教学资源进行教学的机制，探索建设空间课程、微课程和职业教育 MOOC（慕课），数字化教学资源被外校或社会应用。

（3）实践教学体系建设

根据学生认知规律和职业能力形成规律，按照从简单到复杂、从单项到综合的逻辑线索，构建实践教学体系。实践教学体系应注重与职业资格标准和岗位要求对接，与典型工作任务对接，与工作过程对接。

3.《湖南省示范性（骨干）高等职业院校建设基本要求》和《湖南省高等职业院校示范性特色专业建设基本要求》有关课程体系、教学方法、课程考核、管理机制等方面的具体要求

《湖南省示范性（骨干）高等职业院校建设基本要求》和《湖南省高等职业院校示范性特色专业建设基本要求》有关课程体系、教学方法、考核评价、管理机制等方面的具体要求如下：

（1）形成以职业岗位和职业能力为本位的专业课程体系

形成与高素质技能型专门人才相适应，以学生获得职业行动能力和职业生涯可持续发展为目标，以职业活动为主体，知识、技能、态度有效融合的课程体系。以典型的工作任务、项目（案例）、工作过程等为线索确定课程结构，以专业核心技能和最前沿技术为主线，参照职业岗位任职要求，整合相应的知识、技能、态度遴选课程内容，以典型产品、项目（案例）为载体设计教学组织形式；将职业道德和职业精神融入专业教学全过程，促进学生知识、技能、职业素养协调发展。实时引入行业企业的新知识、新技术、新标准、新设备、新工艺、新成果和国际通用的技能型人才职业资格标准，动态更新教学内容。

（2）采用符合职业教育特点和规律的专业教学方法

改革教学方法和手段，深入开展项目教学、现场教学、案例教学、模拟教学、探究式教学，以“做”为核心，真正实现“教、学、做”合一。充分利用网络学习资源和现代教育技术，创新教学方式。

（3）构建科学可行的考核评价体系

建立适应社会需要和高素质技能型专门人才培养要求的质量保障体系，探索并构建行业企业专家参与评价、适应高职教育培养目标的教学评价体系。

建立以学生作品为载体，以职业知识、职业技能与职业素养为评价核心，过程考核和结果考核相结合的课程考核评价体系。

（4）形成有利于学生自主学习与发展的管理机制

积极探索符合职业教育规律的、开放的教学管理制度，常规管理制度健全并执行到位，实行选课制、学分制、工学交替、分阶段完成学业等制度。

形成教学相长、课内学习和课外学习相结合的学习氛围，鼓励学生创造性思维。学生在专业教师指导下自主开展探究式实践活动和专业技能训练。

1.2 确定课程设计目标

通过对政策文件的认真学习，深入领会其精神和精髓，确定职业教育课程整体设计的目标如下：

（1）进一步落实现代职业教育先进理念

以职业能力培养为重点，与行业企业合作进行课程开发与设计，充分体现职业性、实践性和开放性的要求，把现代职业教育先进理念落实到每一门具体的课程整体设计中。

（2）进一步深化教学模式改革

对接最新职业标准、行业标准和岗位规范，紧贴岗位实际工作过程，调整课程结构，更新课程内容，深化多种模式的课程改革。

（3）进一步优化课程结构、课程内容和教学组织形式

以典型工作任务、过程、项目为线索确定课程结构，以专业核心技能和最前沿技术为主线，参照职业岗位任职要求，整合相应的知识、技能、态度遴选课程内容，以典型产品、项目、案例为载体设计教学组织形式。

（4）进一步促进学生知识、技能、职业素养协调发展

将职业道德和职业精神融入专业教学全过程，促进学生知识、技能、职业素养协调发展。把职业岗位所需要的知识、技能和职业素养融入相关专业教学中。将学生的创新意识培养和创新思维养成融入教育教学全过程。

（5）进一步深入教学方法和手段的改革

深入开展项目教学、现场教学、案例教学、情景教学、工作过程导向教学，广泛运用启发式、探究式、讨论式、参与式教学，以“做”为核心，真正实现“教、学、做”合一。

（6）进一步推动信息技术环境中的教学变革

积极推动信息技术环境中教师角色、教育理念、教学观念、教学内容、教学方法以及教学评价等方面的变革。充分利用网络学习资源和现代教育技术，创新教学方式。

（7）进一步优化实践教学体系

根据学生认知规律和职业能力形成规律，按照从简单到复杂、从单项到综合的逻辑线索，构建实践教学体系。实践教学体系应注重与职业资格标准和岗位要求对接，与典型工作任务对接，与工作过程对接。学生在专业教师指导下自主开展探究式实践活动和专业技能训练。

（8）进一步创新课程考核评价方式

创新评价方式，建立学校、行业企业、社会机构参与评价的多元质量评价模式。建立以学生作品为载体，以职业知识、职业技能与职业素养为评价核心，过程考核和结果考核相结合的课程考核评价体系。

在评价过程中，要做到评价指标多元化，评价方式民主化，评价机会多次化，评价内容合理化。应采取自评、学生互评、小组评、教师评相结合的形式。

1.3 明确教学改革目标

按照现代职业教育思想和先进教学理念进行教学改革，要树立新的观念：知识不是老师“教”会的，而是学生“学”会的；能力不是老师“讲”会的，而是学生“练”会的。突出课程的实践内容，对学生的能力训练过程进行精心设计。

教学改革的目标如下：

（1）把课程从知识讲授型为主，变成知识应用型为主。

（2）把课程从以理论思维为主，变成以能力训练为主。

（3）把课程从以知识、概念、定律、逻辑推导为载体，变成以项目、任务为载体。

（4）把课程从学生被动听讲，变成学生主动参与操作，积极参与新知探索。

（5）把课程从教师讲解为主，变成由教师积极引导、创造学习的环境条件为主。

（6）把课程评价标准从教师讲好为准，变成以学生学好为准。

（7）把课程评价从“老师讲过”“老师讲得好”“老师完成了教学进度”为准，变成以学生有兴趣、学生的能力明显提高为准。

老师可以不讲或少讲知识，而是带领学生做事，在做事过程中，学生自己理解知识、习得技能、积累经验，这才是真正的“好课”。好课的新标准，不是老师“讲”得如何好，而是学生“学”得如何好。

第2阶段

熟知课程设计标准

站在提高课程设计者的课程设计能力角度，应制定一个可行的课程设计标准，该标准应充分体现各级教育行政部门的最新文件精神，在思想、理念等方面与最新政策文件精神保持一致，并全面贯彻、落实现代职业教育思想和先进教学理念，让课程设计者在课程整体设计过程中有章可循，并方便在课程设计、控制、评价、执行各阶段进行对标。课程设计标准也不是一成不变的，而是随着职业教育的发展不断优化完善。

站在课程设计者的角度，为保证课程设计不偏向、不走弯路，应熟知、领会课程设计标准，并对专业课程设计标准和基础课程设计标准的不同特点分别深入领会，在课程设计过程中认真贯彻课程设计标准的各项要求。

2.1 熟知专业课程设计标准

专业课程整体设计要从培养高素质技术技能型人才的目标出发，对接行业、产业，立足职业岗位工作实际，以真实的工作任务、项目等为载体，重构课程内容，以学习者为中心，贯彻“教、学、做”合一的课程理念，注重创意、创新、创业能力培养，体现知识、技能、职业素养要求。

专业课程整体设计标准如表 2-1 所示。

表 2-1　专业课程整体设计标准

指　　标	内容与要求
基本要求	（1）理念思路先进 贯彻现代职业教育思想和教学理念，以职业能力培养为重点，与行业企业合作进行课程开发与设计，体现工学结合、行动导向的理念，体现职业性、实践性和开放性的要求。重视学生在校学习与实际工作的一致性，有针对性地采取项目导向、任务驱动、课堂与实习地点一体化等行动导向的教学模式。 （2）课程定位准确 本课程在专业人才培养过程中定位准确，与专业定位相适应，对学生职业能力的培养和职业素养养成起到重要支撑和明显促进作用，且与前导及后续课程衔接得当。 具体要求如下： ① 课程所面向岗位明确。 ② 课程主要面向岗位的典型工作流程明确。

续表

指　标	内容与要求
基本要求	③ 课程在课程体系中位置明确。 （3）课程名称规范 课程名称高度概括课程的核心要素，见名知义，表述准确，使用“主谓结构”“动宾结构”命名，职业教育的课程名称避免使用“×××原理”“×××学”的名称。
课程目标	（1）课程知识、技能、素养目标与课程主要面向岗位对应，考虑就业、晋升、未来发展三个层次。 （2）明确课程的知识、技能、素养目标，应区分范围要求、层次要求、程度要求，区分一般目标和提升目标，区分当前目标和期待目标。 （3）教学目标的表述应是明确的、具体的，可以观察和测量的，知识目标用“了解……，掌握……”表述，技能目标用“会……，能……”表述，素养目标用“培养……，养成……”表述。
教学内容	按照课程目标，根据技术领域和职业岗位任职要求，及相应的职业资格标准，选取课程内容。具体要求如下： （1）内容选取。以岗位职业活动为导向，根据知识、技能和素养培养要求选取教学内容。教学内容选取具有先进性、针对性和适用性，注重发挥学生作为学习主体的作用，为学生可持续发展奠定良好基础。 （2）内容序化。遵循学生职业能力成长规律和学生认识规律，以工作任务、项目及工作过程为依据，整合、序化教学内容，科学设计学习性工作任务，“教、学、做”结合，理论与实践一体化，实训、实习等教学环节设计合理。 （3）表现形式。教学内容的表现形式具有齐备性、适用性、先进性和特色化，能满足网络课程教学需要，激发学生学习兴趣。
教学载体	教学载体选择相对合理，以真实的工作任务、项目等为载体，与课程名称相适应，体现了“做中教、做中学”。
教学单元	（1）设计相对合理的学习单元或学习情境。 （2）以项目、工作任务及工作过程为依据，整合教学内容，设计数量、难度相对合适的学习性工作任务，各单元容量分配合理。 （3）课程教学单元设计主线清晰、逻辑性强。
教学组织	（1）根据课程内容和学生特点，科学设计教学过程，具有递进性、层次性，符合学生认知规律。 （2）围绕教学目标设计教学活动，教学活动指向清晰，尊重学生的差异性，与教学目标直接相关或密切相关；各教学环节时间分配合理、可行。 （3）教学组织突出学生的主体地位，体现“自主、合作、探究”的学习方式，能激发学生的学习热情和学习潜能。
教学方法与手段	（1）教学方法灵活多样 灵活运用项目教学、现场教学、案例教学、情景教学、工作过程导向教学等教学方法，运用启发式、探究式、讨论式、参与式教学，实现“教、学、做”合一成为可能 （2）教学手段丰富、形式多样 灵活运用仿真教学环境、虚拟现实技术、信息化教学手段等，合理使用现有的实训条件、数字化教学资源，使学生体验真实的工作环境和企业文化成为可能，提高学生学习兴趣和学习效率，帮助学生有效突破教学重点和难点。
学习效果评价	（1）考核模式。对整门课程的考核评价方案进行系统设计，评价方式多样、评价主体多元，实现教学、评价、反馈、改进的闭环控制，形成教师、学生、社会多方评价体系。 （2）考核标准。考核标准完整且符合人才培养目标，并对学生的学习起到正确引导作用。考核评价方案可操作性强、符合课程特点，体现过程性评价和终结性评价相结合，过程性评价在考核方案中得到明确体现，考核评价标准中综合考核了知识、技能和素养三个方面。

说明

① 在课程整体设计时，教学方法与手段的选取是通过载体选取、教学过程设计、学习性工作任务设计等方面间接体现的，将在教学设计与实施阶段真正选用与实施。

② 在课程整体设计时，学习效果评价一般只在教学过程设计时涉及，并没有考核模式和考核标准的具体内容，这些内容也在教学设计与实施阶段真正设计与实施。但为了展示课程设计标准的完整性和系统性，这里也一并列出。下一节的“公共课程设计标准”中也类似。

2.2 熟知公共课程设计标准

公共课程整体设计要关注公共课在人才培养中应发挥的教育性和职业性作用，充分体现为学生可持续发展奠定基础，以及为学生专业成长提供服务，教学内容选取符合国家政策要求和人才培养需要，科学合理选用信息化教学手段和数字化教学资源，提高学生学习兴趣和学习效率等。公共课程整体设计标准如表 2-2 所示。

表 2-2 公共课程整体设计标准

指 标	内容与要求
基本要求	（1）理念思路先进 体现现代职业教育思想和教学理念；课程标准（大纲）符合国家职业教育政策 （2）课程定位准确 本课程核心素养的养成结构明晰，教育性和职业性突显 （3）课程名称规范 课程名称高度概括课程的核心要素，见名知义，表述准确，使用“主谓结构”“动宾结构”命名
课程目标	（1）课程知识、技能、素养目标与课程主要面向岗位对应，考虑就业、晋升、未来发展三个层次。 （2）明确课程的知识、技能、素养目标，应区分范围要求、层次要求、程度要求，区分一般目标和提升目标，区分当前目标和期待目标。 （3）教学目标的表述应是明确的、具体的，可以观察和测量的，知识目标用“了解……，掌握……”表述，技能目标用“会……，能……”表述，素养目标用“培养……，养成……”表述
教学内容	（1）遵循学生认知规律，充分体现课程特点，重点、难点确定恰当； （2）合理架构和组织课程教学内容，满足学生可持续发展和专业成长需求； （3）内容选取符合国家政策和文件要求
课程活动设计	（1）根据课程特点和专业人才培养目标要求，科学设计课内和课外活动，形成课程活动序列； （2）引导学生在活动中体验，在实践中提升； （3）学生个体差异学习需求得到相应满足
教学方法	（1）根据课程内容和学生特点，科学设计教学过程； （2）灵活运用教学方法，注重自主学习和生态学习，引导学生积极思考、乐于实践，提高教学效果； （3）体现因材施教原则
教学手段	（1）教学手段丰富、形式多样； （2）合理运用现代教育技术和数字化教学资源，提高学生学习兴趣和学习效率，帮助学生有效突破教学重点和难点
课程评价	考核标准完整且符合人才培养目标，评价方式多样、评价主体多元，能对学生学习起正确引导作用

第3阶段 分析课程设计现状

通过认真学习、深入领会各级教育行政部门的最新文件精神和课程设计标准，对职业教育中学科型课程教学模式的一些不足、存在的主要问题要有一个清醒的认识，只有认识到有差距、有提升空间，才会有改革的动力和欲望，从而有所行动。

1．了解学科型课程教学模式中课程整体设计的一般做法

虽然我国高等职业教育已有近 30 年的历史，但是目前高等职业院校中，还有相当部分教师难以摆脱传统课程教学观念的束缚和惯性教学行为的不良影响，仍在沿袭学科型课程教学模式。例如，教师接受课程教学任务后，进行课程整体设计（体现为编制课程学期授课计划）的一般做法：

（1）确认授课专业、班级、人数、教学总时数、周时数。

（2）领取和翻阅教材、参考资料或辅导资料、习题集。

（3）查阅课程教学大纲（课程标准）和实训大纲。

（4）根据课程教学大纲（课程标准）、实训大纲和教学资料制订“课程学期授课计划”。

2．了解学科型课程教学模式中教师进行课堂（一次课）教学的一般程序

教师进行课堂（一次课）教学的一般程序是：

（1）根据“课程学期授课计划”确定一堂课的课题。

（2）根据教科书相应的章节内容确定教学目的和要求、重点和难点。

（3）根据教科书章节内容的层次和顺序确定课堂讲授或练习的顺序、层次和步骤。

（4）直接选用教科书或辅导资料中的案例、习题做练习素材，或仿照补充一些自己设计、收集的资料。

（5）按照上述构思与设计编写教案，教案主要抄录教材章节目录和要点内容。

（6）实施课堂教学。课堂教学实施的模式大都是：复习前课内容，引入新课，讲解概念、特点、类别、方法、步骤、要领等，教师示范，学生模仿，教师点评，归纳总结，作业布置。课堂上大都以教师讲授为主，学生练习或作业往往放在课后进行。有的甚至某几节专门讲知识或理论，事后再安排专门的实验或实训。

3．了解学科型课程教学模式的主要问题表现

学科型课程教学模式的问题主要表现在以下几个方面：

（1）以学科知识系统和逻辑为导向，忽视职业岗位能力需求。

（2）以知识传授为中心，忽视职业能力的系统训练。

（3）以教科书为平台，忽视职业活动的实际状况。

（4）以教师为主体，忽视学生主体作用的发挥。

（5）以终结性评价（期末卷面考试）为主要手段，忽视职业能力和素养的养成与评价。

4．了解学科型课程教学模式的主要弊端

学科型课程教学模式的主要弊端如下：

（1）课程教学与职业实际相脱节。

（2）知识传授与职业能力训练相割裂。

（3）学生的职业能力无法客观验证。

5．了解学科型课程教学模式的常见形式

传统的课程模式是知识体系课程，以抽象的知识概念问题引入。教师讲解新概念、定义、定理，进行逻辑推导与证明，然后学生用实验对理念知识进行验证。知识讲解完成后才进行知识的应用，其主要特点是“先学后用”。知识的掌握和巩固手段是回答问题、完成习题，所以通常需要大量的习题巩固知识、训练解题技巧、归纳解题方法。这种课程通常是围绕知识点、重点及难点讲解，理论课与实践课通常是分离的。

（1）“学习知识+完成练习”模式

呈现形式如下：

第 1 章　知识一、习题一

第 2 章　知识二、习题二

……

第 *n* 章　知识 *N*、习题 *N*

这种课程模式以教师讲解知识，学生理解、记忆知识为主体，各章以文字内容和教师语言为课程内容载体，由教师系统地介绍知识理论体系，配合列举案例，做习题巩固知识。课程缺少能力目标，没有项目、任务，没有能力的训练，考核的内容主要是“知识”，考核题型通常以名词解释、填空题、选择题、判断题、简答题为主，以知识的传授、存储和再现为课程的实际目标。这是传统的知识体系传授模式，这种模式在职业教育课程教学中已不太适合。

（2）“学习知识+完成练习+综合实训”模式

呈现形式如下：

第 1 章　知识一、习题一

第 2 章　知识二、习题二

……

第 *n* 章　知识 *N*、习题 *N*

第 *n*+1 章　综合实训

这种课程模式大部分时间以教师讲解知识，学生理解、记忆知识为主体，课程的最后有个集中的“综合实训”，这种课程模式，理论学习与实践操作是分离的，前面的系统知识到综合应用时，多半已经忘记了，能力训练的效果不够好。

3．分析现有课程

对现有课程的课程命名和课程目标、课程的核心知识点和技能点、教学单元设计、教学案例选取、计划课时、教学方法与手段、教学效果评价等方面进行分析，明确期待课程改进与优化之处。具体的分析过程与内容详见 4.7.1 小节。

第4阶段

4

改进优化课程设计

对照现代职业教育思想和先进教学理念，领会了课程设计标准，对职业教育中学科型课程教学模式存在的不足有了一定的认识，在明确改进优化课程设计方向的基础上，应熟练领会概念、掌握方法、学习范例、比较优劣、尝试改进，从而达成共识，形成完善的课程整体设计方案。

4.1 概念探究

4.1.1 区分知识、技能与能力

1. 关于知识

知识是人类在实践中认识客观世界（包括人类自身）的成果，它包括事实、信息的描述或在教育和实践中获得的技能。知识是人类从各个途径中获得的经过提升总结与凝练的系统的认识。专业知识是指一定范围内相对稳定的系统化的知识。

现代知识观根据反映活动的形式不同，将知识分为陈述性知识和程序性知识。陈述性知识也叫描述性知识，是个人能用语言进行直接陈述的知识。这类知识主要用来回答事物“是什么”“怎么样”的问题，可用来区别和辨别事物。这种知识与人们日常使用的知识概念内涵较为一致，也称为狭义的知识。

程序性知识也叫操作性知识，是个体难以清楚陈述、只能借助于某种作业形式间接推测其存在的知识。这类知识主要用来回答“怎么想”“怎么做”的问题，用来解决做什么和怎么做的问题。

美国心理学家加涅认为，程序性知识包括心智技能和认知策略两个亚类。心智技能是运用概念和规则对外办事的程序性知识，主要用来加工外在的信息。认知策略也可叫策略性知识，是运用概念和规则对内调控的程序性知识，主要用来调节和控制自己的加工活动。

2. 关于技能

个体运用已有的知识经验，通过练习而形成的一定的动作方式或智力活动方式称为技能。它包括初级技能和技巧性技能。前者是借助于有关的知识和过去的经验，经

过练习和模仿而达到“会做”某事或“能够”完成某种工作的水平。后者则要经过反复练习，具备完成一套操作的技巧，已达到熟练的程度。根据技能的性质和特点，可分为运动技能和心智技能。在进行较复杂的活动时，这两种技能都是需要的。但对于不同职业和不同任务来说，这两者的要求有所侧重。高水平的技能是人们进行创造性活动的重要条件。

技能的概念一般有以下几种说法：

（1）技能是活动方式或动作方式。《辞海》将技能定义为：运用知识和经验执行一定活动的能力叫技能。通过反复练习达到迅速、精确、运用自如的技能叫熟练，也叫技巧。《教育词典》把技能定义为：通过学习重复和反省而习得的体能、心能和社会能力。《教育大辞典》的定义为：主体在已有的知识经验基础上，经过练习形成的对待某种任务的活动方式。该观点突出了技能获得的方式是通过活动或动作习得的，对技能的获得方式有较为明确的回答。但忽视了技能与知识的联系，未能提示技能尤其是智慧技能与知识的本质联系。

（2）技能是行为和认知活动的结合。斯诺（R. F. Snow）认为技能是由与行为及认知有关的事项的结构系列组成。该观点突出了技能结构中各因素的相互联系。但未能揭示技能的真正内涵，对行为和认知到底是怎样结合的没有明确的回答，令人难以正确理解技能的真正含义。

（3）技能属于知识范畴。在认知主义广义的知识观中，动作技能、智慧技能和认知策略被认为是不同形式的程序性知识，将知识、技能和策略都统一在知识范畴中。技能作为知识分类突出技能对活动的指导作用，但混淆了知识与技能的概念，难以说明技能的本质并否定技能训练。

3. 关于能力

能力是实现一项目标或者完成任务所体现出来的素质。人们在完成活动中表现出来的能力有所不同，能力是指顺利完成某一活动所必需的主观条件。能力是直接影响活动效率，并使活动顺利完成的个性心理特征。能力总是和人完成一定的实践联系在一起的。离开了具体实践，既不能表现人的能力，也不能发展人的能力。

每个人所具有的能力都不仅仅是一种，而是多方面的。个人能力包括想象力、记忆力、观察能力、联想能力、组织能力、沟通能力、领导能力、创新能力、学习能力、号召能力、适应能力等。在知识经济时代，学习能力是最重要的，因为知识总是在更新，只有不断学习才能跟上时代的步伐。

对于一个人来说，在他所具有的多种能力中，总有相对来说较强的能力，也有一般的能力和较差的能力，即每个人的能力都是多种能力以特定的结构结合在一起的。由于不同人的能力结构不同，因而能力在类型上便形成差异。如果进一步分析，每一种能力也有类型的差别。如记忆能力，有的人属于视觉型，即视觉识记效果较好；有的人属于听觉型，即听觉识记效果较好；有的人则属于运动型，即有动作参加时识记效果较好，等等。

由于能力类型的差异，因而人们在实践活动中处理和解决问题的方式方法常常各不相同，虽然完成的是相同的任务，但往往是通过不同能力的综合来实现的。例如，两个管理者都很好地完成了管理工作，都表现出了良好的组织能力，但甲可能是通过综合个人的技术能力、人际交往能力和演说能力，从而较好地实施了管理；乙可能是通过综合调查的能力、分析的能力和正确决策的能力，从而圆满地完成了管理任务。

4．理解策略性知识

策略性知识是指学习者在学习情境中对任务的认识、对学习方法的选择和对学习过程的调控。它是由学习方法、学习调控和元认知等要素构成的监控系统。策略性知识作为一种特殊的程序性知识日益引起心理学家和教育家的关注。

从知识分类的观点看，策略性知识也属于程序性知识的范畴，其实质也是一套如何学习、记忆、思维的规则和程序，它控制着人的学习、记忆和思维活动。

与陈述性知识相比，策略性知识与技能一样是一种知识运用的能力。而与技能相比，策略也是在概念和规则掌握的基础上，将概念和规则运用于与原先的学习和练习相似或不同的情景中。但这种概念和规则的运用是一种对内调控的技能，是个人调控自己的认识活动以提高认知操作水平的能力。

在策略性知识中，认知策略、学习策略与反省认知（又称元认知）是三个相互联系的概念。一般来说，学习策略比认知策略所包容的范围更广。就认知领域来看，学习策略与认知策略是同一概念，都是指在学习过程中用以提高学习效率的任何活动，或有效学习的方法与途径。

策略性知识需要学生去自主建构，学生在策略性知识学习过程中要能领悟到什么是策略、策略运用的有效性，能有意识地去发现策略、总结策略，从而生成适合自己的策略。学生自己如能生成策略，也就标志着他们真正掌握了策略性知识——知道何时、何地使用什么样的策略性知识。学生在应用学习策略时，要自觉对认知进行反省，这样效果会更好。这种反省认知之所以重要，是因为它对策略的概括和保持是非常关键的。策略性知识学习的最好方法是在情境中运用策略。策略不应作为孤立的课程来学，而是要作为实际学习任务的一部分来学。策略学习和应用同样离不开具体的学科内容。研究表明，越是学生熟悉的内容领域，学生越是能应用高效的策略。如果学生对英文阅读很熟悉，那么他就能应用阅读策略，解决阅读理解中的各种问题。在英语阅读和写作过程中，学习者使用阅读和写作的策略后如果大大提高了阅读和写作水平，这样就可以激发其学习兴趣。如果学生意识到策略确实提高了自己的成绩，则可能受到激励，将更加自觉地应用策略。学生会明白，优秀的成绩是应用正确策略的结果。因此，策略性知识的教学离不开学习者自身的自主建构，教学的任务就是促进学生对策略性知识的掌握。

5．区分技能与能力

技能带有一定的操作技术性质，它以动作（行为）方式为人们所掌握，技能是个体身上固定下来的复杂的动作系统，而能力则是个体顺利完成活动任务的直接有效的心理特征；技能是对动作和动作方式的概括，而能力则是对调节认识活动的心理活动过程的概括，是较高水平的概括。

学校教育的任何一个教学科目，不仅要教给学生系统的知识，同时还要形成一定的技能，知识和技能都是具体的教学内容，而能力则是教育所要达到的目的。

知识、技能的掌握，并不意味着能力的高低。在学校教育中，出现所谓“高分低能”的现象，说明了在教学过程中，反映学生掌握知识、技能的分数可能很高，而他们分析问题和解决问题的能力却仍有可能很低。

6．区分能力和知识

能力和知识是有区别的。知识是人类经验的总结和概括；能力是一个人比较稳定的个性心理特征，它表现在人们掌握知识和技能的难易、快慢、深浅、巩固程度以及应用知识解决实际问题等方面。一般来说，能力的形成和发展远较知识的获得要慢。

能力和知识又是密切联系着的。一方面，能力是在掌握知识的过程中形成和发展的，离开了学习和训练，任何能力都不可能发展；另一方面，掌握知识又必须以一定的能力为前提，能力是掌握知识的内在条件和可能性。但是，能力与知识的发展并不是完全一致的。在不同的人身上可能具有相等的知识，但他们的能力不一定是相等水平的；而具有同样水平能力的人也不一定有同等水平的知识。

4.1.2 区分职业素养、职业技能与职业核心能力

1．区分素质与素养

素质是指在人的先天生理的基础之上，经过后天的教育和社会环境的影响，由知识内化而形成的相对稳定的心理品质及其素养、修养和能力的总称。

素质就是一个人在社会生活中思想与行为的具体表现。在社会上，素质一般定义为：一个人文化水平的高低、身体的健康程度、家族遗传于自己的惯性思维能力和对事物的洞察能力、管理能力和智商、情商层次高低以及与职业技能所达级别的综合体现。

素质又称“能力”“资质”“才干”等，是驱动企业员工产生优秀工作绩效的各种个性特征的集合，它反映的是可以通过不同方式表现出来的员工的知识、技能、个性与驱动力等。素质是判断一个人能否胜任某项工作的起点，是决定并区别绩效差异的个人特征。

人的素质一旦形成就具有内在的相对稳定的特征，所以，人的素质是以人的先天禀赋为基础，在后天环境和教育影响下形成并发展起来的内在的、相对稳定的身心组织结构及其质量水平。

素养是指一个人的修养，从广义上讲，包括道德品质、外表形象、知识水平与能力等各个方面。在知识经济的今天，人的素养的含义大为扩展，它包括思想政治素养、文化素养、业务素养、身心素养等各个方面。

2．理解职业素养

职业素养是指职业内在的规范和要求，是在职业过程中表现出来的综合品质，包

含职业道德、职业技能、职业行为、职业作风和职业意识等方面。

职业素养是人类在社会活动中需要遵守的行为规范。个体行为的总和构成了自身的职业素养，职业素养是内涵，个体行为是外在表象。

职业素养的三大核心为职业信念、职业知识技能、职业行为习惯。

“职业信念”是职业素养的核心。良好的职业素养包含良好的职业道德，正面、积极的职业心态和正确的职业价值观意识，是一个成功职业人必须具备的核心素养。良好的职业信念应该是由爱岗、敬业、忠诚、奉献、正面、乐观、用心、开放、合作及始终如一等这些关键词组成的。

“职业知识技能”是做好一个职业应该具备的专业知识和能力。俗话说“三百六十行，行行出状元”，没有过硬的专业知识，没有精湛的职业技能，就无法把一件事情做好，就更不可能成为“状元”了。所以要把一件事情做好就必须坚持不断地关注行业的发展动态及未来的趋势走向；就要有良好的沟通协调能力，懂得上传下达、左右协调，从而做到事半功倍；就要有高效的执行力，执行力也是每个成功职场人必修炼的一种基本职业技能。还有很多需要修炼的基本技能，例如职场礼仪、时间管理及情绪管控，等等。各个职业有各个职业的知识技能，每个行业还有每个行业知识技能。总之，学习提升职业知识技能是为了让我们把事情做得更好。

“职业行为习惯”有助于职业能力的提升，让职业人从更高的一个层面认识职业兴趣，发掘职业兴趣。职业素养就是在职场上通过长时间的学习、改变、形成，而最后变成习惯的一种职场综合素质。心念可以调整，技能可以提升。要让正确的心念、良好的技能发挥作用就需要不断地练习、练习、再练习，直到成为习惯。

职业素养概括地说包含以下四个方面：职业道德、职业思想（意识）、职业行为习惯、职业技能。前三项属于世界观、价值观、人生观范畴的产物，从出生到退休或至死亡逐步形成，逐渐完善。而后一项，是通过学习、培训比较容易获得的。例如，计算机、英语、建筑等属职业技能范畴的技能，可以通过三年左右的时间令我们掌握入门技术，在实践运用中日渐成熟而成专家。可企业更认同的道理是，如果一个人基本的职业素养不够，比如说忠诚度不够，那么技能越高的人，其隐含的危险越大。

3. 理解职业技能

职业技能是指在职业环境中用以合理、有效地运用专业知识、职业价值观、道德与态度的各种能力，包括智力技能、表达技能、人际和沟通技能、组织和企业管理技能等。

职业技能是能够帮助达成某职业任务的技术性技能。技能按其熟练程度可分为初级技能和技巧性技能。初级技能只表示“会做”某件事，而未达到熟练的程度。初级技能如果经过有目的、有组织的反复练习，动作就会趋向自动化，而达到技巧性技能阶段。技能按其性质和表现特点，可区分为如书写、骑车等活动的动作技能和像演算、写作之类的智力技能两种。技能形成过程中，各种技能动作之间会相互影响。已形成的技能若能促进新技能的形成，则叫技能正迁移。如果已形成的技能阻碍了新技能的形成，则叫技能干扰，或技能负迁移。

4．理解职业核心能力

职业核心能力是人们职业生涯中除岗位专业能力之外的基本能力，它适用于各种职业，能适应岗位不断变换，是伴随人终身的可持续发展能力。德国、澳大利亚、新加坡称为“关键能力”，在我国大陆和台湾地区，也有人称它为“关键能力”；美国称为“基本能力”，在全美测评协会的技能测评体系中称为“软技能”；我国香港称为“基础技能”“共同能力”等等。

1998 年，国家劳动和社会保障部在部级课题“国家技能振兴战略”中把职业核心能力分为 11 个大类，称为“8 项核心能力”，包括交流、演算、创新、自我提高、与人合作、解决问题、信息处理、外语应用。

从其内涵和特点分，职业核心能力可分为方法能力和社会能力两大类。方法能力是指主要基于个人的，一般有具体和明确的方式、手段的能力。它主要指独立学习、获取新知识技能、处理信息的能力。方法能力是劳动者的基本发展能力，是在职业生涯中不断获取新的技能、知识、信息和掌握新方法的重要手段。职业方法能力包括“自我提高”“信息处理”“演算”等能力。

社会能力是指与他人交往、合作、共同生活和工作的能力。社会能力既是基本生存能力，又是基本发展能力，它是劳动者在职业活动中，特别是在一个开放的社会生活中必须具备的基本素质。职业社会能力包括“交流”“与人合作”“解决问题”“创新”“外语应用”等能力。

4.1.3 理解岗位职责

1．区分职位与岗位

职位与岗位不是一个概念。职位是按规定担任的工作或为实现某一目标而从事的明确的工作行为，由一组主要职责相似的岗位所组成。

职位在任何时候都应根据组织机构的目标和流程而设置，不能因人来设置职位，也不能因任职者调离而舍弃该职位，它是组织机构的基本单位。一份职位一般是将某些任务、职责和责任组为一体而成，经理是个职位，秘书是个职位，很少说经理是个岗位。

岗位是组织要求个体完成的一项或多项任务以及为此赋予个体的权力的总和。岗位即工作岗位，是指企事业单位赋予每个员工的职位、工作任务及其承担责任的统一体，包括任务、职位、职务。

职位是随组织结构定的，岗位是随事定的，也就是我们常说的因事设岗。

2．明确岗位与职责

岗位是组织为完成某项任务而确立的，由工种、职务、职称和等级内容组成。岗位职责是指一个岗位所要求的需要去完成的工作内容以及应当承担的责任范围。职责是职务与责任的统一，由授权范围和相应的责任两部分组成。职责是指任职者为履行一定的组织职能或完成工作使命，所负责的范围和承担的一系列工作任务，以及完成这些工作任务所需承担的相应责任。

职责是职位上必须承担的工作范围、工作任务和工作责任。常言道：在其位，谋其政，这里的位，就是职位，政就是工作范围、工作任务、工作责任。

明确岗位职责可以最大限度地实现劳动用工的科学配置；有效地防止因职务重叠而发生的工作扯皮现象；提高内部竞争活力，更好地发现和使用人才；为组织考核提供依据；有利于提高工作效率和工作质量，规范操作行为，减少违章行为和违章事故的发生。

确定岗位及职责的主要步骤如下：

（1）根据工作任务的需要确立工作岗位名称及其数量。

（2）根据岗位工种确定岗位职务范围。

（3）根据工种性质确定岗位使用的设备、工具、工作质量和效率。

（4）明确岗位环境和确定岗位任职资格。

（5）确定各个岗位之间的相互关系。

（6）根据岗位的性质明确实现岗位目标的责任。

3．区分岗位工作标准与工作职责

岗位工作标准是描述对岗位职责中每一项具体工作的工作要求，规定工作人员从事本职范围内各项工作应该达到的目标。

工作职责是指在工作中所负责的范围和所承担的相应责任，包括完成效果等。工作职责是指该岗位应该承担什么样的职责。

岗位工作职责实例如下：（1）机械管理人员负责全公司的机械设备检查、维护、监督管理；（2）仪表维修人员负责各车间机械仪表（电器）的维修。

4．区分岗位职责与岗位描述

岗位职责是对某一工作部门或个人的工作任务、责任与权限所作的统一规定，是指工作任务规定工作人员应该干什么。

例如，以下为仪器仪表维护岗位的岗位职责：（1）工作认真、吃苦耐劳、服从安排；（2）独立完成仪器仪表维修工作，保证仪器仪表正常运转及自动控制系统有效运行；（3）根据图纸独立完成仪器仪表的技改工作；（4）确保维修的质量及效率。

岗位描述主要包括工作名称、工作职责、任职条件、工作所要求的技能、工作对个体的要求，描述的对象是工作本身，而与从事这项工作的人无关，便于员工理解职位所要求的能力、工作职责、衡量的标准，让员工有一个可遵循的原则。

4.1.4 理解任务、工作任务与学习任务

1．区分任务与职责

任务（task）即一组相关联的工作元素的集合，通常指交派的工作，担负的责任。任务是有目的性的，而且是有意义、有价值的。

职责相关联的任务就构成了一项工作的职责（duty）。我们在工作的过程中，不能仅仅把职责理解成工作内容和工作范围，工作内容和范围只是职责的一个方面的意思，企业中发生的很多问题和麻烦，都是由于我们片面地仅仅把职责认为是一种工作内容和范围造成的。

任务是职责的子集，在岗位职责中会包括多项任务。

2．区分任务与工作

任务通常指交派的工作，担负的职责、责任。任务通常有工作任务、学习任务等说法。工作任务通常是指在一定的工作环境或工作条件下，花费一定的时间完成一项工作，任务结束后有结果或成果。

工作具有动词、名词两种词性。作为动词用，有操作、行动、运转、运作等意思；作为名词用，有制作、业务、任务、职业等意思。

3．区分工作任务与学习任务

职业教育课程开发中所使用的“工作任务”不是一个教学概念，而是一个人力资源管理的概念，它指的是岗位的工作职责。这种职责不会因为从事某岗位个体的不同而不同，而且在不同组织之间，该岗位的职责有很大的共性。职业教育课程中的“工作任务”是岗位上具有一般意义的职责，它是对这些具体任务进行抽象和概括的结果。

工作任务分析的过程，就是通过对大量具体活动的抽象和概括，获得具有普遍意义的岗位职责。真实工作情境中的具体任务是非常杂乱的，如果不对其进行概括和梳理，既无法穷尽所有具体事情，也无法获得课程体系的结构。

工作任务是指各种真实的生活、工作等任务（即做各种事情），工作任务具有在现实生活中产生的可能性。

这里所说的任务主要有以下特性：

（1）具有客观性：在实际工作岗位中客观存在的一项工作，不是假设的或虚拟的。

（2）具有多样性：任务可以由同一人在不同时间段完成，也可以由不同的人在不同岗位上完成。任务可以由一人独立完成，也可以由多人合作完成。任务可能是脑力劳动完成，也可能是体力劳动完成，脑力劳动完成的一项任务，最终也会通过文字、图形、乐谱、视频、方案等可见形式表现。

（3）具有过程性：任务需要花费一定的时间，时间有长有短；需要一定的工作环境或工作条件，劳动强度、技术标准都可能不同。

（4）具有策略性：任务完成需要一定的方法指导，不同人完成同一项任务时，有完成速度快慢之分、质量高低之分、美观程度优劣之分，人们通过训练，会具备一定的操作技巧，经验、水平也会有差异。

（5）具有层次性：不同的任务有难易程度之分，在学习阶段进行训练时，可以先完成较简单的任务，积累一定的经验，具有一定的能力后，再完成较复杂的任务，能按照技能成长规律进行训练。

（6）具有目标性：任务完成的目标是结果或成果，成果可能是产品、作品、方案、文档、报表、程序等。

学习任务是指在职业教育的学习阶段完成难易程度不同的任务，主要实现以下目标：

（1）熟悉未来工作岗位的工作内容。

（2）体验团队合作、多人之间的配合与协作。

（3）熟悉完成某项工作的工作环境、工作条件、技术标准等。

（4）训练在真实工作情境中合理选择方法、路径、参数、工具等，学会决策、积累经验、内化技巧、提升能力。

（5）明确工作任务的目标，注重提高工作效率，关注结果或成果的质量优劣。

（6）在真实工作情境中，训练职业素养、提升职业能力。

这里所说的学习任务不包括以下情况：

（1）了解、理解、掌握某一个名词术语等概念，例如软文。

（2）理解、掌握定理、定律、定义等理论知识，例如欧姆定律。

（3）理解、掌握特点、分类、操作要点、注意事项、应用场合等理论知识，例如软文的特点、软文的分类、软文的写作要点等。

在实际工作中，一般工作内容是撰写软文，而软文的特点、软文的分类、软文的写作要点只是撰写软文方法指导和要求而已。

将实际工作时完成的任务称为工作任务，将在校期间学习阶段完成的任务称为学习性任务，简称为学习任务。

学习任务与工作任务的关系如下：

（1）学习任务源自工作任务，从实际工作任务简化、优化、细化而来。

（2）工作任务必须在真实工作环境、工作条件下完成，执行真实技术标准，学习任务可能在虚拟仿真环境下完成，执行的技术标准可能低于真实要求。

（3）工作任务可能涉及面广、牵涉的要素多，学习任务只考虑关键要素、部分条件，有意简化一些要素和条件，实现在有限时间内完成规定任务，并能区别不同学习任务的难易程度。

（4）学习任务在完成过程中有可能涉及一些方法学习、知识学习、问题研讨等方面，即包含有“学”的成分，案例研讨、方案研讨、问题解决等任务也可以认为是学习任务。而工作任务更多的是“做”。

4．理解典型工作任务

典型工作任务又称典型职业工作任务，描述的是一项具体的专门工作，是根据一个职业中可以传授的工作关系和典型的工作任务来确定的，具有该职业的典型性和代表性，同时具有促进该职业领域的职业能力发展的潜力。

4.1.5 理解项目与教学项目

1．理解项目

项目是指一系列独特的、复杂的并相互关联的活动，这些活动有着一个明确的目标或目的，必须在特定的时间、预算、资源限定内，依据规范完成。项目是一件事情、一项任务，也可以理解为是在一定的时间和一定的预算内所要达到的预期目的。

项目侧重于过程，它是一个动态的概念，例如我们可以把一条高速公路的建设过程视为项目，但不可以把高速公路本身称为项目。

项目参数包括项目范围、质量、成本、时间、资源。美国项目管理协会（Project Management Institute，PMI）在其出版的《项目管理知识体系指南》（Project Management Body of Knowledge，PMBOK）中为项目所做的定义是：项目是为创造独特的产品、服务或成果而进行的临时性工作。以下活动都可以称为一个项目：

（1）开发一项新产品；

（2）计划举行一项大型活动（例如策划组织婚礼、演出活动、大型国际会议等）；

（3）策划一次自驾游；

（4）软件项目的咨询、开发、实施与培训。

项目通常有以下一些基本特征：

（1）项目开发是为了实现一个或一组特定目标；

（2）项目受到预算、时间和资源的限制；

（3）项目通常具有复杂性和一次性；

（4）项目是以客户为中心的；

（5）项目是要素的系统集成。

2．理解教学项目

项目在实际工作中有软件项目、建筑项目、农业项目、加工项目、生产项目等说法。这些项目通常是由一个团队合作完成的多项任务的集合，需要花费较长时间，有经费投入、有成果输出。有同一时间段不同的人在不同岗位完成各自任务，分工并协作；在不同时间段，不同的人可能完成不同的任务，进行岗位轮换。

在职业教育中，教学项目是指以生产一件具体的、具有实际应用价值的产品或提供一项有价值的服务为目的的任务。教学项目也是源自实际项目，是多项任务的集合，但完成这些任务，通常由一个学生在不同时间段完成，当然也可能由一个小组在不同时间段完成，让学生尝试不同岗位的不同工作任务。

教学项目应该满足下面的条件：

（1）该劳动过程可用于学习一定的教学内容，具有一定的应用价值，具有一个轮廓清晰的任务说明；

（2）能将某一个教学课题的理论和实践结合在一起；

（3）与企业生产过程或实际的商业活动有直接的关系；

（4）学生有机会独立进行项目计划工作，在一定的时间范围内自行组织、安排自己的学习或劳动行为；

（5）有明确而具体的成果展示；

（6）具有一定的难度，不仅是已有知识、技能的应用，而且还要求学员运用已有知识在一定范围内解决未遇到过的实际问题。

在教学实践中，技术领域里所有的产品几乎都可以作为项目，例如木工制作门、维修工修理机床、电工维修报警器等；在商业、财会和服务行业，所有具有整体特性并有可见成果的工作也都可以作为项目，例如商品展示、广告设计、软件开发等。

4.1.6 理解情境学习

情境学习理论认为知识具有情境的特性，学习者介入真实的学习情境才能学到有意义的知识，才能有利于所学知识的迁移运用。

情境学习主张学习的情境性、社会性、互动性、合作性、反思性等，主张知识的情境性和建构性特点，职业教育课程在内在结构上要实现理论知识与实践知识的整合，在学习的呈现方式上注重模拟真实的工作场景，情境学习理论为满足职业教育课程设计的各项要求提供了可能性。探索情境学习在职业教育课程设计中的应用，有助于职业教育课程设计更加科学。

要界定情境学习的概念，首先要弄清楚“情境”一词的含义。《辞海》将“情境”一词解释为“一个人在进行某种行动时所处的社会环境，是人们社会行为产生的具体条件”。教育学意义上的“情境”通常是指由特定要素构成的，并具有一定影响作用与意义的氛围或环境。心理学的解释是：情境是影响个体行为变化的各种刺激所构成的特殊环境，包括物理层面的或心理层面的刺激所形成的客观的和心理的环境。情境学习是在所学知识应用的场景中进行学习的方式。情境学习的核心是：学习活动的原动力来源于学习者自身，学习者将自我原有的经验和知识在相关情境中进行建构，教学或课程实施者的职责是为学习者创设进行情境学习的环境。情境学习的两个基本特征是知识与实践应用的结合、学习者协作性和社会互动性的结合。

学习和学习情境之间的关系是，学习情境是学习的一部分，同时学习情境影响学习。学习在具有社会和人际交往特征的情境中产生，学习者通过与彼此互动，从而成为学习不可或缺的一部分，并且知识只在相应的环境中才有效。情境学习关注学习环境的设计，包含学习环境的各个方面如课堂气氛、工作场所设计等。还鼓励教育者尽可能多地关注学习者不同的社会、文化、心理、生理等经验，以此选择并设计学习环境，从而使学习结果达到最佳状态。

4.1.7 认知行动导向教学法

1．认知行动导向的概念

行动导向（Action Learning）是一种基于实际工作的教学方法，是以活动为导向，以人的发展为本位的全面提高学生的综合能力的职业教学方法。该方法由英国的瑞恩斯（Reginald Revans）教授在20世纪60年代首先提出，随后在世界各国得到广泛的推广和应用。行动教学法有利于提高学习效率，同时也是一种有效的处理复杂问题的方法。

行动导向，又称为实践导向，或者行为导向，或者活动导向。“行动导向教学法”是由多种教学技术、方法、手段结合而成的，以职业活动为导向，以培养学生能力为内核，即能力本位的教学方法。

目前我国高职院校中的很多专业基础课及专业课，都是培养学生技能、动手能力、分析和解决实际问题、实践性很强的课程，行动导向教学法应该成为高等职业教育教学法中的教学理念。行动导向教学法突出创新、实践能力的培养，顺应了高等职业教育改革的潮流，符合高职院校的专业特征，适合在高职院校教育教学中应用。

行动导向教学法学习的主体是学生，在课堂上，教师位置由传统的主角、教学的组织者变为教学的引导者、学习辅导者和主持人角色，使学生在学习过程中，不仅掌握了相应的知识和技能，而且各种行为能力也可以得到充分的提高。在培养学生动手能力、适应社会能力、团队协作等方面具有实际推广价值。

在教学中，行动导向意味着：知识的传授和应用取决于学习目标、内容、方法和媒体等因素的重组，即在整个教学过程中，实质上创造出教与学和师生互动的社会交往的仿真情境，把教与学的过程视为一种社会的交往情境，从而产生一种行为理论的假设。

行动导向教学法提倡提问和反思，以促进学生更深入地分析问题，检验先前提出的假设，提出多种解决问题的方案。源于实际工作中的问题，通过小组讨论和再学习得到深入的思考，学习者分享彼此的经验，最终提出解决方案。这种经验共享的方式，不仅能够得到创新的方案，而且可以帮助个人和集体更好地适应快速变化的世界。

行动导向教学法的主要观点如下：

（1）学生是学习活动的主体，教师是咨询者、引导者、指导者；

（2）学生在行动中，自己发现问题，想办法解决问题；

（3）学生主动地构建自己的经验和认知结构，完成认知、内化的转化；

（4）学生有意义、有目的地在建构、重构、解构的循环中学习和巩固知识；

（5）学生在完整的过程中，自行设计、实施和检查；

（6）强调发展学生的独立自主的思维和学习能力。

2．理解行动导向的主要特点

行动导向教学的主要特点如下：

（1）行动导向教学不是一种方法，而是一种教学设计的理念。它在符合制度层面和组织层面的条件下，为设计的可行性提供更大的自由空间。

（2）学习者作为行动个体，是教学的中心。从广义上讲，学习者个人决定了教学过程，主动组织这一过程并进行反思。

（3）教学过程主要是自我定义的。教师改变以前的主导地位，他们的责任是激发学习的行动。

（4）行动导向教学理论的特征之一是自我控制学习。

（5）基于行动理论基础上的教学过程的设计需要不断地开发学习条件。

（6）行动导向教学的目标是提高职业行动能力，也就是对个体行为能力的培养。在行动导向教学中，学生的一切学习活动都是以提高能力为目标，重点是提高关键能力，从关键能力的组成元素上讲，它包括有关的知识、技能、行为态度和职业经验成分等；从能力所涉及的内容范围上，关键能力可分为方法能力、社会能力和个性能力三部分。

① 社会能力：是指工作和学习中的积极性、独立性和与他人交往的能力；也是指个人所具备的情感、态度和社会交往、沟通、与人合作、乐于助人的能力以及职业道德、社会责任感、组织表达、勇于承担责任和社会参与的能力。行动导向教学要求学生：在团队活动及社会交往中培养与人合作的能力；在教学过程中通过展示技术的训练培养表达能力；在综合性的实践活动中培养社会能力。

② 方法能力：是指具备从事职业活动所需要的工作方法和学习方法。方法能力指制订工作计划、协调计划、对自己工作成果的评价以及获取新知识、新技能的能力。让学生在自行制订工作计划、提出解决实际问题的思路和在评估工作结果等活动中形成工作方法和解决问题的方法的能力。

③ 个性能力：是指在教学过程中注重学生个性特征的发展。行动导向教学让学生：在研究型的学习中培养独立性，在教学活动中培养自信心、自尊心和对工作的责任心，在社会活动中使自身的各方面素质都得到全面提高。人们把个性能力称为“人格”或“人性”能力，这说明，以能力为导向的职业教育本身就是以人为本的。

（7）学习者的行为包括两个层面：有组织的学习过程中的行动；在工作生活和个人生活中非组织性的学习过程中的行动。

（8）教学过程的目标应该定在发展认知、情感和精神层面。个体和集体的教学活动互为补充。学习目标要尽可能地具体和可以被感知。

（9）学习过程的设计应该以人类行为（完整的行动）的基本结构为导向。

（10）这个理念是根据内在逻辑而产生的，因此它并不以学科结构为导向，而是跨学科的。

（11）案例化学习代替了肤浅的结构化的知识学习。

（12）形成了一个积极的制度环境和组织环境，它给学习者提供了更大的空间，使其能够更灵活地工作。

3．熟悉行动导向教学法的基本要求

（1）根据专业、课程及课型选择不同的教学方法

行动导向作为一种教学思想，实际上包括模拟教学、案例教学、项目教学和角色扮演等多种具体的教学方法。教师应该根据专业、课程、课型以及训练目标的不同而

选择不同的教学方法。

模拟教学主要通过在模拟的情境或环境中学习和掌握专业知识、技能和能力，其运用主要有三种情况：一种是在模拟工厂进行，这多适用于技术类职业；另一种是在模拟办公室、模拟法庭、模拟公司等模拟情境或环境中进行，多用于经济类、服务类职业，如会计、饭店服务、旅游服务等专业和法律基础知识课程等；第三种情况是计算机仿真模拟，如目前学校使用比较多的数控技术与应用仿真训练系统。

案例教学主要通过案例分析和研究，培养学生分析问题和解决问题的能力，并且在分析问题和解决问题中建构专业知识。这在饭店服务、旅游服务、职业道德与就业指导、法律基础知识、经济与政治基础等专业或课程中运用比较多。

项目教学是一种将具体的项目或任务交给学生自己完成的教学方法，学生在收集信息、设计方案、实施方案、完成任务中学习和掌握知识，形成技能。几乎所有实践性强的专业和课程都适合这种教学方法。

（2）正确处理教师与学生的关系

在行动导向教学中，学生是学习的主体，教师只起主导或者说引导的作用。行动导向教学法在教学时间分配上，教师讲授的时间一般不超过30%，70%以上的时间是学生在教师引导下完成学习任务。

例如，有一堂电子商务课，内容是学习网上购物。教师采用项目教学法，首先交代学习任务，然后花去近30分钟时间仔细讲解网上购物的每个流程，最后用10分钟让学生利用仿真软件进行仿真练习。最后，由于下课时间快到了，教师只好让学生停下并提出在操作中存在什么问题。因为大部分学生没有来得及完成任务，当然也提不出什么问题。这位教师有了行动导向教学法的思想，但还是不放心放手让学生学，讲授时间太多，学生动手、动脑时间太少。其实，教师应该在提示网上购物流程后，给学生布置一项网上模拟购物任务，将学生分成若干小组，各组共同讨论制定完成任务的方案，比一比哪个小组任务完成最快、最好，最后由有了切身体验的学生来总结网上购物具体有哪些步骤、应该注意什么问题等。

（3）树立“用教材”的教学思想

目前，教师在课堂上讲得过多，除了受传统教学观念的影响外，还有一个重要原因是现有的教材主要适合于教师教。学科型教材的编写思想主要是追求学科知识体系的系统性和完整性。教师在教学中往往也把学生当作接受知识的容器去装填。

教师应该树立“用教材”的教学思想，而不是简单地“教教材”。“用教材”要求教师对现有教材进行处理，除了根据新知识、新工艺、新技术要求对教材内容及时进行适当增删外，在教学设计时还要具体对每个模块的内容进行处理，以应用为目标，根据行动导向教学法的要求，打破教材体系，按照“提出问题—解决问题—归纳分析”的思路，重新设计教学步骤和教学方法。

（4）教师要转变教学风格，当好“主持人”角色

当好“主持人”角色的工作原则：

① 主持人是一种教学方法的领导者；

② 老师在教学中控制教学的过程，而不要控制教学内容；

③ 要当好助手，不断地鼓励学生，使他们对学习充满信心并有能力去完成学习任务；

④ 要培养学生独立工作的能力；

⑤ 关注学生的优点，少讲不足；

⑥ 对意想不到的事出现时，不要马上纠正，要容许学生犯错误；

⑦ 要认真听取学生的展示，让学生为自己的学习成绩打分；

⑧ 要严格遵守计划、任务的安排；

⑨ 教师要备好课，要有更多的预想；

⑩ 教学中要更多地使用卡片、张贴板和多媒体教学设备，使学生的学习直观易懂、轻松高效。

（5）让学生以团队的形式进行学习

老师要为学生组织和编制好小组，建立以学生为中心的教学组织；要充分发挥学生的主体作用；让学生自己去收集资料和信息，独立进行工作；让学生在自主学习过程中学会学习；不断地让学生学会使用展示技术来展示自己的学习成果；要使用好展示原则；要对展示技术和展示成果进行评价。

（6）按照职业活动的要求组织好教学内容

把与活动有关的知识、技能组合在一起让学生进行学习；教学要按学习领域的要求编制好教学计划；明确教学要求，安排好教学过程；要事先确定通过哪些主题来实现教学目标。

学习领域是以职业任务和职业活动过程为导向，有一定的目标、课时和内容的一个学习模块，学习领域是一个跨学科的教学计划。

学习单元是案例化的课程单元，它可以使理论知识与实际应用环境结合在一起，可以将学习领域这一框架性的规定具体化。

4.1.8 认知项目教学法

项目教学法是通过进行一个完整的“项目”工作而进行的实践教学活动的教学方法。项目教学法以行动为导向，把整个学习过程分解为一个个具体的任务，按行动回路设计教学方案，在教学过程中以任务驱动的方式组织教学活动。不仅传授给学生理论知识和操作技能，更重要的是培养他们的职业能力，这里的能力已不仅仅是知识能力或者是专业能力，而是涵盖了如何解决问题的能力——方法能力、接纳新知识的学习能力以及与人协作和进行项目动作的社会能力等几个方面。教育必须以学生的发展为本，最大限度地发展学生的能力，构成倡导项目教学法的思想背景，是项目教学法的理论基础。

项目教学法的一般目标不是把教师掌握的现成知识和技能传递给学生作为追求

的目标，或者说不是简单地让学生按照教师的安排和讲授去得到一个结果，而是在教师的指导下，学生自主去寻找得到结果的途径，并最终得到这个结果，进而进行展示和自我评价。学习的重点在于学习过程而非学习结果，学生在这个过程中锻炼各种能力，例如岗位适应能力、实践能力、自主学习的能力、综合应用能力以及团结协作能力，等等。由此不难发现，项目化教学的本质就是要充分调动学生的学习主体性，发挥其主观能动性，把学生被动的学习过程变为主动的探究活动，从根本上提高学生的综合素质和职业能力。

1．项目化教学的特征

项目教学法突出的特征是“以项目为主线、教师为主导、学生为主体”，改变了以往“教师讲，学生听”这种被动的教学模式，创造了学生主动参与、自主协作、探索创新的新型教学模式。

（1）确保学生学习的主体性

学生在好奇心和求知欲的激发下设计项目和完成“任务”，整个教学过程学生始终处于主动积极的学习环境中，从而确保了学生学习的主体性。

（2）教学过程的可控性

项目教学法由学生与教师共同参与，在整个教学过程中教师是学生学习的促进者、组织者和指导者。

（3）突出技能性

学生学习的载体是“项目”和“任务”，教学活动中师生围绕项目的设计和任务的完成展开教学活动，突出技能训练。

（4）理论与实践结合性

每完成一个项目任务，学生必然从方法原理入手，结合原理分析项目、设计工艺流程、完成实践操作，而实践所得的结果又反过来考问学生，不仅使理论与实践相结合，更重要的是促进学生理论知识的升华。

2．项目教学法教学设计的原则

（1）以学生为中心，充分发挥教师的协助作用

项目教学法是一种在教师指导下的、以学生为中心的教学模式。在这种模式中，学生是信息加工的主体，而不是外部刺激的被动接受者和被灌输的对象；教师是学生学习过程中的帮助者和促进者，而不是知识的传授者和灌输者。

采用项目教学法，教师需要做大量的准备工作。教师的主要任务有：确定项目内容、任务要求、工作计划，设想在教学过程中可能发生的情况以及学生对项目的承受能力，时刻准备帮助学生解决困难问题。

在教学设计时，要考虑如何体现学生在学习过程中的主体作用。如何充分利用情境、协作、会话等学习环境要素，充分发挥学生的主动性、积极性和创新精神，激发学生的学习兴趣和学习动机；如何创设符合教学内容的情境，提示新旧知识之间联系的线索，组织协作学习，提出适当的问题以引起学生的思考和讨论；如何在讨论中把

问题一步步引向深入，启发学生自己发现规律、自己纠正错误的认识，等等。

（2）选取适当的项目

选取项目要以教学的内容为依据，以现实的对象为材料，既要包含基本的教学知识点，又能调动学生解决问题的积极性。

（3）创设互动学习的资源和协作学习的环境

教师需要让学生有多种的机会在不同的情境下来应用所学习的知识，充分运用现代教育技术手段给学生提供多种学习的资源；“协作学习”是项目教学法的关键，所以教师要积极创设学生小组讨论交流的情境，让学生在群体中共同批判各种观点和假设，协商解决各路难关，使学生群体的思维与智慧为每个学生所共享，从而达到全体学生共同完成学习任务的目的。

（4）以学生完成项目的情况来评价学生学习效果

教学不是围绕教学目标进行，而是围绕完成项目设计来展开，所以评价学生学习效果应以完成项目的情况来评定。

4.2 方法指导

4.2.1 剖析理念思路

1．课程设计的基本理念与思路

职业教育的专业建设与课程设计应体现现代职业教育思想和先进教学理念，符合国家职业教育政策。课程设计的基本要求有：课程设计的理念要先进，要注重与行业企业共同开发课程；课程设计的思路要清晰，要体现完整性和系统性；课程设计与实施要注重工学结合。

课程设计的基本理念与思路如下：

（1）职业教育应满足企业岗位需求，专业培养应源于岗位需求，课程设置应满足岗位需求。根据岗位需求构建完善的课程体系，系统化设计完整的学习路径，设置合适的课程与整合教学内容。

（2）职业技能型课程应体现理论教学和实践教学融通合一，专业学习和工作实践学做合一，能力培养和工作岗位对接合一的特征。

（3）课程设计要以职业活动为导向，以解决工作中的实际问题为目标，以典型项目和真实任务为载体设计教学单元与重构教学内容，强调学习任务与实际工作任务的一致性。以具体工作任务为载体，按照工作过程和学习者自主学习要求设计和安排教学活动。

（4）职业教育应强调教学的针对性、实效性、时代性、适用性，大力倡导与推行行动导向、工学结合、教学做结合、理论实践一体化的教学模式。

（5）课程开发体现职业教育的教学理念，突出学生的主体地位，体现“自主、合作、探究”的学习方式，激发学生的学习热情和学习潜能。根据岗位需求变化、专业定位变化、技术升级换代动态调整课程结构和课程内容。

（6）以职业能力培养为重点，与行业企业合作进行课程开发与设计，充分体现职业性、实践性和开放性的要求。

（7）合理确定课程内容的难度、深度、广度和能力要求，推进课程的综合化、模块化和项目化。

（8）对接最新职业标准、行业标准和岗位规范，紧贴岗位实际工作过程，调整课程结构，更新课程内容，深化多种模式的课程改革。

（9）推进专业教学紧贴技术进步和生产实际，把职业岗位所需要的知识、技能和职业素养融入相关专业教学中。

（10）根据学生认知规律和职业能力形成规律，按照从简单到复杂、从单项到综合、从具体到抽象的逻辑线索，构建实践教学体系。实践教学体系应注重与职业资格标准和岗位要求对接，与典型工作任务对接，与工作过程对接。

2．关于课程定位

专业课程体系符合高素质技术技能型人才培养目标和专业相关技术领域职业岗位（群）的任职要求，课程在专业人才培养过程中定位准确，对学生职业能力的培养和职业素养养成起到重要支撑和明显促进作用，且与前导及后续课程衔接得当。

课程定位主要说明以下方面：本课程与专业人才培养目标之间的关系，阐述课程在学生专业知识、职业能力和职业素质的哪些方面起到的支撑作用或明显促进作用；课程性质；与前导课程和后续课程的关系。

3．关于教学内容设计

以典型工作任务、过程、项目为线索确定课程结构，以专业核心技能和最前沿技术为主线，参照职业岗位任职要求，整合相应的知识、技能、态度确定课程内容，以典型产品、项目、案例为载体设计教学组织形式；将职业道德和职业精神融入专业教学全过程，促进学生知识、技能、职业素养协调发展。

4．认知职业教育课程的发展新趋势

职业技术课程是以直观、具体的职业活动导向的案例引入。从案例引出实际的问题，教师对问题进行试解、演示。学生可以先模仿，教师对学生的引导不是理论推导，更多的是行动引导。问题初步解决之后，对知识进行归纳：系统知识、类型问题、解题模式。更进一步，职业教育课程的内容结构可以抛开传统的知识体系，而是以职业岗位活动为依据。也就是说，课程内容保持了职业活动的完整性，打破了知识体系的完整性。只有在任务完成之后，才将活动过程中的知识进行系统梳理，得到相对完整的系统知识和定量理论。

职业技术课程的特点是：围绕知识的应用能力，用项目对能力进行反复实训，课程教学要一体化设计。

职业教育课程主要有以下发展新趋势：

（1）职业教育的课程目标：明确学生的发展要求与职业需求相一致

职业教育课程目标要实现明确定位，就要依据现实条件和需求确定课程目标。职业教育作为直接培养合格劳动者的专门教育，职业教育课程目标的定位既要以学生全面发展的需求为中心，以人为本，同时又要兼顾社会需求，正确处理和认识现实的社会情况。

职业教育课程目标以学生的兴趣、自主选择的专业为出发点，以“能胜任某种岗位”为基本要求，以牢固的基础性为依托，以“必需”“够用”为界，以个人完整知识体系的建立为框架，从而最终实现“形成学生较强的岗位能力，为其发展奠定基础，养成较全面的素质和能力”的课程目标。

（2）职业教育的课程内容：突出适应性和发展性相一致

职业教育的特点就是为适应职业而进行的教育。职业教育课程内容要适应职业教育的特点，并为其服务。通过课程内容的培养将“自然人”转换为“社会人”，使社会成员具备在社会生存的能力。

职业教育课程内容的发展性是把职业教育置于经济和社会发展的大背景下，使学校与社会建立起广泛的联系，从而有效地为经济发展和社会进步服务。

职业教育领域内的课程内容应在关注客观需要发展的同时，还应重视人的发展。应与以人为本、构建和谐社会的发展要求相匹配，围绕人的主体地位和特征选择和组织课程内容，突出课程内容符合实践操作的实用性。课程内容的设计应预留广阔的自由空间，教师作为内容的传授者和引导者应有施展才能和激情的空间。把课程内容通过载体传递给学生，使学生更好地理解和掌握知识、技能，使学生在体验中学习新的知识和习得技能，使学生在学习课程内容的过程中得到生动、自主、活泼的个性发展并完成向“社会人”的转变。

（3）职业教育的课程实施：追求方式多样性与专业理论性相一致

职业教育由于专业众多，课程间差异较大，职业教育课程的实施应该使理论与实践融为一体，并辅以不同的课程实施方式表现出来，从而突出职业教育的特点，突出各个专业的特点，这样才能使学生的感性认识与理性认识衔接起来，使已有的经验和未知领域衔接起来。为此，职业教育课程实施方式的多样性应与专业理论相统一，为僵硬的技术赋予灵性，从而使职业教育朝着目标准、内容精、形式活的方向发展。

（4）职业教育的课程评估：力求课程设置与社会发展进程相一致

课程评估是整个课程开发体系中较为重要的一环。课程评估要有利于专业的调整和课程设置，有利于洞察社会发展状况。通过课程评估的过程来验证专业、课程结构和设置是否合理，是否与社会发展相协调、相一致。根据职业教育的特点和技术改革带来的专业设置变更速度加快的实际情况，课程评估通过对毕业生的追踪调查、用人单位对人才的使用需求和要求的调查，形成一个良好的课程评估体系，并根据评估结果和社会的需求及时地、有针对性地调整专业和课程的设置。

5. 解读与反思职业教育中的“能力”

在德国现代职业教育理论中，将人的能力划分为专业能力、社会能力和方法能力三个方面。专业能力容易理解，也是我们着力解决的问题。社会能力是指一个人对社会的适应能力，是从事职业活动所需要的行为规范及价值观念的总和。学会如何共处、如何做人，确立积极的人生态度，特别强调学生的承受能力和调整能力。方法能力是具备从事职业活动所需要的工作方法及学习方法，注重学会学习、学会工作，以养成科学的思维习惯。

这三个能力整合成为所谓的行动能力，行动能力是学生在未来的职业生涯中获得成功的核心能力。要求学生在面对一个具体的任务时，如何能够独立地制订计划、实施计划、评估结果的能力。

培养学生学会独立地制订计划，这是一种预测性、诊断性的工作训练；学会独立地实施计划，这是一种过程性、形成性的工作训练；学会独立地评估计划，这是一种总结性、反馈性的工作训练。

而我们传统的教学过程在一定程度上忽视了这些能力的培养。多年来，我们在衡量和评价学生的能力时，过分强调对专业能力的培养，并以此作为评价学生学习效果的依据，忽视了学生其他方面的能力培养，特别是方法能力的培养，这很值得我们反思。

在我国传统的职业教育中，往往以学科教育内容的减缩版教材为主要依据，从理论到理论，说理、论证、推导，概念的描述、原理的讲解太多。这些年来，随着高等职业教育的改革向纵深方向的发展，教材内容改变了不少，但是，应该说我们并未从根本上走出学科教育的怪圈，我们的老师还有不少人怀念一本书的课堂，津津乐道于理论推导，抱怨学时不够，没有将内容讲完整、讲系统。

我们当前的教材内容过于集中地强调专业知识和技能的传授，忽视与专业相关的外围知识传授，特别是方法能力和社会能力的培养。比如说，在我们的教学中很少有产品说明书撰写、技术协议书写、产品营销策划等内容，除了针对性很强的专业外，也没有设置如商业谈判技巧、沟通艺术等内容。更为严重的是由于教学资源的相对短缺，在实践教学过程中，往往不能保证学生每人一个工位、人手一套设备，加之由于师资紧张而辅导不能完全到位，其实训的时间又不能完全保证，实训的效果当然要打折扣。更不用说如何培养学生独立地完成某一项目的计划、执行和总结评估等。

在我国，绝大多数职业院校的师资来源于大学毕业生，从学校到学校，缺乏在企业工作的经历，从某种意义上讲，是不符合职业教育要求的。就拿足球队员的训练做比较，我们本身只是一个足球理论研究者，我们本身没有参加比赛的经历甚至于没有踢过球，现在要让我们培养一个合格的足球运动员，确实有相当的难度。

作为足球理论研究者，将课本上的文字、图表再搬到黑板或多媒体投影上，用自己的语言复述一遍，就相当于给队员分析一个足球在运动中的受力，其运动轨迹方程，攻防的理论等。却没有在球场真正传球给队员，让他们在运动中体验足球的理论，在实践中体会攻防技巧。

基于行动导向的教学法要求教师设计学习情景，让学生在情景中学习。这就要求我们的老师要成为球艺精湛的教练，在模拟比赛中增长学生的知识和提高他们的专业能力。

另外，作为教练，我们一定要在场外指导，在教学活动中处于组织者和辅导者的位置，教学的主体是学生，整个教学过程要让学生全程参与、主动学习、参与讨论，真正动手做而不是被动听课。比较成熟的教学法有：头脑风暴法、张贴板法、项目设计法等。

多年来我们所形成的习惯就是一张考卷定乾坤，很少进行其他方式的考核，也很少进行其他方面能力的评价。这种评价体系实际上只考查了学生在某些方面的能力，而不是全面的能力，这种评价体系对学生的引导使得学生只去学习书本上的知识，而对这些知识在实践中如何应用，以及与之相关的其他重要知识却知之甚少或干脆不知。

另一方面，这种评价体系要求有一个标准答案，不鼓励学生有别的思想，实际上，就抹杀了学生的创新思维。以行动导向的教学法强调学生自己制定评价标准，自己制订项目的计划，自己执行计划，自己完成结果检查、评估等。现代职业教育的理念是在教学中要“累”学生而不是“累”老师，要让学生流汗；实际上，隐含的内容是：老师要在课下流更多的汗。

我们多少知道一些所谓的鼓励教育、欣赏教育等，但我们的评价标准、多年养成的思维定式，使得我们面对一个学习成绩较差的学生时，往往耐心不够，有时在教育过程中难免态度粗暴甚至出口伤人。在德国的教育中，充分体现师生的平等，在任何情况下都杜绝教师批评学生，更不要说辱骂学生，这很值得我们反思。

6．把握职业教育课程的改革方向

（1）强调专业课程项目化

职业院校的许多教师发现，在企业只需几个月就能熟练掌握的技能，学生在职业院校学习了三年后却仍然不会。这一现象值得我们深思。当然我们可以找到原因，认为是学校的实训设备不足所致，但许多设备充足的院校也同样存在这一问题。

对企业的调查表明，他们更关注的是学生合作精神、吃苦耐劳、定位明确、规范严谨等情感因素的发展。当然，学生在具备了这些素质的前提下，职业能力水平高的学生无疑更具就业竞争力。

而从学生以后将面临的复杂多变的就业环境看，发展专深的职业能力也是十分必要的。如果职业院校毕业生在职业能力的水平上丧失了自己的竞争力，他们在就业时没有不可替代性，势必给职业院校发展带来重大影响，甚至会对其存在的合理性提出挑战。

提升学生职业能力的紧迫心情，以及激发学生学习积极性的现实需要，促使许多学校、教师开始经验性地探索职业教育专业课程改革的思路。

而在这些改革中，最具广泛性的就是项目课程，有的也称为“任务驱动型课程”。在实施过程中，有的院校采取的是叠加式项目课程，即在学习了原有学科课程后，让学生通过完成几个完整项目，来获得综合实践能力。有的院校采取的是与项目相结合的教学方法来改造原有学科课程的教学，这比前者明显进了一步。还有的院校采取的则是完全打破学科课程体系，以工作项目为核心重组专业知识，这又进了一步。

项目课程成为职业教育专业课程改革的方向，因为它符合职业教育的规律，容易激发学生的学习兴趣，培养学生综合应用专业知识的能力。

（2）强化基础课程的服务性

基础课程都是职业院校课程体系的重要组成部分，只不过所占比重有所差异，这也是职业院校区别普通高中的一个方面，更是和社会上的培训机构的不同。文化基础课在职业院校的学习体现了素质教育。国外关于关键能力研究的成果，更是让我们看到了开设文化基础课程的必要性。

然而目前职业院校文化基础课程的教学状况令人非常担忧，学生学习这类课程的积极性不高。其原因是学生对这类课程的准备不足，既包括知识上的，也包括学习心理上的。

从知识上看，无疑进入职业院校的学生以往对这些课程学习的结果非常不理想。从学习心理上看，多年的学习成绩不佳以及老师的责备、冷漠，已在学生心中深深地积淀了对这些课程的厌恶。

改变职业院校文化课这种状况的最有效的方法，就是对职业院校的文化课重新定位，对职业院校的文化基础课程进行全面改革。

基本思路是把文化基础课程内容与专业结合起来，强化它们的服务功能：服务于专业学习；服务于学生的生涯发展。

一种观点认为，既然是文化基础课程，就应当按照这些课程本身的知识形态来教学，如果与专业课程相结合，会破坏这些课程本身所特有的主旨，导致文化基础课程不普通。

另一种观点则认为，面对现状，目前急于解决的问题是先让学生学起来，然后才是探讨学什么。

实践表明，通过与专业相结合，能有效地提升学生学习这些课程的兴趣，同时也给学生提供了在专业中如何应用这些知识的线索。如果像普通高中那样教授这些课程，不仅不能突出职业教育的特色，反而容易进一步导致学生厌学。但是，文化基础课程不可能像专业理论知识那样，按照工作任务完成的需要来选择这部分知识，因为我们很难在这些知识与工作任务之间找到非常直接的对应关系。

设置这些课程的理论依据应当是能在不同职业之间广泛迁移的关键能力。因此，文化基础课程的改造思路与专业课程不同，它只能是采用与专业活动相结合的方式教授已经编制好的知识体系。也就是说，它的改革更多的是教学方法层面的。从这个意义上看，我们不必拘泥于传统的教学模式，完全可以尝试、探索与专业课程相结合的灵活的教学模式。

4.2.2 调研岗位需求

岗位需求主要包括知识、技能、素养需求，企业一般用岗位职责和任职要求进行描述。岗位面向是指专业主要面向的岗位，专业定位主要包括本专业面向的岗位、区域、领域以及人才培养的层次、类型、特征等方面。

1．岗位需求调研途径与方式

岗位需求调研主要通过岗位实地调研、会议交谈调研、招聘网站调研等途径，采用调研问卷、电话沟通、QQ 交谈、E-mail、面谈等方式进行调研，常见的专业招聘网站有智联招聘（www.zhaopin.com）、前程无忧（www.51job.com）、中华英才网（www.chinahr.com）等。

2．岗位需求调研的要求

（1）岗位需求调研的基本要求

岗位需求调研的基本要求是：新、真、多。

“新”是指获取的调研数据为近期内的最新数据，具有较强的时效性，过时的数据时效性明显减弱。

“真”是指来自实际调研过程获取的真实数据，具有较强的客观性。

“多”是指获取的数据量足够多，较少的数量则代表性不够强。

（2）明确企业的具体需求

企业是客户，学校培养职业人才必须满足客户需求，即适销对路。在调研过程中，必须明确岗位名称、岗位职责、工作内容、工作条件，获取对应岗位的任职要求、知识要求、技能要求、素质要求、经验要求、工具要求等方面的内容。

（3）兼顾学生实际需求

学生是培养主体，学校的人才培养方案应考虑学生自身的需求，职业院校培养的学生应有够用的理论知识、有用的专业技能和好用的职业素质，具备较强的岗位适应能力、知识更新能力、沟通表达能力和团队协作精神，满足学生求职需求、转岗需求和职业发展需求。

3．岗位需求调研的方式与目的

（1）行业背景与区域产业发展调研

对本专业相关的产业（行业）市场现状及趋势进行分析，《教育部关于深化职业教育教学改革全面提高人才培养质量的若干意见》中要求：围绕现代农业、先进制造业、现代服务业和战略性新兴产业发展需要，积极推进现代农业技术、装备制造、清洁能源、轨道交通、现代物流、电子商务、旅游、健康养老服务、文化创意产业等相关专业建设。

《高等职业教育创新发展行动计划（2015—2018 年）》明确指出：优先保证新一代信息技术产业、高档数控机床和机器人、航空航天装备、海洋工程装备及高技术船舶、先进轨道交通装备、节能与新能源汽车、电力装备、农机装备、新材料、生物医药及高性能医疗器械产业相关专业的布局与发展。

通过深入调研明确专业设置是否符合产业发展趋势和区域产业发展需求，应顺应与满足产业发展、区域经济发展对人才的需求。行业背景和区域产业发展调研的主要依据有行业或区域产业发展规划、权威部门发布的统计分析报告等。同时，还需对行业或区域内专业从业人员的情况进行调研分析，主要包括从业人员的数量分布、从业人员层次结构、从业人员的流动情况与紧缺情况等。

（2）企业岗位调研

针对专业面向的主要岗位进行调研，明确并归纳专业面向岗位的知识、技术、素养需求，提炼岗位典型工作任务。

（3）毕业生调研

了解近几届毕业生主面从事的岗位及工作内容，专业知识、技能与岗位工作的相关性。了解毕业生适应岗位工作的优势和不足，专业课程设置应做哪些优化与调整。

（4）同类院校的同类专业调研

了解同类院校的同类专业在课程开设、实训安排、课时安排等方面的情况。

4．通过前程无忧网获取网上招聘信息

（1）打开百度网站，输入搜索关键字

启动 Google Chrome 浏览器，在地址栏中输入 http://www.baidu.com/，然后按【Enter】键，打开百度网站首页，在搜索关键字文本框中输入关键字“前程无忧”，文本框下方会自动显示相关的关键字列表，如图 4-1 所示。

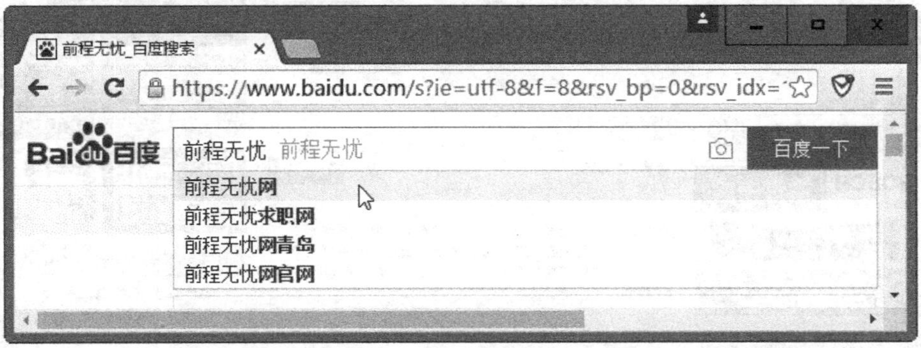

图 4-1　在百度网站首页的文本框中输入“前程无忧”关键字

在关键字列表中单击“前程无忧网”选项，自动显示搜索的结果，如图 4-2 所示。

（2）上前程无忧网获取“网页设计师”职位的招聘信息

在如图 4-2 所示的搜索结果中单击“前程无忧（51Job）-找工作尽在前程无忧”超链接，也可以直接在地址栏中输入前程无忧网站的网址 http://www.51job.com，按【Enter】键，打开前程无忧网的首页，如图 4-3 所示。

图 4-2　搜索到的招聘网站信息

图 4-3　前程无忧网的首页

在首页的“关键字”文本框中输入“网页设计师”，单击“选择地区”按钮，打开【请选择工作地点】页面，如图 4-4 所示，在该页面中单击选择“深圳”，返回首页，设置的搜索条件如图 4-5 所示。

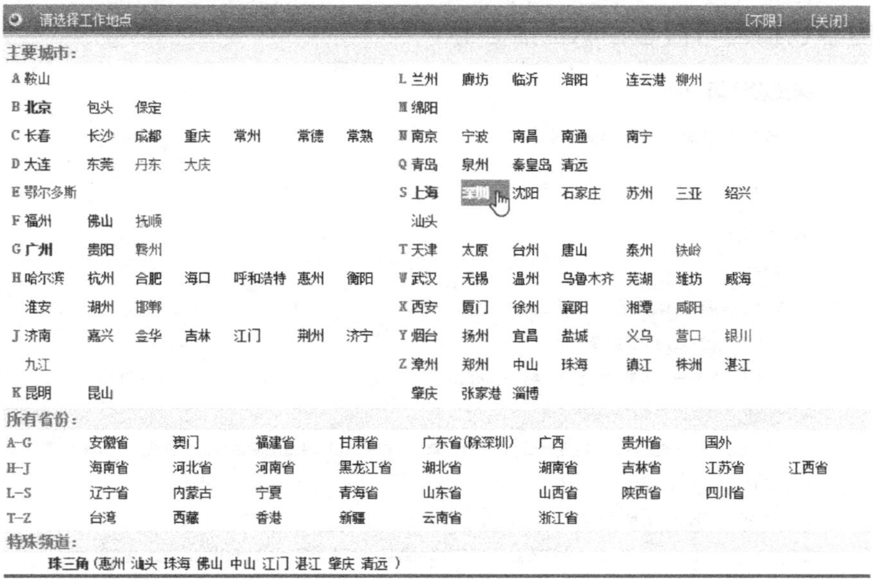

图 4-4　选择工作地点

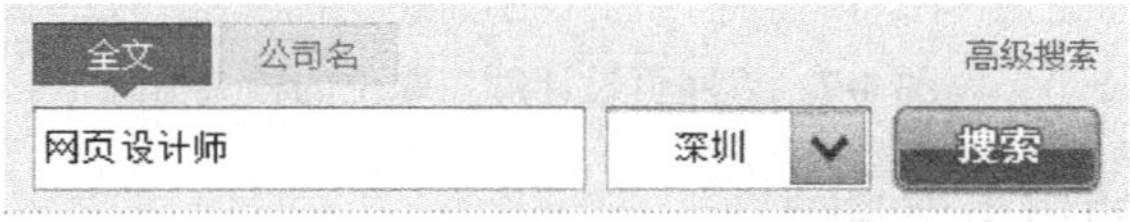

图 4-5　设置的搜索条件

在首页中单击【搜索】按钮，部分搜索结果如图 4-6 所示。

图 4-6　工作地点为“深圳”的“网页设计师”职位的部分搜索结果

单击第 2 行的职位名称“网页设计师”超链接，打开如图 4-7 所示的页面，该页面的主要内容包括公司信息、职位信息等。

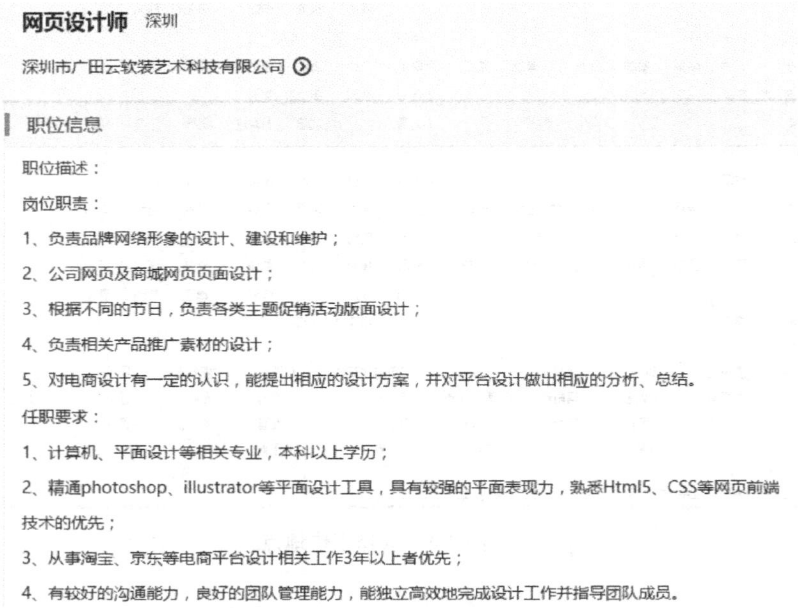

图 4-7 “网页设计师”职位的相关信息

（3）保存所获取的招聘信息

在 Google Chrome 浏览器中单击【自定义及控制 Google Chrome】按钮≡，在弹出的快捷菜单中依次选择【更多工具】→【网页另存为】命令，如图 4-8 所示。

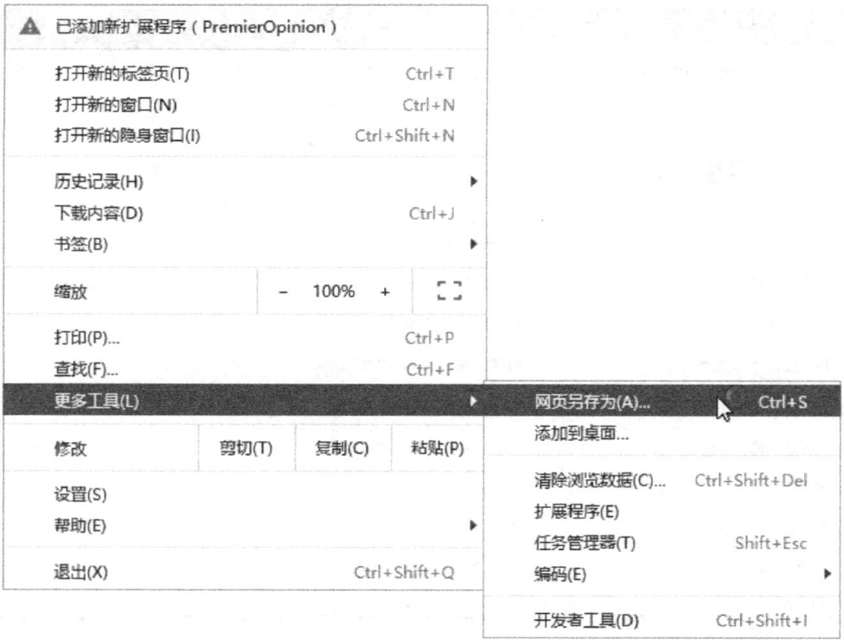

图 4-8 在快捷菜单中依次选择【更多工具】→【网页另存为】命令

打开【另存为】对话框，在该对话框“文件名”列表框中输入“网页设计师招聘.html”，如图 4-9 所示。

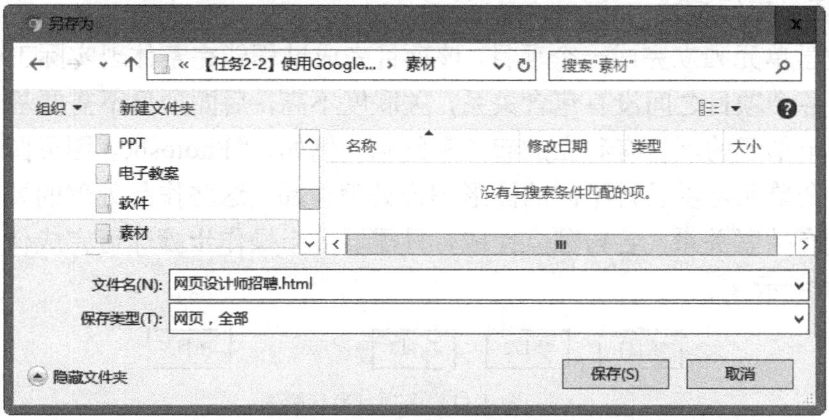

图 4-9 【另存为】对话框

在【另存为】对话框中单击【保存】按钮完成对网页的保存操作。

4.2.3 选择课程模式

根据课程特点，教学模式设计应具有针对性，课程设计体现以学生为主体，以工学结合为切入点，采用充分体现“教、学、做”合一的任务驱动、项目导向等教学模式。

典型的行动导向课程模式有以下几种。

1. 单项目多阶段模式

一个完整项目分阶段实施，一门课程完整地完成一个教学项目，每个教学单元完成教学项目中的一部分，后阶段的工作内容需要基于前阶段的工作内容的完成，将这种课程模式命名为单项目多阶段模式。例如，“管理信息系统开发”这门课程，无法像其他课程那样单元 1 开发一个较简单的系统，单元 2 开发一个中等难度的系统，单元 3 开发一个较复杂的系统。因为最简单的一个系统开发，都需要经历“系统规划与可行性分析、系统分析与建模、系统设计、系统模块的实施与测试、系统的整合与联调、系统的运行与维护、系统管理与安全保障”全过程，类似课程只能选取 1 个或者 2 个管理信息系统，分阶段予以实施，每个单元实施一个或多个阶段，所有单元串联起来，便形成一个完整的开发过程。其示意图如图 4-10 所示。

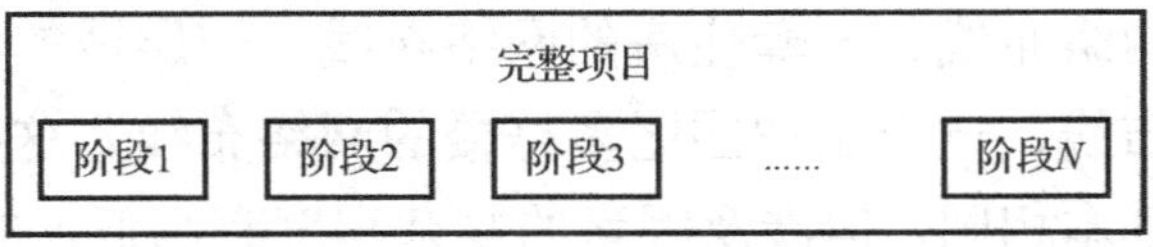

图 4-10 单项目多阶段模式

这种模式的特点是：一个完整项目分阶段完成，首先精心设计一个全课程贯穿的项目，并将该项目分解为若干个子项目，在整个课程教学过程中，分阶段完成这些子项目，最终完成这个大的实际项目。理论知识为项目实现服务，项目完成后能形成系统化的知识、技能体系。

2．多项目串行模式

每个教学单元独立完成一个项目，该项目完成过程能完整体现实际工作情境中的工作过程，各个项目之间没有包含关系，关联度不高，后面项目不需要基于前面项目的完成，每个单元的项目有独立的起点和终点。例如，“Photoshop 图形图像处理”这门课程，每个单元可以设置不同的图形图像处理作品，这些作品处理的要求、涉及的操作可以没有关联关系，各自独立完成，只需要多个操作步骤即可完成任务。其示意图如图 4-11 所示。

图 4-11　多项目串行模式

3．多项目组合模式

每个教学单元设置多个涉及内容不同但难易程度相当的项目，每个教学环节完成 1 个项目，一个教学单元完成多个项目的组合。例如，“办公软件应用”这门课程，每个教学单元可以设置多个文档处理任务，每个教学环节完成 1 个文档处理任务，由于文档处理涉及内容较多，不同类型任务的操作要点也不同，无法在一个文档中包含所有内容和操作，这种情况下可以用同一个文档完成不同的操作，也可以用不同文档完成不同的操作。其示意图如图 4-12 所示。

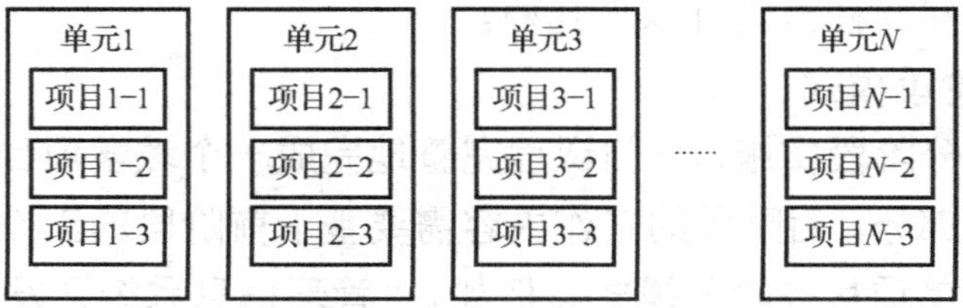

图 4-12　多项目组合模式

4．多项目扩展模式

每个教学单元设计设置多个难易程度不同、涉及内容基本相同且具有扩展关系的项目，每个项目完成的过程基本相同，但决策难度有区别；涉及因素也有不同，但各个项目完成过程彼此没有关联关系。其示意图如图 4-13 所示。例如，“网络布线施工”这门课程，可以设置多个布线施工项目，即一间办公室的网络布线、一套住房的网络布线、一层楼的网络布线、一栋楼的网络布线、一个工业园区多栋楼的网络布线，这些布线施工项目相关内容基本相同，但涉及因素的复杂程度有高低，成本预算、技术难点、决策难度都有所不同。

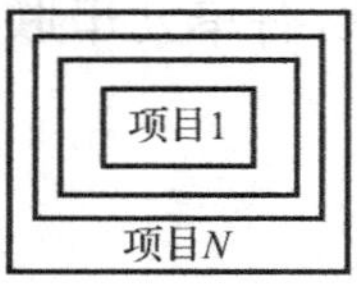

图 4-13　多项目扩展模式

5．多项目递进模式

每个教学单元设置多个难易程度不同、涉及内容关联且具有递进关系的项目，各教学单元按由易到难的顺序完成这些项目，这些项目之间有前后相关关系。其示意图如图 4-14 所示。

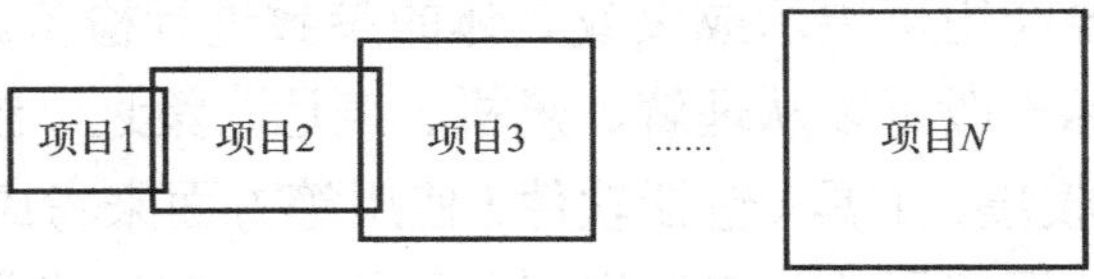

图 4-14 多项目递进模式

例如，“使用普通机床的零件加工”这门课程，可以设置多个车削加工项目，即直轴的车削加工、阶梯轴的车削加工、齿轮轴的车削加工、螺纹轴的车削加工、轴内孔的车削加工，这些车削加工的难度和过程呈现递进关系，虽然每一项加工任务可以独立完成，但这些加工任务完成具有相关关系，从技能提升角度来看，技能水平在逐步提升，加工难度也在逐步提升；从加工过程来看，后一加工任务可能需要基于前一加工任务的圆满完成，也就是前面的加工任务没有完成，后面的加工任务无法开始。

结合课程特点，从以上课程模式中选择一种较为合理的模式。

4.2.4 明确课程目标

课程目标是通过本课程的学习，学生在知识认知和职业能力上要达到的具体标准，包括知识目标、技能目标和素养目标。知识目标用“了解……，掌握……”表述，技能目标用“会……，能……”表述，素养目标用“培养……，养成……”表述。课程目标是课程教学组织和实施的“龙头”，又是课程教学质量检查评价的依据和重点，因此也是课程整体设计的关键内容之一。本课程所要实现的教学目标要具体明确，具有可操作性和可检测性。

1. 课程目标的表述形式

（1）知识目标

课程知识目标是通过本课程的学习，学生在知识认知上要达到的具体标准。职业能力的训练和培养必须以相应的知识为支撑，因此应同样重视知识目标的设计。但应注意，知识目标的确定应以职业能力目标的实际需求为依据，而不能以学科知识体系或教科书的理论框架为依据。要遵循“必需、够用”的原则。学生为实现职业能力目标进行职业能力项目训练必须认知的知识、理论便是知识目标，否则便可不讲或少讲。知识目标的设计一定要突破保持学科知识的系统性和完整性的观念，完全以职业能力目标的需求来取舍，并与职业能力目标相对应，分成相应的层级层次。知识目标也要用序号标识，逐一列出，描述同样要明确、具体。

（2）技能目标

课程技能目标是通过本课程的学习，学生在技能训练和培养上要达到的具体标准。课程技能目标要以职业需求为导向，同时兼顾课程性质和教学对象的实际来确定，不能以教科书或教师的经验为依据。要正确处理好与前导及后续课程之间在技能培养上的承续侧重关系，防止割裂封闭、盲目拔高或面面俱到。课程技能目标必须明确、具体、可检测。通过本课程的学习，究竟要学生学会做什么、达到何种要求，表述要明确、具体，其结果要能用可展示成果或具体的参数进行检验。

确定课程技能目标一般可以从理解、辨析、表达、策划、组织、协调、操作、实施、展示、检验、信息收集、工具（包括软件）使用等方面来考虑。具体职业岗位（群）的技能需求有其内在的层级层次，例如物流公司的仓储配送班组长岗位，首先要有基本的货物入库、出库、分类、堆码、上架、下架、叉车驾驶、传输机操作、单证填制、送货等实际业务技能；其次要有基本的仓储设计、配送方案制定和评价能力；再次要有相应的班组人员和业务活动组织管理能力；还需要一定的上下、内外沟通和协作能力等。因此，技能目标也应据此分为相应的基本操作能力、方案制定和评估修正能力、组织管理能力、社会交际能力等层级，各层级再根据实际需求分为不同的层次。课程各层级层次的技能目标，都应用“能（做）……”“会（做）……”的语式，简洁、明了、具体地用序号标示，逐一描述列出，切忌含糊、空洞、笼统或概括地表述。

（3）素养目标

素养目标是为完成职业任务、胜任岗位资格所需要的相关素养，例如法纪意识、诚信意识、敬业精神、团队协作、创新和挑战意识等。

课程目标的分类与表述要求如表 4-1 所示。

表 4-1　课程目标的分类与表述要求

类　型	层　次		各水平的要求	使用的行为动词
知识性目标	低	了解	再认或回忆事实性知识；识别、辨认事实或证据；列举属于某一概念的例子；描述对象的基本特征	描述、列举、列出、了解、熟悉、说出、背诵、指认、举例、辨认、回忆、选出、举例、复述、识别、再认等
	↓	理解	把握事物之间的内在逻辑联系；在新旧知识之间建立联系；进行解释、推断、区分、扩展；收集、整理信息等	解释、比较、检索、知道、识别、理解、调查、说明、区别、认识、懂得、阐明、分类、归类、概述、概括、判断、提供、猜测、预测、估计、推断、收集、整理等
	高	迁移应用	归纳、总结规律和原理；将学到的概念、原理和方法应用到新的问题情境中；建立不同情境之间的合理联系等	辨析、分析、设计、制订、评价、探讨、总结、研究、选用、选择、学会、画出、适应、自学、发现、归纳、确定、判断、推导、阐明等
技能性目标	低	模仿	在原型示范和他人指导下完成操作	尝试、模仿、访问、解剖、使用、运行、演示、调试、按照、根据、练习等
	↓	独立操作	独立完成操作；在评价和鉴别基础上的调整与改进；与已有技能建立联系等	获取、加工、管理、表达、发布、交流、运用、使用、制作、操作、搭建、安装、开发、实现、测量、测定、绘制、制作、查阅、学会、会、收集、计算等
	高	熟练操作	根据需要评价、选择并熟练操作技术和工具	熟练操作、熟练使用、有效使用、合乎规范地使用、创作等

续表

类型	层次		各水平的要求	使用的行为动词
素养性目标	低	经历（感受）	从事并经历一项活动的全过程，获得感性认识	亲历、体验、感受、体会、感知、交流、讨论、观察、（实地）考察、参观等
	↓	反应（认同）	在经历基础上获得并表达感受、态度和价值判断；做出相应的反应等	关注、借鉴、欣赏、注意、善于等
	高	领悟（内化）	建立稳定的态度、一贯的行为习惯和良好的价值观	形成、养成、确立、树立、构建、增强、提升、保持、具有等

2．课程目标的表述要求

这里所说的课程目标，并不是教师对学生的要求（不是"学生应能××"），而是任课教师对学校的一种承诺，是督导和同行用来检查课程是否达标的依据。

根据课程相关岗位的工作职责和职位调研分析，进一步明确课程的知识、技能、素养目标，应区分范围要求、层次要求、程度要求，区分一般目标和提升目标，区分当前目标和期待目标。

课程目标的表述应是明确的、具体的，可以观察和测量的，基本的陈述方式有两类：

（1）结果性目标的方式，即明确告诉学生学习的结果是什么，这种方式主要用于"知识与技能"目标，要求所采用的行为动词要明确、可测量、可评价。

（2）体验性或表现性目标的方式，即描述学生的心理感受、体验或明确安排学生表现的机会，这种方式指向无须结果化的或难以结果化的课程目标，主要应用于"过程与方法""情感、态度与价值观"。所采用的行为动词往往是体验性的、过程性的。

以职业岗位需求为根据确定本课程的技能目标。用具体、可检验的语言，准确描述课程实际能够达到的能力目标：学完本课程之后"学生能用××做××"。注意，这里所说的"做"，是指"完成专业任务"，不是指"掌握知识"。所以，"能理解××概念，能掌握××定义，能回答××问题"之类，都不是我们要求的技能目标。这一点与课程的单元设计是一样的，只是这次是针对全课程，而不是仅仅针对一次课。

课程的技能目标应当包括：

① 对项目任务的理解、分析、表达情况；

② 项目任务的执行情况；

③ 对项目任务结果的展示、分析、评价情况；

④ 对工作环境的熟悉情况；

⑤ 按照规范操作的情况；

⑥ 按照安全要求操作的情况；

⑦ 主要工具的使用情况；

⑧ 事故的处理情况；

⑨ 在复杂环境中做事、与人竞争协作的情况；

⑩ 在完成任务过程中自我学习和持续发展的情况等。

但所有这些“技能目标”都应当是结合本课程的、具体的、可检验的目标，不是抽象概念的表述。或者说，所有的抽象能力，都要找到它的“观察点”，并用这个观察点来进行表述。

4.2.5 选取教学内容

职业教育课程的内容必须以职业活动为导向。课程的实例、训练项目和主要的课堂活动，都要紧紧围绕职业能力目标的实现，尽可能取材于职业岗位活动和实际工作流程，以此改造课程的内容和顺序，从“以知识的逻辑线索为依据”转变成“以职业活动的工作过程为依据”。

技术的快速变化、市场的快速变化、各地经济环境的巨大差异，这些都决定了职业教育课程内容的巨大差异，同一名称的课程在不同时间、不同地点实施，取材和顺序都可能不同。

教学内容选取主要说明以下方面：

（1）选取的原则。要依据课程目标，根据技术领域和职业岗位（群）任职要求，及相应的职业资格标准，选取教学内容。

（2）选取的教学内容。要融知识内容、技能内容和素质内容于一体。

（3）可以针对专业人才培养目标对应的部分职业岗位，列举典型工作任务，筛选综合典型职业能力，然后选取教学内容。

（4）教学内容的选取要体现先进性、针对性和适用性。

（5）选取的教学内容要与实际工作内容相对接或衔接。

进行课程设计时，要按照课程目标（主要是技能标准）的层级层次、职业能力训练和培养的阶段性，进行教学内容组合，构建成相应的教学内容模块。每个教学模块要包含职业能力训练项目、职业能力训练素材、支撑知识、拓展知识、课时分配等内容。各模块要有鲜明的职业能力训练和培养的针对性，又要相互联系和衔接。

（1）内容选取

根据行业企业的发展需求和完成职业岗位实际工作任务所需要的知识、技能、素养要求，选取教学内容，并为学生可持续发展奠定良好基础。

（2）内容组织

遵循学生职业能力培养的基本规律，以真实工作任务及其工作过程为依据整合、序化教学内容，科学设计学习性工作任务，“教、学、做”结合，理论与实践一体化，实训、实习等教学环节设计合理。

4.2.6 确定教学载体

1．理解载体

载体通常是指能传递能量或贮存、携带其他物体的物体。在生物、化工以及 IT 等领域中，有其固有的含义。最初在化学反应中有比较明确的表述，是指为了使某种化学反应更充分，让反应物质通过某种特殊物质携带进入反应之中，但这类特殊物质本身不参加化学反应，前后没有变化，这种物质就称为载体。

载体的作用主要是两个方面：一是贮存和携带其他的事物；二是促进其他事物之间的反应。

2．理解教学载体

教学是师生间交互作用的活动。教学活动是教师有目的、有意识、有计划地影响学生，变化其身心状态，促使其发展的实践活动。教与学要相互作用，教要有学的回应，否则就没有效果，不能称其为成功。因此，教学过程的信息传递不同于一般的信息传递过程，不能仅仅考虑到传递，更要考虑到信息被接收之后的“信息反应”。这就要求教学过程中同样需要信息载体（通常称为教学载体），来促使教与学发生相互作用和反应。教学载体是贮存、携带教学信息的载体，是教师针对一定的教学目标，在相应的教学策略指导下为传递教学内容而设计编制的教学内容的组合形式和形态。教学载体有其独特的作用和内涵，是客观存在的教学要素。例如，为了让学生更好地记忆一系列计算法则，教师将计算法则编成一段口诀，通过让同学学习口诀，理解、记忆这些计算法则，这个口诀就是一个教学载体。我们将一些须遵守的行为准则编成歌曲，通过传唱让学生记住并理解规则内容，这个歌曲也是教学载体。

教学需要教学载体，除了教学是师生交互作用的活动之外，还在于教学过程是一种特殊的认知过程。在教学过程中，学生掌握知识许多要越过直接经验的阶段，学习的知识要求简约，要通过教师的积极引导，习得大量的系统的间接知识。因而不能将教学内容直接投射到感觉系统来掌握知识，而要通过对内容进行合理的组合，利用载体来让学生高效能地掌握好知识，这是教学载体的存在条件之一。

另外，教学是目的明确的传播行为。为了影响改变学生，要靠设计良好的载体来达到这种影响。

3．区分教学载体与教学媒体、教学方法、教学内容等教学要素

教学载体与教学媒体、教学方法、教学内容等教学要素有非常相近的关联。但教学载体是一个独立的要素，它与这些相关要素是有区别的。

（1）区分教学载体与教学媒体

教学媒体是一个公认的教学要素，它来自信息传播。通常认为媒体就是信息源和接受者之间携带、传递信息的任何物质工具，媒体是一种传播渠道、传播工具。而载体是内容的组合形态。媒体传递的真正“信息”是它对接受者的刺激，而不是传递的内容。也就是说媒体本质上传递的是“声、光、形”等付诸听觉、视觉、触觉的直接的感官刺激。而教学载体所传递的是付诸于内在认知反应的教学内容。

（2）区分教学载体与教学方法

不管目前如何定义教学方法，把教学方法定义为教学方式也好，措施也好，手段也好，策略也好，但各种定义的一个共同点是确定的，即教学方法不包含教学内容。它只是对教学行为方式进行最优化的概括。因此，它不能等同于教学载体，不能代替教学载体。

（3）区分教学载体与教学内容

教学载体是贮存、携带教学信息内容的载体，它一般不是教学内容本身，它主要起到促进认知的作用。

从载体的角度看，它是一种将教学内容编制成符号、文字、形态的载体。通过教学载体有利于学生掌握教学过程中蕴藏的丰富的教学内容。而教学中常用的教学载体却只贮存、携带某一部分教学内容，形式比较灵活，由教师创造、编制。同样的教学内容，优秀的教师可以设计出各种形式丰富的教学载体，来传递教学内容，使教学引人入胜，多学不厌。

4．教学载体的形式和功能

教学载体的主要形式分为符号信息载体、光电信息载体、活动载体、项目任务载体四类。

（1）符号信息载体就是用符号信息来表述组合教学内容的载体。语言表述、文字表述、图片、图像等都属于符号信息类载体。

（2）光电信息载体是利用现代的光电信息技术将符号信息与虚拟实际结合起来的载体。

（3）活动类载体是将内容隐含于活动之中，通过参与活动让学生理解知识、获得认知感悟、体验操作要领、习得技能，从而接受教学内容的载体。例如，通过辩论活动，让学生养成语言材料的组织、语言表达等能力，这样辩论活动就成了培养语言能力的活动载体。

（4）在职业教育中要对学生进行能力的训练，要用尽可能接近学生未来岗位的项目任务来训练。选择、设计一个或多个贯穿整个课程的项目或任务，作为训练学习职业岗位综合能力的主要载体，这个项目或任务就是课程能力训练的教学载体。项目或任务选择的要点是：实用性、典型性、可行性、趣味性、客观性、覆盖性、综合性。载体选择考验课程设计者的功力和能力，载体选择好坏在很大程度上决定了该课程教学的成败。训练学生的单项能力也尽可能选择大型项目的子项目，尽量避免类似习题的、许多相互无关的并行小练习。

由以上分析可以看到，教学载体是跨越不同类型的教学和学习的。无论是知识学习，还是技能学习，还是能力素质的培养，都与合适的教育载体有密切的关系。然而不同的载体对于不同类型的知识学习，具有不同的功能。

根据目前认知心理学的看法，将知识学习概括为三类：一是陈述性知识；二是程序性知识；三是策略性知识。

陈述性知识是有关事物的名称或符号一类的事实知识以及命题知识和知识系统。它主要是有关事实的描述。回答“是什么”“怎么样”这种问题知识。

程序性知识主要是关于判断、规则的知识，是回答“怎么办”这类问题的，是为引导行为反应，是技能形成的基础。

策略性知识与程序性知识相仿，也是关于回答怎么办的问题，但它不是处理行为的，而是处理认知活动的。

陈述性知识是构成文化知识的主要部分，而程序性知识和策略性知识是技能、能力的主要组成部分。

从教学载体的功能来看，不同的载体对不同类型的知识学习的作用是不同的。一般地说，对陈述性知识的学习，符号信息类载体的应用比较多；而对顺序性知识和策略性知识的学习而言，活动载体、项目任务载体就有比较好的效果。因为顺序性知识和策略性知识的学习需要通过练习形成固定的心理习惯，转化为技能和能力。

5. 教学载体的选取

课程的载体常见类型如下：

（1）工作对象：工具、设备、产品、实物、人、报表、凭证等。

（2）工作内容：网页、程序、图像、动画、文档、歌曲、文种等。

（3）工作场景：旅游景点、室内、户外、展览、聚会、办公等。

（4）工作任务：设计任务、制作任务、处理任务、分析任务、操作任务、讲解任务、创意任务等。

一般课程类型有案例教学型、任务驱动型、问题驱动型、项目驱动型、工作过程导向型、知识导向型。对相同课程或同类课程现有案例进行分析，了解课程的类型，分析现有同类课程的教学载体，是案例、任务、问题、项目，还是其他载体。

4.2.7 设计教学单元

什么是课程的一个“单元”？就是一次课。在时间上紧密相连的一次课，叫做一个单元。一个课程单元，就像电视连续剧中的一集。教师的备课从来都是以单元形式进行的，教案也是针对课程的一个单元写成的。因此，学生的学习过程客观上也被分成这样的单元进行。

职业教育课程的教学改革，就从课程的单元设计开始。下面将课程单元教学的设计要点归纳一下。

（1）将课程内容按照实施的时间划分为单元。确定每单元课程目标，首先要准确叙述课程的能力目标，然后确定相应的知识目标、素质目标或情感目标等。

（2）课程的评价标准和课程所有的活动，必须以学生为主体。

（3）选定每单元课程训练单项能力的任务。强化课程的实践环节，准备大量训练任务，进行反复训练。用各种方法鼓励学生积极参与课程实践，提高学生的感受能力和操作能力。

（4）设计“能力的实训过程”，确定演示、实训、实习、实验的内容，做好实践教学的各项准备。整个实训过程要以学生为主体，以职业活动为导向。以学生能力的提高为目标，安排训练的项目任务，不是仅着眼于具体的产品和任务。

（5）做好有关的知识准备。但首先不是“系统的理论知识”，而应尽可能是“系统的应用知识”。教师应当从实用出发，对原有的知识体系从应用的角度进行新的、系统化的改造。以课程项目任务的需求为主要依据，确定课程涉及的知识内容。于是，“知识理论够用为度”就有了实际可行的依据——以课程的项目任务为衡量基准。系统的知识不是不要，而是通常在完成任务之后，归纳总结出来。

设计课程内容的引入、驱动、示范、归纳、展开、讨论、解决、提高、实训等过程。教师要学会使用行动引导教学法。从直观实例开始，按照初学者的认知规律，引导学生兴趣，提高学生能力。在有限时间内，尽可能增加信息量，选择合适的台阶，小步快进，力争提高课堂效率。老师要懂得教学规律，知道知识的学习和领会过程，要会站在初学者的立场上对待学生，不能以自己掌握的水平要求学生。初学者掌握一个概念应当是从具体到抽象，从定性到定量，从感性到理性逐步深化。课程不能从概念出发，要打破过去“先学后做”的习惯，采取高效的“边做边学”或“先做后学”的方式。老师要努力改变课堂上信息单向传递、教师单向控制的局面，实现真正的互动。所谓互动，不是让学生起立答题，而是给学生真正的任务，让学生在完成任务的过程中锻炼能力、探索知识、总结经验，从而形成抽象概念。

4.2.8 整合教学内容

教学内容序化主要说明以下方面：

（1）根据项目、任务、案例及工作过程序化教学内容，安排要科学合理。

（2）要注明每个学习单元所需要的学时。

（3）内容序化要符合职业成长规律和学生认知规律。

课程教学内容模块的编排顺序，要根据职业岗位实际工作流程、职业能力培养循序渐进的规律和模块间内在联系来进行。进行教学内容模块组合时，要根据课程的特点和教学内容模块的需要，通过职业活动调研、网络等多种方式和途径，收集、构思和设计教学资料，包括支撑知识、拓展知识以及案例、事例、工具（软件）、习题等职业能力训练素材，还要对课程教学学时进行合理分配。进行课程教学内容模块组合，绝对不能依照教科书的内容或框架“依葫芦画瓢”，只是将教科书的某某章节改换成某某模块而已；也不能大体上照搬教科书的内容和框架，只是添删一些内容而已。这些都是“换汤不换药”。进行课程教学内容模块组合，必须突破课程学科体系的束缚或局限，模块架构上要与课程目标的层级层次相对应；编排上要符合职业岗位实际工作流程以及职业能力培养、知识认知的规律；特别是内容上应以职业活动及其实际需求为导向，必须与学生的职业方向和职业岗位的实际活动紧密相符；职业能力训练项目、案例或其他职业能力训练素材，都要力求采用生产、建设、服务、管理等一线当前职业活动的真实资料，若是教师自己设计编制的，也必须有很高的职业仿真性；教师应随时追踪专业相应技术领域新设备、新技术、新工艺、新材料、新软件、新经营理念、新管理模式的研发和应用情况，并在教学内容中及时予以体现。

教学内容的表现形式具有齐备性，包括课程标准、特色教材、课件、案例、习题、工作任务单等资源。应用现代信息技术，表现形式具有先进性。表现形式与课程内容相适应，具有该课程独有的特色。可以用文字说明，也可以配以图片。

4.2.9 设计教学过程

教学过程是教学活动的启动、发展、变化和结束在时间上连续展开的程序结构。人们对教学过程的认识，经历了漫长的历史发展过程。随着时间的推移和研究的深入，人们逐渐认识到教学过程的复杂性和多元性，教学过程不仅是认识过程，也是心理活动过程、社会化过程。因此，教学过程是认识过程、心理过程、社会化过程的复合整体。

教学过程是一种特殊的认识过程，也是一个促进学生身心发展的过程。在教学过程中，教师有目的、有计划地引导学生能动地进行认识活动，自觉调节自己的志趣和情感，循序渐进地掌握文化科学知识和基本技能，以促进学生智力、体力和职业道德、审美情趣的发展，并为学生奠定科学世界观的基础。

产品加工有工艺流程，机器装配有组装流程，方案实施有工作流程，举办会议有会议流程，举办晚会有节目流程等。教学实施、课堂教学也应有合理的教学流程。教学流程是按一定的方法和规律设计的教学方案，是教学过程的程序化。教学流程是指教学程序、教学环节、实施过程。传统的学科型课程的教学流程通常为：复习→新授→练习→总结→布置作业。不同的课程有相对合理的教学流程，合理的教学流程有助于提高效率和效果。

教学过程设计应区分一个教学单元的教学过程设计和一次课的教学过程设计。一次课的教学可能只能完成一个教学单元一个环节。

一个教学单元典型的教学过程模式如下。

1. 单线模式

单线模式的呈现形式如下：

单元 1　任务 1（知识 1、能力 1）

单元 2　任务 2（知识 2、能力 2）

……

单元 n　任务 N（知识 N、能力 N）

这种模式的特点是：每个教学单元只设计 1 项任务，主要关注课堂教学，不再安排课外学习。

2. 双线并行模式

双线并行模式的呈现形式如下：

单元 1　任务 1.1（课堂完成）、任务 1.2（课外完成）

单元 2　任务 2.1（课堂完成）、任务 2.2（课外完成）

……

单元 n　任务 N.1（课堂完成）、任务 N.2（课外完成）

这种模式的特点是：每个教学单元分别精心设计两项任务，一项任务在课堂由教师指导完成，另一项任务在课外由学生独立完成。

3．三线并行模式

三线并行模式的呈现形式如下：

单元 1　任务 1.1（课堂示范）、任务 1.2（课堂模仿完成）、任务 1.3（课外独立完成）

单元 2　任务 2.1（课堂示范）、任务 2.2（课堂模仿完成）、任务 2.3（课外独立完成）

……

单元 *n*　任务 *N*.1（课堂示范）、任务 *N*.2（课堂模仿完成）、任务 *N*.3（课外独立完成）

这种模式的特点是：每个教学单元分别精心设计三项任务，第一项任务在课堂由教师示范完成，第二项任务由学生在课堂模仿教师介绍的方法和过程完成，第三项任务在课外由学生独立完成。

4．多线串行模式

第 *n* 个单元的呈现形式如下：

阶段 1：任务 *N*.1.1（课堂示范）、任务 *N*.1.2（课堂模仿完成）

阶段 2：任务 *N*.2.1（课堂示范）、任务 *N*.2.2（课堂模仿完成）

……

阶段 *m*：任务 *N*.*M*.1（课堂示范）、任务 *N*.*M*.2（课堂模仿完成）

阶段 *m*+1：任务 *N*.*m*+1（课外独立完成）

这种模式的特点是：每个教学单元分别精心设计由浅入深的多项任务，各项任务的内容可以彼此相关，也可以无关，但同一个单元各项任务的难度是从简到繁，从单一到综合，任务涉及的“知识点”和“技能点”逐步增加，在课堂教学的多次反复操作过程中，学生的基本操作能力得到确立和巩固，课外由学生独立完成一项综合性较强的任务，这样在多重循环中，学生熟练掌握方法、积累经验、习得技能。

4.2.10　形成课程方案

课程方案主体内容包括课程名称、载体选取、课程目标、教学单元设计、任务设计、教学过程设计。

1．课程名称优化与载体选取

课程名称优化与载体选取如表 4-2 所示。

表 4-2　课程名称优化与载体选取

课程名称	
载体选取	

2．确定课程目标

课程目标分析如表 4-3 所示。

表 4-3　课程目标分析

<table>
<tr><td rowspan="3">课程目标</td><td>知识目标</td><td></td></tr>
<tr><td>技能目标</td><td></td></tr>
<tr><td>素养目标</td><td></td></tr>
</table>

3．教学单元设计

课程设计方案的教学单元设计如表 4-4 所示。

表 4-4　课程设计方案的教学单元设计

单 元 名 称	建 议 课 时	建议考核分值

4．任务设计

课程设计方案的任务设计如表 4-5 所示。

表 4-5　课程设计方案的任务设计

<table>
<tr><td>单 元 序 号</td><td>环 节 名 称</td><td>任 务 名 称</td></tr>
<tr><td rowspan="3"></td><td></td><td></td></tr>
<tr><td></td><td></td></tr>
<tr><td></td><td></td></tr>
<tr><td rowspan="3"></td><td></td><td></td></tr>
<tr><td></td><td></td></tr>
<tr><td></td><td></td></tr>
<tr><td rowspan="3"></td><td></td><td></td></tr>
<tr><td></td><td></td></tr>
<tr><td></td><td></td></tr>
<tr><td rowspan="3"></td><td></td><td></td></tr>
<tr><td></td><td></td></tr>
<tr><td></td><td></td></tr>
<tr><td rowspan="3"></td><td></td><td></td></tr>
<tr><td></td><td></td></tr>
<tr><td></td><td></td></tr>
</table>

续表

单元序号	环节名称	任务名称

5．教学过程设计

课程设计方案的教学过程设计如表 4-6 所示。

表 4-6　课程设计方案的教学过程设计

教学环节序号	教学环节名称	说　明

4.3 样例展示

这里以“网页设计与制作”课程为例，展示课程整体设计与优化的全过程。

4.3.1　课程相关岗位需求的调研与分析

针对“网页设计与制作”课程相关的职业岗位进行调研，明确相关岗位的岗位职责和岗位要求。

1．明确课程相关岗位

根据专业定位和岗位面向，明确与“网页设计与制作”课程相关的岗位，将相关岗位及相关典型工作任务填入表 4-7 中。

表 4-7　“网页设计与制作”课程的相关岗位

课程名称	网页设计与制作
相关岗位名称	相关典型工作任务
网页制作	（1）参与网站策划与设计；（2）网页设计与制作；（3）网站上线与维护
网页设计	（1）确定网页设计的视觉标准和风格标准；（2）客户网站创意与设计；（3）网页、图片设计与制作；（4）前台页面设计和编辑
网站编辑	（1）网站内容的采编、整理、审核及发布；（2）网站内容的架构、栏目和专题的策划及更新维护

2. 调研课程相关岗位的岗位职责和岗位要求

对“网页设计与制作”课程相关岗位的工作职责、岗位要求进一步进行深入细致调研，将调研的岗位职责、岗位要求填入表4-8中。

表4-8 “网页设计与制作”课程相关岗位的岗位职责与岗位要求

岗位名称	岗位职责	岗位要求
网页制作	（1）参与网站策划与设计 参与客户网站的总体及各个栏目的内容策划、功能需求分析 制作客户网站架构设计，树立统一的品牌形象 （2）网页设计与制作 负责确定客户网站页面内容和风格 按照行业及公司的规范完成网站原型设计和页面制作 为网站Web程序开发团队提供脚本和网页模板 （3）网站上线与维护 负责定期分析竞争对手产品，并对自有产品提出整改计划，定期策划网上活动 根据审定的方案参与网站项目的上线升级实施工作，对方案实施的准确性负责 协助网站开发人员对网站程序功能进行测试 （4）与其他相关人员的协调与沟通 与团队其他成员进行有效沟通，了解其他团队成员工作情况、工作进度，定期进行技术交流与共享 与客户进行有效沟通，了解客户有效需求，以便对网站进行更新	（1）知识与技能要求 熟悉网站制作与设计流程，能跟踪最新的网页设计与制作技术 熟练运用HTML5、CSS3、JavaScript等Web开发技术，制作符合Web标准的网页 熟悉常用图像制作软件和Flash制作技术，能够使用Dreamweaver等工具制作网页 （2）素质要求 沟通协调能力：正确理解别人的感受和想法，善于倾听，能够理解他人思想和行为背后的原因 团队合作：愿意与他人合作，主动与其他成员进行沟通交流，分享信息、知识和资源，愿意帮助其他成员解决所遇到的问题，无保留地将自己所掌握的技能传授给其他成员 思维能力：头脑灵活、思路清晰，具备缜密的逻辑思维能力以及耐心细致的观察能力，处理事务有清晰的条理性，工作重点明确，具备较强的执行能力，学习能力强，有创新意识 坚韧性：处于较大的工作压力下或产生可能会影响工作的消极情绪时，能够有效地控制自己的情绪，通过建设性的工作化解工作压力或消极情绪
网页设计	（1）负责公司网站整体视觉、LOGO、宣传手册等设计与创意，负责网站设计的需求沟通，确定网页设计的视觉标准和风格标准等 （2）负责客户网站创意、设计、页面制作，负责公司网站的设计、改版与更新 （3）负责网页、图片设计与制作，负责客户及系统内的广告和专题的设计 （4）负责与开发人员配合完成所辖网站等前台页面设计和编辑	（1）具有扎实的美术功底、良好的艺术审美观、优秀的审美力、良好的创意思维和理解能力，能及时把握客户需求，能独立完成整个网站页面设计与制作工作 （2）具有良好的网站版式设计能力，色彩感和整体布局感较强 （3）熟练使用常用图片设计和处理软件，对图片渲染和视觉效果有较好的认识 （4）能熟练使用Flash、Dreamweaver、Fireworks、Photoshop等软件，熟悉HTML5、Div、CSS3、JavaScript等，有手工编写和修改代码能力优先 （5）对Web设计及相关技术有很好的见解，能和Web程序员进行沟通和合作 （6）工作积极主动、责任心强、思路开阔、有敬业精神，能在较大压力下完成工作 （7）善于与人沟通，有高度的责任感和创新精神，保证工作质量 （8）富于工作热情及团队合作精神，勇于接受挑战

续表

岗位名称	岗位职责	岗位要求
网站编辑	（1）负责公司网站的内容采编、整理、审核及发布，包括文字、图片、视频等资料，为网站提供符合用户需求的有效信息 （2）负责公司网站内容的架构、栏目和专题的策划及更新维护；能够独立完成选题策划、稿件组织与编辑工作；针对网站目标受众提供有吸引力的网站内容；保证公司网站的正常运营以及网站推广活动的实施，以提升网站用户数、网站 PV 流量和用户黏着度 （3）负责策划与制作专题，参与专题和活动的策划、组织 （4）负责行业内活动的现场采访以及后续的稿件撰写、发布 （5）负责与技术等部门的沟通协作	（1）熟悉网络基本知识，能熟练使用 Office 等办公软件，熟练 Dreamweaver、Photoshop 等网页制作编辑工具和图像处理工具，可以独立制作、修改网页 （2）有较强的文字驾驭能力，有良好的文字、图片编辑能力，能够清晰而有逻辑地表达自己的想法，具有创造性的思维；能独立撰写策划文案，有丰富的想象策划能力，能独立完成大型网站的策划方案 （3）熟悉网络语言，擅长用文字调动网络人群的情绪，对网络文案的策划、编辑有一定的实际操作经验，熟悉网络编辑、销售型文案写作，有较强的文字编辑能力、编辑思维能力和策划能力，擅长信息的搜集与整合，能独立完成各种文案的编辑和创作 （4）踏实肯干，思维活跃，诚实守信，具有良好的团队合作精神 （5）工作积极主动、勤奋好学、行为自律；为人诚实、正直，性格开朗、责任心强 （6）具有迎接挑战的信心和对工作的激情

4.3.2 课程的优化设计

1. 优化课程命名

根据行动导向的教学理念、课程相关岗位的岗位职责和岗位要求，对课程名称进行优化，形成规范、合理的课程名称，这里为“网页设计与制作”。

课程名称体现行动导向的理念和现代职业教育思路，以动宾结构或主谓结构为佳，例如“常用工具软件应用”比“常用工具软件”要好，“数据结构分析与应用”比“数据结构”更能体现教学目标，避免“×××学”“×××原理”之类的名词名称，例如将“岩石学”改为“常见岩石检测与鉴赏”更能体现职业教育特色。“动词+名词”形式的课程名称更能表达课程的核心目标、关键内容等方面，使用不同的动词表达的含义也不相同，体现的教学目标也可能不同，例如“汽车销售”“汽车维修”“汽车装配”“汽车美容”“汽车设计”表达的含义明显不同。

2. 明确课程的教学目标

根据课程相关岗位的工作职责和职位调研分析，进一步明确课程的知识、技能、素养目标，应区分范围要求、层次要求、程度要求，区分一般目标和提升目标，区分当前目标和期待目标。将优化后的课程名称及课程目标填入表 4-9 中。

表 4-9 课程目标分析

课程名称		网页设计与制作
课程目标	知识目标	（1）掌握网页制作软件 Dreamweaver 的基本操作和使用技能 （2）掌握在网页中输入、设置标题和正文文字的方法 （3）掌握在网页中插入图像、SWF 动画的方法 （4）掌握建立各种形式超级链接的方法 （5）掌握各类 HTML 表单元素标签，掌握表单网页的制作方法 （6）熟悉 HTML5、CSS3，熟练运用 Div＋CSS 美化与布局网页，能够手写 HTML 代码和 CSS 样式代码 （7）熟悉 JavaScript 和网页特效设计技术，掌握网页特效的制作方法 （8）了解网站的内容结构、目录结构、链接结构的规划与实现方法 （9）了解页面的整体控制和头部内容设置的方法 （10）了解网站测试的方法
	技能目标	（1）能独立进行资料收集与整理，具备用户需求的理解能力 （2）能根据用户网站开发需求，设计与制作静态网页 （3）能根据静态网页设计原则与技术规范，实现页面美化与布局 （4）具有使用 JavaScript 技术进行页面事件处理与表单验证的能力 （5）具有综合应用 HTML、CSS、JavaScript 进行页面设计、编码与调试能力 （6）具有较强的色彩感悟力、结构布局力和想象力
	素养目标	（1）具有较强的理解能力、领悟能力、工作协调能力和创新精神 （2）积极肯干，吃苦耐劳，具有高度的责任感 （3）具有自我激励和良好的交流、沟通技巧，善于协作与沟通 （4）具备良好的团队合作精神、职业道德观念和工作态度，并能承受工作压力 （5）能运用所学的理论知识和技能解决网站开发过程中所遇到的实际问题的能力及基本工作素质

3．梳理课程的知识点、技能点和关键素养

根据“网页设计与制作”课程相关的岗位职责和岗位要求，充分考虑教学的针对性、实效性、时代性、适用性，梳理课程涉及的知识点和技能点，并填入表 4-10 中。

表 4-10 梳理“网页设计与制作”课程涉及的知识和技能

知识点	技能点
（1）网页和网站、网页的工作原理 （2）浏览器窗口的基本组成 （3）网页的基本组成元素 （4）网页的基本布局结构 （5）Dreamweaver 的工作界面 （6）站点的目录结构 （7）页面的首选参数 （8）页面的整体属性 （9）嵌套表格、行和列 （10）表格、行、列及单元格的属性	（1）创建与管理本地站点 （2）浏览网页 （3）建立站点目录结构 （4）创建与保存网页文档 （5）设置页面的首选参数 （6）设置页面的整体属性 （7）设置页面的背景图像 （8）在网页中输入文本和编辑文本 （9）在网页中设置项目列表、输入空格和文本换行 （10）网页文本的格式化

续表

知　识　点	技　能　点
（11）网页头文件	（11）在网页中插入特殊字符、水平线和日期
（12）AP Div	（12）从外部导入文本与设置文本格式
（13）外部链接、内部链接	（13）在网页中插入图像与设置其属性
（14）电子邮件链接、命名锚记	（14）插入鼠标经过图像与设置其属性
（15）图像中的热点区域、图像热点链接	（15）网页中实现图文混排
（16）下载链接、建空地址链接	（16）在网页中插入表格
（17）链接的有效性	（17）在表格中插入嵌套表格、行和列
（18）导航栏	（18）设置表格、行、列及单元格的属性
（19）浮动框架	（19）拆分与合并单元格
（20）库项目	（20）插入与删除行或列
（21）网页模板	（21）在表格中输入文字、插入图像与 SWF 动画
（22）可编辑区域、可选区域	（22）实现滚动文字效果
（23）图像占位符	（23）设置网页头文件的内容
（24）表单域、表单域的属性	（24）绘制或插入 AP Div，设置 AP Div 的属性
（25）表单控件	（25）创建外部链接
（26）Spry	（26）创建文本形式的内部链接
（27）行为	（27）创建图片形式的内部链接
（28）Div、CSS	（28）创建电子邮件链接
（29）布局结构、布局样式	（29）创建命名锚记和到该命名锚记的链接
（30）代码片断	（30）在图像中设置热点区域，创建图像热点链接
（31）CSS 文本属性、字体属性	（31）创建文件下载链接
（32）CSS 颜色的表示方法	（32）创建空地址链接
（33）CSS 多列属性	（33）更改链接颜色，设置链接的打开方式
（34）CSS 定位属性	（34）测试链接的有效性
（35）网页“外观”属性、“链接”属性、“标题”属性	（35）创建文字形式的导航栏
（36）HTML 文档的组成元素	（36）插入浮动框架并设置其属性
（37）HTML 代码的语法规则	（37）创建与修改库项目
（38）HMTL 标签及其类型	（38）在网页中插入库项目
（39）CSS 的选择符	（39）创建网页模板
（40）定义 CSS 样式的位置	（40）定义与修改可编辑区域和可选区域
（41）HTML5 的列表标签	（41）创建基于网页模板的网页
（42）CSS 列表属性	（42）修改网页模板并更新网页
（43）表格元素及标签	（43）修改库项目并更新网页
（44）CSS 表格属性	（44）插入图像占位符
（45）表格的组成元素	（45）在网页中插入表单域
（46）在网页中选择表格和表格元素	（46）设置表单域的属性
（47）在网页中调整表格大小的方法	（47）在表单域中插入表单控件
（48）超级链接的标签、类型	（48）预设文本域中文字字体和大小
（49）超级链接的颜色和下画线样式标签	（49）使用 Spry 验证表单数据的有效性
（50）表单标签	（50）应用行为实现表单网页所需的功能
（51）输入标签、菜单和列表标签、文字域标签	（51）使用表格布局网页
（52）JavaScript 的特点	（52）使用 Div+CSS 布局网页

续表

知 识 点	技 能 点
（53）JavaScript 的常量类型及其特点 （54）JavaScript 变量的命名规则 （55）JavaScript 变量的类型及其声明 （56）JavaScript 常用的运算符和表达式 （57）JavaScript 的条件语句以及各自的语法格式和执行规则 （58）JavaScript 的循环语句以及各自的语法格式和执行规则 （59）JavaScript 中的全局函数及其定义 （60）JavaScript 的函数 （61）JavaScript 的常用事件及其触发方法 （62）JavaScript 对象的层次结构 （63）JavaScript 的主要对象及其功能 （64）JavaScript 常用的内置对象 （65）JavaScript 对象的正确引用 （66）在 HTML 文档中嵌入 JavaScript 代码 （67）网页布局的基本模型 （68）网页页面内容编排的基本原则 （69）对网页页面内容分块的方法 （70）网站的基本开发流程	（53）设计页面的布局结构 （54）创建页面布局样式 （55）创建美化页面元素的样式 （56）插入 Div 标签对页面进行布局 （57）新建代码片断 （58）在页面区块中输入文字 （59）在页面区块中插入页面元素 （60）实现在网页中显示当前日期 （61）实现不同时间段显示不同问候语 （62）实现滚动网页标题栏中的文字 （63）实现动态改变网页中文本字体大小 （64）实现关闭网页时自动弹出小窗口 （65）实现转动鼠标滚轮缩放图片 （66）实现连续滚动图片的特效 （67）实现状态栏中文字移动功能 （68）应用 CSS 样式设计网站主页的主体布局 （69）应用 CSS 样式设计网站主页的局部布局结构 （70）应用 CSS 样式设计网站主页的结构 （71）设计与制作导航栏 （72）创建包含底部导航栏和版权信息的脚本文件，在网页中插入外部脚本文件 （73）将多个网页整合成一个网站 （74）测试网站

进一步明确专业核心技能、最前沿技术、关键素养，满足教学针对性、实效性、适用性和时代性要求，并填入表 4-11 中，这样保证教学的有效性和时代性。

表 4-11 “网页设计与制作”课程的核心技能点、前沿技术和关键素养

核心技能点	前 沿 技 术	关 键 素 养
（1）创建与管理站点，创建与保存网页文档 （2）网页中输入文本和编辑文本 （3）网页中插入图像与设置其属性 （4）网页中实现图文混排 （5）网页中插入并设置表格 （6）网页中设计超链接与创建导航栏 （7）网页中表单域以及表单控件的应用 （8）使用 Div+CSS 美化与布局网页 （9）网页中特效的设计与实现	HTML5 CSS3 JavaScript jQuery Bootstrap Dreamweaver CC	色彩感悟能力、结构布局能力、领悟能力、工作协调能力、团队合作精神

4．选取载体

（1）拟定课程载体的备选方案

根据“网页设计与制作”课程类型和教学特点，初步拟定几个载体，填入表 4-12 中。

表 4-12 “网页设计与制作”载体的备选方案

可选方案	载体名称	载体类型	载体选取的基本思路
方案 1	网页	工作对象或内容	从一个典型网站选取有代表性的网页，分别以文本、图文混排、列表与表格、超链接与导航、表单、特效为主要内容制作不同的网页，最终制作主页面，且将多个网页整合为一个完整网站
方案 2	网页	工作对象或内容	从一个典型的购物网站选取有代表性的网页，分别为商品简介页面、帮助信息页面、购物车页面、注册登录页面、商品筛选页面、商品推荐页面、商品详情页面、购物网站首页为主要内容制作不同的网页，同时制作这些网页时分别对应站点创建、超链接应用、表格应用、表单应用、网页布局、模板应用、网页特效、网站整合
方案 3	网页	工作对象或内容	从网页主要元素的应用设计角度选取载体，分别以网页中文本与段落的应用设计、图像与背景的应用设计、列表与表格的应用设计、超链接与导航栏的应用设计、表单与控件的应用设计、音频与视频的应用设计、图形绘制与操作的应用设计、特效与交互的应用设计、网页元素与整体布局的应用设计为主要内容制作不同的网页

（2）确定课程载体

经过比较与分析，初步确定一个载体。这里的三种方案载体均为网页，但其基本思路有所不同。

【说明】这里三种形式的载体都实施一次，便于对不同的课程设计方案进行比较。

5. 拟定学习任务或学习情境

根据初选的载体，拟定多个学习任务或学习情境，同时根据知识学习和技能训练需要，进一步细化学习任务或学习情境。

这里按方案 1 拟定学习任务，将拟定的学习任务填入表 4-13 中。

表 4-13 拟定的“网页设计与制作”学习任务

序号	学习任务	学习任务的细化
1	创建站点与浏览网页	【任务 1-1】创建“E 游天下”站点并浏览网页 【任务 1-1-1】创建本地站点“E 游天下” 【任务 1-1-2】认识 Dreamweaver CC 的工作界面 【任务 1-1-3】打开与保存网页文档 【任务 1-1-4】在浏览器中浏览网页 【任务 1-2】赏析“快乐旅游”网的主页 【任务 1-3】赏析“爱旅游”网的主页
2	制作文本网页	【任务 2-1】制作总览旅游景点的文本网页 【任务 2-1-1】建立站点目录结构 【任务 2-1-2】创建与保存网页文档 【任务 2-1-3】设置网页的首选参数 【任务 2-1-4】设置页面的整体属性 【任务 2-1-5】在网页中输入文字 【任务 2-1-6】输入与编辑网页中的文本

续表

序　　号	学 习 任 务	学习任务的细化
2	制作文本网页	【任务 2-1-7】网页文本的格式化 【任务 2-1-8】插入与文本相关的元素并设置其属性 【任务 2-1-9】设置超链接与浏览网页效果 【任务 2-2】制作介绍中国名河的文本网页 【任务 2-3】制作介绍中国名山的文本网页
3	制作图文混排网页	【任务 3-1】制作介绍中国瀑布的图文混排网页 【任务 3-1-1】使用“管理站点”对话框创建站点 【任务 3-1-2】应用“文件”面板新建网页 【任务 3-1-3】设置页面的背景图像 【任务 3-1-4】从外部导入文本与设置文本格式 【任务 3-1-5】插入图像与设置图像属性 【任务 3-1-6】插入鼠标经过图像及设置其属性 【任务 3-2】制作介绍中国名泉的图文混排网页 【任务 3-3】制作介绍中国名岛的图文混排网页
4	制作表格布局的网页	【任务 4-1】制作以表格布局展示千岛湖旅游景点的网页 【任务 4-1-1】插入表格 1 并设置其属性 【任务 4-1-2】在表格 1 中插入 SWF 动画并设置其属性 【任务 4-1-3】设置表格 1 单元格的背景图像 【任务 4-1-4】在表格 1 的单元格中输入文本 【任务 4-1-5】设置滚动文本效果 【任务 4-1-6】插入表格 2 并设置其属性 【任务 4-1-7】设置表格 2 及设置行、列属性 【任务 4-1-8】在表格 2 第 1 列的单元格中插入图像并设置其属性 【任务 4-1-9】在表格 2 第 2 列的两个单元格中输入文本并设置属性 【任务 4-1-10】在表格 2 的第 3 列单元格中插入嵌套表格 2-1 【任务 4-1-11】插入表格 3 并设置其属性 【任务 4-1-12】插入表格 4 并设置其属性 【任务 4-1-13】插入嵌套表格 4-1 并设置其属性 【任务 4-1-14】插入表格 5 并设置其属性 【任务 4-1-15】设置网页头文件的内容 【任务 4-2】制作以表格布局展示三峡旅游景点的网页 【任务 4-3】制作以表格布局介绍中国名湖的网页
5	制作包含超级链接和 AP Div 的网页	【任务 5-1】制作包含超级链接的展示张家界景点的网页 【任务 5-1-1】创建网页文档 【任务 5-1-2】在网页中绘制或插入 AP Div 【任务 5-1-3】在网页中创建多种类型的超级链接 【任务 5-2】制作包含超级链接的展示桂林旅游景点的网页 【任务 5-3】制作包含超级链接的介绍中国名河的网页
6	使用模板和库制作网页	【任务 6-1】使用模板和库制作“上海游”的网页 【任务 6-1-1】创建库项目 【任务 6-1-2】在网页中插入库项目 【任务 6-1-3】创建网页模板

续表

序　号	学 习 任 务	学习任务的细化
6	使用模板和库制作网页	【任务 6-1-4】定义与修改可编辑区域和可选区域 【任务 6-1-5】创建基于网页模板的网页 【任务 6-1-6】修改网页模板并更新网页 【任务 6-1-7】修改库项目并更新网页 【任务 6-2】使用模板和库制作“海口游”的网页 【任务 6-3】使用模板和库制作“南京游”的网页
7	制作表单网页	【任务 7-1】制作 1 个 E 游调查的表单网页 【任务 7-1-1】插入表单域及其属性设置 【任务 7-1-2】插入表单控件与设置其属性 【任务 7-1-3】预设文本域中输入文字的字体和大小 【任务 7-1-4】使用 Spry 验证表单数据的有效性 【任务 7-1-5】应用行为实现表单网页所需的功能 【任务 7-1-6】调用外部脚本文件实现表单网页所需的功能 【任务 7-2】制作 1 个 E 游留言簿 【任务 7-3】制作 1 个注册网页
8	使用 CSS 布局与美化网页	【任务 8-1】使用 CSS 布局与美化“黄山游”网页 【任务 8-1-1】网页页面的布局设计 【任务 8-1-2】创建页面布局样式 【任务 8-1-3】创建美化页面元素的样式 【任务 8-1-4】插入 Div 标签对网页的页面进行布局 【任务 8-1-5】新建代码片断实现常见功能 【任务 8-1-6】在页面各个区块输入文字和插入页面元素 【任务 8-2】使用 CSS 布局与美化“泰山游”网页 【任务 8-3】使用 CSS 布局与美化“庐山游”网页
9	制作包含特效的网页	【任务 9-1】制作包含特效的“云南旅游”网页 【任务 9-1-1】实现在网页中显示当前日期的特效 【任务 9-1-2】实现在不同时间段显示不同问候语的网页特效 【任务 9-1-3】实现动态改变网页中文本字体大小的网页特效 【任务 9-1-4】实现关闭网页时自动弹出对话框的特效 【任务 9-1-5】实现滚动网页标题栏文字的特效 【任务 9-1-6】实现转动鼠标滚轮缩放图片的网页特效 【任务 9-2】制作包含特效的“九寨沟旅游”网页 【任务 9-3】制作包含特效的“公园游”网页
10	设计与制作网站主页	【任务 10-1】制作“E 游天下”网站的主页 【任务 10-1-1】网站主页主体布局结构设计 【任务 10-1-2】网站主页局部布局结构设计 【任务 10-1-3】设计与制作包含导航栏的网页文档 【任务 10-1-4】设计与制作包含连续滚动图片特效的网页文档 【任务 10-1-5】创建实现底部导航栏和版权信息的脚本文件 【任务 10-1-6】在网站主页的顶部导航区域插入浮动框架 【任务 10-1-7】设计与制作网站主页的中部区域 【任务 10-1-8】在主页中插入 AP Div 对象和 SWF 动画

续表

序　号	学习任务	学习任务的细化
10	设计与制作网站主页	【任务 10-1-9】在主页中插入外部脚本文件 【任务 10-1-10】在主页中实现状态栏中文字的移动效果 【任务 10-2】制作“快乐旅游”网站的主页 【任务 10-3】制作“爱旅游”网站的主页
11	整合与发布网站	【任务 11-1】整合与发布“E 游天下”网站 【任务 11-1-1】新建网页文档 index.html 【任务 11-1-2】设置网站主页的超级链接 【任务 11-1-3】测试“E 游天下”网站 【任务 11-1-4】清理网页文档 【任务 11-1-5】申请域名与申请空间 【任务 11-1-6】发布网站 【任务 11-1-7】宣传与推广网站 【任务 11-2】整合与发布“快乐旅游”网站 【任务 11-3】整合与发布“爱旅游”网站

6．划分教学单元

根据学生认知规律和职业能力形成规律，按照从简单到复杂、从单项到综合、从具体到抽象的逻辑线索，对拟定的学习任务或学习情境进行序化，形成循序渐进、能力递进的教学单元。

（1）教学单元设计方案 1

教学单元设计方案 1 如表 4-14 所示。

表 4-14　教学单元设计方案 1

单元名称	对应的任务	
单元 1　创建站点与浏览网页	【任务 1-1】创建“单元 1”站点并浏览网页	【任务 1-1-1】创建本地站点“单元 1” 【任务 1-1-2】认识 Dreamweaver CC 的工作界面 【任务 1-1-3】打开与保存网页文档 0101.html 【任务 1-1-4】在浏览器中浏览网页 0101.html
	【任务 1-2】赏析“快乐旅游”网的主页	
单元 2　制作文本网页	【任务 2-1】制作阿坝概况的文本网页	【任务 2-1-1】建立站点目录结构 【任务 2-1-2】创建与保存网页文档 0201.html 【任务 2-1-3】设置网页的首选项 【任务 2-1-4】设置页面的整体属性 【任务 2-1-5】在网页中输入文字 【任务 2-1-6】输入与编辑网页中的文本 【任务 2-1-7】网页文本的格式化 【任务 2-1-8】设置超链接与浏览网页效果
	【任务 2-2】制作介绍中国名河的文本网页	

续表

<table>
<tr><th>单元名称</th><th colspan="2">对应的任务</th></tr>
<tr><td rowspan="2">单元 3 制作图文混排网页</td><td>【任务 3-1】制作介绍九寨沟景区景点的图文混排网页</td><td>【任务 3-1-1】使用“管理站点”对话框创建站点“单元 3”
【任务 3-1-2】应用“文件”面板新建网页“0301.html”
【任务 3-1-3】设置页面的背景图像
【任务 3-1-4】从外部导入文本与设置文本格式
【任务 3-1-5】插入图像与设置图像属性</td></tr>
<tr><td colspan="2">【任务 3-2】制作介绍中国名泉的图文混排网页</td></tr>
<tr><td>单元 4 使用 CSS 布局与美化网页</td><td colspan="2">【任务 4-1】使用 CSS 美化文本标题和文本段落
【任务 4-2】使用 CSS 美化网页文本与图片
【任务 4-3】使用 CSS 布局与美化文本网页
【任务 4-4】使用 CSS 布局与美化“泰山游”网页</td></tr>
<tr><td rowspan="3">单元 5 制作包含列表和表格的网页</td><td colspan="2">【任务 5-1】创建网页以项目列表形式表现新闻标题
【任务 5-2】创建网页以项目列表形式表现图文按钮
【任务 5-3】创建包含一个 4 行 3 列表格的网页</td></tr>
<tr><td>【任务 5-4】制作以表格布局展示千岛湖旅游景点的网页</td><td>【任务 5-4-1】插入表格 1 并设置其属性
【任务 5-4-2】设置表格 1 单元格的背景图像
【任务 5-4-3】在表格 1 的单元格中输入文本
【任务 5-4-4】插入表格 2 并设置其属性
【任务 5-4-5】设置表格 2 及设置行、列属性
【任务 5-4-6】在表格 2 第 1 列的单元格中插入图像并设置其属性
【任务 5-4-7】在表格 2 第 2 列两个单元格中输入文本并设置其属性
【任务 5-4-8】在表格 2 第 3 列单元格中插入嵌套表格 2-1
【任务 5-4-9】插入表格 3 并设置其属性
【任务 5-4-10】设置网页头文件的内容</td></tr>
<tr><td colspan="2">【任务 5-5】创建项目列表为主的旅游攻略标题网页 0505.html
【任务 5-6】创建包含 5 行 3 列表格的网页 0506.html
【任务 5-7】制作以表格布局展示三峡旅游景点的网页</td></tr>
<tr><td>单元 6 制作包含超级链接和导航栏的网页</td><td colspan="2">【任务 6-1】制作包含超级链接的展示张家界景点的网页
【任务 6-2】制作包含横向主导航栏的网页 0602.html
【任务 6-3】制作包含纵向主导航栏的网页 0603.html
【任务 6-4】制作包含超级链接的展示桂林旅游景点的网页</td></tr>
<tr><td rowspan="2">单元 7 制作包含表单的网页</td><td>【任务 7-1】制作 1 个 E 游调查的表单网页</td><td>【任务 7-1-1】插入表单域并设置其属性
【任务 7-1-2】插入表单控件并设置其属性
【任务 7-1-3】预设文本框中输入文字的字体和大小
【任务 7-1-5】应用行为实现表单网页所需的功能
【任务 7-1-6】调用外部脚本文件实现表单网页所需的功能</td></tr>
<tr><td colspan="2">【任务 7-2】创建用户注册的表单网页 0702.html
【任务 7-3】制作 1 个 E 游留言簿</td></tr>
<tr><td>单元 8 使用模板和库制作网页</td><td>【任务 8-1】使用模板和库制作上海游的网页</td><td>【任务 8-1-1】创建库项目
【任务 8-1-2】在网页中插入库项目
【任务 8-1-3】创建网页模板
【任务 8-1-4】定义与修改可编辑区域和可选区域</td></tr>
</table>

续表

单 元 名 称	对应的任务	
单元 8　使用模板和库制作网页	【任务 8-1】使用模板和库制作上海游的网页	【任务 8-1-5】创建基于网页模板的网页 【任务 8-1-6】修改网页模板并更新网页 【任务 8-1-7】修改库项目并更新网页
	【任务 8-2】使用模板和库制作海口游的网页	
单元 9　制作包含特效的网页	【任务 9-1】制作包含特效的“云南旅游”网页	【任务 9-1-1】实现在网页中显示当前日期的特效 【任务 9-1-2】实现在不同时间段显示不同问候语的网页特效 【任务 9-1-3】实现动态改变网页中文本字体大小的网页特效 【任务 9-1-4】实现关闭网页时自动弹出对话框的特效 【任务 9-1-5】实现滚动网页标题栏文字的特效 【任务 9-1-6】实现转动鼠标滚轮缩放图片的网页特效
	【任务 9-2】制作包含特效的“九寨沟旅游”网页	
单元 10　设计网站主页与整合网站	【任务 10-1】制作“E 游天下”网站的主页	【任务 10-1-1】网站主页主体布局结构设计 【任务 10-1-2】网站主页局部布局结构设计 【任务 10-1-3】设计与制作网页的顶部导航栏 【任务 10-1-4】创建实现底部导航栏和版权信息的脚本文件 【任务 10-1-5】设计与制作网站主页的中部区域 【任务 10-1-6】在主页中插入 AP Div 对象和 SWF 动画 【任务 10-1-7】在主页中插入外部脚本文件 【任务 10-1-8】在主页中实现状态栏中文字的移动效果
	【任务 10-2】整合与发布“E 游天下”网站	【任务 10-2-1】设置网站主页的超级链接 【任务 10-2-2】测试“E 游天下”网站 【任务 10-2-3】清理网页文档 【任务 10-2-4】申请域名与申请空间 【任务 10-2-5】发布网站
	【任务 10-3】制作“快乐旅游”网站的主页与整合发布网站	

（2）教学单元设计方案 2

教学单元设计方案 2 如表 4-15 所示。

表 4-15　教学单元设计方案 2

单 元 名 称	对应的任务
单元 1　站点创建与制作商品简介页面	【渐进训练】 【任务 1-1】制作电脑版商品简介页面 0101.html 　【任务 1-1-1】启动 Dreamweaver CC 与初识其工作界面 　【任务 1-1-2】认识浏览器的基本组成和网页的基本组成元素 　【任务 1-1-3】创建站点“易购网” 　【任务 1-1-4】管理本地站点 　【任务 1-1-5】管理网站中的文件和文件夹 　【任务 1-1-6】设置网页的首选项 　【任务 1-1-7】新建网页文档 0101.html 并设置页面属性 　【任务 1-1-8】在网页中输入与编辑文本

续表

单 元 名 称	对应的任务
单元 1　站点创建与制作商品简介页面	【任务 1-1-9】网页文档的基本操作 【任务 1-1-10】在网页中插入与编辑图像 【任务 1-1-11】使用“资源”面板管理网站中的资源 【任务 1-1-12】设置页面 0101.html 的头部内容 【任务 1-1-13】定义 CSS 代码美化网页的文本与图片 【探索训练】 【任务 1-2】制作触屏版商品简介页面 0102.html
单元 2　超链接应用与制作帮助信息页面	【渐进训练】 【任务 2-1】设计与制作电脑版帮助信息页面 0201.html 【任务 2-1-1】规划与设计“易购网”的通用布局结构 【任务 2-1-2】规划与设计“易购网”帮助页面的布局结构 【任务 2-1-3】在网页中添加与编辑列表 【任务 2-1-4】创建顶部导航栏和插入 LOGO 图片 【任务 2-1-5】创建底部横向友情链接导航栏 【任务 2-1-6】创建左侧帮助导航栏 【任务 2-1-7】创建底部帮助导航栏 【任务 2-1-8】创建多种形式的超级链接 【探索训练】 【任务 2-2】制作触屏版帮助信息页面 0202.html
单元 3　表格应用与制作购物车页面	【渐进训练】 【任务 3-1】制作电脑版购物车页面 0301.html 【任务 3-1-1】在网页中插入与设置表格 【任务 3-1-2】使用表格制作购物车页面 【探索训练】 【任务 3-2】制作触屏版购物车页面 0302.html
单元 4　表单应用与制作注册登录页面	【渐进训练】 【任务 4-1】制作与美化电脑版用户注册网页 0401.html 【任务 4-1-1】创建电脑版用户注册网页 【任务 4-1-2】美化电脑版用户注册网页 【任务 4-2】制作与美化电脑版用户登录网页 0402.html 【任务 4-2-1】创建电脑版用户登录网页 【任务 4-2-2】美化电脑版用户登录网页 【探索训练】 【任务 4-3】制作触屏版用户注册网页 0403.html 【任务 4-4】制作触屏版用户登录网页 0404.html
单元 5　网页布局与制作商品筛选页面	【渐进训练】 【任务 5-1】设计与制作电脑版商品筛选页面 0501.html 【任务 5-1-1】规划与设计商品筛选页面的布局结构 【任务 5-1-2】布局与美化商品筛选页面的左侧列表内容 【任务 5-1-3】布局与美化商品筛选页面的右侧主体内容 【探索训练】 【任务 5-2】制作触屏版促销商品页面 0502.html

续表

单元名称	对应的任务
单元6　模板应用与制作商品推荐页面	【渐进训练】 【任务6-1】设计与制作电脑版商品推荐页面0601.html 　【任务6-1-1】规划与设计商品推荐页面的布局结构 　【任务6-1-2】制作用于生成网页模板的网页0601.html 【任务6-2】制作基于模板的电脑版商品推荐页面0602.html 　【任务6-2-1】基于网页0601.html创建网页模板0602.dwt 　【任务6-2-2】创建基于模板的网页0602.html 　【任务6-2-3】在网页0602.html中插入库项目和代码片断 【探索训练】 【任务6-3】设计与制作触屏版商品促销页面0603.html 【任务6-4】设计与制作触屏版商品促销页面0604.html
单元7　网页特效与制作商品详情页面	【渐进训练】 【任务7-1】设计与制作电脑版商品详情页面0701.html 　【任务7-1-1】规划与设计商品详情页面的布局结构 　【任务7-1-2】在网页顶部显示当前日期和问候语 　【任务7-1-3】网页中动态改变局部区域文本字体大小 　【任务7-1-4】在网页中自动滚动图片 　【任务7-1-5】在网页中实现选项卡功能 　【任务7-1-6】在网页中实现商品图片轮换展示与放大功能 【探索训练】 【任务7-2】制作触屏版商品详情页面0702.html
单元8　网站整合与制作购物网站首页	【渐进训练】 【任务8-1】熟悉网站开发流程和规范 【任务8-2】分析与规划购物网站 【任务8-3】设计与制作电脑版网站首页0801.html 　【任务8-3-1】规划与设计电脑版网站首页的主体布局结构 　【任务8-3-2】设计与实现电脑版网站首页的导航结构 　【任务8-3-3】设计与实现电脑版网站首页各个局部内容 　【任务8-3-4】实现电脑版网站首页的特效功能 　【任务8-3-5】设置“易购网”的超链接 【任务8-4】测试网站 【任务8-5】发布网站 【任务8-6】推广与维护网站 【探索训练】 【任务8-7】设计与制作触屏版网站首页0802.html

（3）教学单元设计方案3

教学单元设计方案3如表4-16所示。

表 4-16　教学单元设计方案 3

单 元 名 称	对应的任务
单元 1　站点与网页的创建	【引导训练】 【任务 1-1】创建“单元 1”站点并浏览网页 　　【任务 1-1-1】创建本地站点“单元 1” 　　【任务 1-1-2】认识 Dreamweaver CC 的工作界面 　　【任务 1-1-3】打开与浏览网页文档 0101.html 【任务 1-2】认知 HTML5 的典型标记和结构标签 　　【任务 1-2-1】分析 HTML 代码的组成结构 　　【任务 1-2-2】认知 HTML5 中典型的标记方法 　　【任务 1-2-3】认知 HTML5 主要的结构标签 【同步训练】 【任务 1-3】打开并浏览网页 0103.html
单元 2　网页中文本与段落的应用设计	【引导训练】 【任务 2-1】制作阿坝概况的文本网页 　　【任务 2-1-1】建立站点及其目录结构 　　【任务 2-1-2】创建与保存网页文档 0201.html 　　【任务 2-1-3】设置网页的首选项 　　【任务 2-1-4】设置页面的整体属性 　　【任务 2-1-5】在网页中输入文字 　　【任务 2-1-6】输入与编辑网页中的文本 　　【任务 2-1-7】格式化网页文本 　　【任务 2-1-8】设置超链接与浏览网页效果 　　【任务 2-1-9】在“代码”视图查看 CSS 代码和 HTML 代码 【任务 2-2】使用 CSS 美化文本标题和文本段落 【同步训练】 【任务 2-3】制作介绍九寨沟概况的文本网页
单元 3　网页中图像与背景的应用设计	【引导训练】 【任务 3-1】制作介绍九寨沟景区景点的图文混排网页 　　【任务 3-1-1】使用“管理站点”对话框创建站点“单元 3” 　　【任务 3-1-2】应用“文件”面板新建网页“0301.html” 　　【任务 3-1-3】设置页面的背景图像 　　【任务 3-1-4】在网页中输入所需的文本内容与设置文本格式 　　【任务 3-1-5】插入图像与设置图像属性 　　【任务 3-1-6】在“代码”视图查看 CSS 代码和 HTML 代码 【任务 3-2】使用 CSS 美化网页文本与图片 【任务 3-3】创建多张图片并行排列的网页 0303.html 【同步训练】 【任务 3-4】在网页中设置图片与背景属性 【任务 3-5】创建图文混排的网页 0305.html
单元 4　网页中列表与表格的应用设计	【引导训练】 【任务 4-1】创建以项目列表形式表现新闻标题的网页 【任务 4-2】创建以项目列表形式表现图文按钮的网页 【任务 4-3】创建应用表格存放数据的网页

续表

单 元 名 称	对应的任务
单元 4　网页中列表与表格的应用设计	【任务 4-4】创建包含个性化表格的网页 【同步训练】 【任务 4-5】创建项目列表为主的旅游攻略标题网页 【任务 4-6】创建包含 5 行 3 列表格的网页
单元 5　网页中超链接与导航栏的应用设计	【引导训练】 【任务 5-1】设置网页中导航栏的超链接属性 【任务 5-2】制作包含横向主导航栏的网页 【任务 5-3】制作包含纵向栏目导航栏的网页 【任务 5-4】创建包含图像热点链接的网页 【同步训练】 【任务 5-5】创建包含顶部横向导航栏的网页 【任务 5-6】创建包含多种不同形状图像链接的网页
单元 6　网页中表单与控件的应用设计	【引导训练】 【任务 6-1】在网页中添加表单及表单控件 【任务 6-2】创建用户注册的表单网页 【同步训练】 【任务 6-3】创建用户登录的表单网页 【任务 6-4】创建用户留言反馈网页
单元 7　网页中音频与视频的应用设计	【引导训练】 【任务 7-1】设计基于 HTML5 的网页音乐播放器之一 【任务 7-2】探析基于 HTML5 的网页视频播放器之一 【同步训练】 【任务 7-3】设计基于 HTML5 的网页音乐播放器之二 【任务 7-4】设计基于 HTML5 的网页视频播放器之二
单元 8　网页中图形绘制与操作的应用设计	【引导训练】 【任务 8-1】网页中应用纯 CSS 绘制各种规则图形 【任务 8-2】网页中应用纯 CSS 绘制各种特色图形 【任务 8-3】网页中应用 canvas 元素绘制各种图形和文字 【任务 8-4】网页中绘制菊花图形 【同步训练】 【任务 8-5】网页中绘制阴阳图和五角星 【任务 8-6】网页中绘制多种图形和图片
单元 9　网页中特效与交互的应用设计	【引导训练】 【任务 9-1】网页中显示当前日期 【任务 9-2】网页中不同时间段显示不同的问候语 【任务 9-3】网页中制作圆角按钮和圆角图片 【任务 9-4】设计网页中的圆形导航按钮 【任务 9-5】网页中实现搜索框聚焦变长的效果 【任务 9-6】网页中应用 CSS 实现超酷导航菜单 【任务 9-7】网页中实现仿 Office 风格的多级菜单 【任务 9-8】网页中实现图片拖拽操作 【同步训练】 【任务 9-9】网页中不同的节假日显示不同的问候语 【任务 9-10】网页中创建下拉导航菜单

续表

单元名称	对应的任务
单元 10　网页中元素与整体布局的应用设计	【引导训练】 【任务 10-1】体验网页的不同布局方式 【任务 10-2】创建浮动定位 2 列式布局的网页 【任务 10-3】创建等距排列的 4 列式布局网页 【任务 10-4】创建不规则布局网页 【同步训练】 【任务 10-5】创建浮动定位 2 列规则分块的网页 【任务 10-6】创建 3 列式与 4 列式等距布局的网页

7. 选取与序化教学内容

（1）选取教学内容

根据行业企业的发展需求和完成职业岗位实际工作任务所需要的知识、能力、素养要求，选取教学内容，并为学生可持续发展奠定良好基础。将选取的教学内容填入表中，这里教学内容的选取没有单独列表，详见表 4-13 所示。

（2）整合与序化教学内容

遵循学生职业能力培养的基本规律，以真实工作任务及其工作过程为依据，整合、序化教学内容，将按教学单元进行整合、序化的教学内容填入表中。这里以课程设计方案 1 为例进行教学内容的整合与序化，其结果如表 4-17 所示。

表 4-17　课程设计方案 1 教学内容的整合与序化

单元名称	知识点	技能点
单元 1　创建站点与浏览网页	（1）网页和网站，网页的工作原理 （2）浏览器窗口的基本组成 （3）网页的基本组成元素 （4）Dreamweaver CC 的工作界面 （5）DOCTYPE 声明	（1）创建本地站点和管理本地站点 （2）认识 Dreamweaver CC 的工作界面 （3）认识浏览器窗口的基本组成和网页的基本组成元素 （4）浏览网页
单元 2　制作文本网页	（1）HTML 的基本结构 （2）网页“外观”属性、“链接”属性、“标题”属性 （3）HTML 文档的组成元素 （4）HTML 代码的语法规则 （5）HMTL 标签及其类型 （6）HTML 代码的标题标签与段落标签	（1）建立站点目录结构 （2）创建和保存网页文档 （3）设置网页的首选项 （4）设置网页的整体属性 （5）在网页中输入文字、编辑文本、设置文本属性 （6）在网页中输入空格和文本换行 （7）在网页中插入特殊字符、水平线和日期
单元 3　制作图文混排网页	（1）HTML 的图像标签 （2）网页中图像的作用 （3）网页中图像在信息传达上应具备的功能 （3）因特网上支持的图像格式的主要类型	（1）通过“管理站点”对话框创建站点 （2）通过“文件”面板创建网页 （3）设置页面的背景图像 （4）在网页中插入图像 （5）设置网页中的图像属性 （6）制作图文混排网页

续表

单元名称	知识点	技能点
单元4 使用CSS布局与美化网页	（1）CSS样式规则与选择符 （2）CSS样式及其优点 （3）定义CSS样式的位置 （4）CSS样式的主要应用形式以及各有哪些特点和规则	（1）设计页面的布局结构 （2）创建页面布局样式 （3）创建美化页面元素的样式 （4）插入Div标签对网页的页面进行布局 （5）在使用Div+CSS布局的网页中输入文字和插入各种页面元素
单元5 制作包含列表和表格的网页	（1）HTML5的列表标签 （2）CSS列表属性 （3）表格元素及标签 （4）CSS表格属性 （5）表格的组成元素 （6）表格网页中的主要用途 （7）在网页中选择表格和表格元素的方法 （8）在网页中调整表格大小	（1）正确地插入项目列表和列表项 （2）正确地插入表格，并合理地设置表格的属性 （3）正确地在表格中插入嵌套表格，并合理地设置嵌套表格的属性 （4）单元格的合并与拆分，行、列的插入和删除 （5）正确地设置表格中行和列的属性 （6）正确地在表格中输入文字 （7）正确地在表格中插入图像
单元6 制作包含超级链接和导航栏的网页	（1）超级链接的标签、类型 （2）超级链接的颜色和下画线样式标签 （3）外部链接、内部链接 （4）电子邮件链接、命名锚记 （5）图像中的热点区域、图像热点链接 （6）下载链接、建空地址链接 （7）网页中链接路径的表示方法 （8）网页导航栏的作用	（1）创建网页的内部链接和外部链接 （2）在图像中设置热点区域，并创建图像热点链接 （3）创建命名锚记和到该命名锚记的链接 （4）创建电子邮件链接和文件下载链接 （5）更改链接颜色、设置链接的打开方式、设置空地址链接 （6）测试链接的有效性
单元7 制作包含表单的网页	（1）表单标签 （2）输入标签、菜单和列表标签、文字域标签 （3）表单域及其属性 （4）表单控件及其属性 （5）将表单数据发送到服务器的方法 （6）使用CSS样式设置表单及表单控件的样式	（1）制作表单网页 （2）在网页中正确插入表单域 （3）在表单域中正确插入文本框和文本区域 （4）在表单域中正确插入单选按钮、单选按钮组和复选框 （5）在表单域中正确插入下拉式菜单和列表 （6）在表单域中正确插入“提交”按钮、“重置”按钮和普通按钮 （7）预设输入文字的字体和大小 （8）调用外部JavaScript脚本文件在网页中显示当前日期 （9）调用外部JavaScript脚本文件动态改变网页中的菜单选项
单元8 使用模板和库制作网页	（1）模板和库的作用 （2）库项目 （3）网页模板 （4）可编辑区域、可选区域 （5）图像占位符	（1）将现有的网页生成网页模板 （2）正确编辑模板，掌握设置可编辑区域和可选区域的方法 （3）用模板生成新网页的操作方法，并能对新网页进行编辑加工 （4）熟练地修改网页模板，并同步更新该模板生成的网页 （5）创建库项目，并且能修改库项目，更新包含库项目的网页 （6）插入图像占位符

续表

单元名称	知识点	技能点
单元 9　制作包含特效的网页	（1）JavaScript 的特点 （2）JavaScript 的常量类型及其特点 （3）JavaScript 变量的命名规则 （4）JavaScript 变量的类型及其声明 （5）JavaScript 常用的运算符和表达式 （6）JavaScript 的条件语句以及各自的语法格式和执行规则 （7）JavaScript 的循环语句以及各自的语法格式和执行规则 （8）JavaScript 中的全局函数及其定义 （9）JavaScript 的函数 （10）JavaScript 的常用事件 （11）JavaScript 对象的层次结构 （12）JavaScript 的主要对象及其功能	（1）实现在网页中显示当前日期 （2）实现不同时间段显示不同问候语 （3）实现滚动网页标题栏中的文字 （4）实现动态改变网页中文本字体大小 （5）实现关闭网页时自动弹出小窗口 （6）实现转动鼠标滚轮缩放图片 （7）实现连续滚动图片的特效 （8）实现状态栏中文字移动功能
单元 10　设计网站主页与整合网站	（1）网页布局的基本模型 （2）网页页面内容编排的基本原则 （3）对网页页面内容分块的方法 （4）网站的基本开发流程	（1）应用 CSS 样式设计网站主页的主体布局结构 （2）应用 CSS 样式设计网站主页的局部布局结构 （3）设计与制作导航栏，会使用浮动框架 （4）创建包含底部导航栏和版权信息的脚本文件，且在网页中插入外部脚本文件 （5）设计用户登录表单 （6）将多个网页整合为一个完整的网站 （7）清理文档 （8）测试与发布网站

4.3.3　形成课程设计方案

课程名称确定为“网页设计与制作”，载体为网页，课程目标如表 4-9 所示。

1．课程设计方案 1

（1）教学单元设计

课程设计方案 1 的教学单元设计如表 4-18 所示。

表 4-18　课程设计方案 1 的教学单元设计

单元序号	单元名称	建议课时	建议考核分值
单元 1	创建站点与浏览网页	4	6
单元 2	制作文本网页	4	6
单元 3	制作图文混排网页	6	6
单元 4	使用 CSS 布局与美化网页	10	14
单元 5	制作包含列表和表格的网页	6	12
单元 6	制作包含超级链接和导航栏的网页	6	12
单元 7	制作包含表单的网页	6	10
单元 8	使用模板和库制作网页	6	10
单元 9	制作包含特效的网页	8	12

续表

单元序号	单元名称	建议课时	建议考核分值
单元10	设计网站主页与整合网站	8	12
小计		64	100

（2）教学流程设计

课程设计方案1的教学流程设计如表4-19所示。

表4-19　课程设计方案1的教学流程设计

教学环节序号	教学环节名称	说　明
1	教学导航	明确教学目标、重点和难点，熟悉教学方法，了解建议课时
2	操作准备	在正式完成网页制作任务之前做好创建所需的文件夹、拷贝所需的资源、启动Dreamweaver CC、创建本地站点等方面的准备工作
3	引导训练	引导学习者一步一步完成网页设计与制作任务
4	引导训练考核评价	对单元引导训练任务的完成情况进行考核评价
5	同步训练	参照引导训练的过程，学习者自主完成类似的网页设计与制作任务
6	同步训练考核评价	对单元同步训练任务的完成情况进行考核评价
7	代码解读	对HTML代码或CSS样式代码进行分析与说明
8	问题探究	对网页设计与制作方面的关键问题进行分析与阐述，熟悉相关理论知识，对网页设计与制作提供方法指导和知识支持
9	单元小结	对本单元所学习的知识和训练的技能进行简要归纳总结
10	单元习题	通过习题测试理论知识的掌握情况和操作技能的熟练情况

2．课程设计方案2

（1）教学单元设计

课程设计方案2的教学单元设计如表4-20所示。

表4-20　课程设计方案2的教学单元设计

单元序号	单元名称	建议课时	建议考核分值
单元1	站点创建与制作商品简介页面	8	15
单元2	超链接应用与制作帮助信息页面	8	15
单元3	表格应用与制作购物车页面	4	10
单元4	表单应用与制作注册登录页面	8	15
单元5	网页布局与制作商品筛选页面	8	15
单元6	模板应用与制作商品推荐页面	6	5
单元7	网页特效与制作商品详情页面	12	15
单元8	网站整合与制作购物网站首页	10	10
小计		64	100

（2）教学流程设计

课程设计方案 2 的教学流程设计如表 4-21 所示。

表 4-21　课程设计方案 2 的教学流程设计

教学环节序号	教学环节名称	说　明
1	教学导航	明确教学目标、重点和难点，熟悉教学方法，了解建议课时
2	渐进训练	引导学习者一步一步完成网页设计与制作任务
3	探索训练	参照渐进训练的过程，学习者自主完成类似的网页设计与制作任务
4	析疑解惑	对网页设计与制作方面的关键问题进行分析与阐述，熟悉相关理论知识，对网页设计与制作提供方法指导和知识支持
5	单元小结	对本单元所学习的知识和训练的技能进行简要归纳总结
6	单元习题	通过习题测试理论知识的掌握情况和操作技能的熟练情况

3．课程设计方案 3

（1）教学单元设计

课程设计方案 3 的教学单元设计如表 4-22 所示。

表 4-22　课程设计方案 3 的教学单元设计

单元序号	单元名称	建议课时	建议考核分值
单元 1	站点与网页的创建	4	5
单元 2	网页中文本与段落的应用设计	8	15
单元 3	网页中图像与背景的应用设计	6	10
单元 4	网页中列表与表格的应用设计	6	10
单元 5	网页中超链接与导航栏的应用设计	6	10
单元 6	网页中表单与控件的应用设计	6	10
单元 7	网页中音频与视频的应用设计	4	5
单元 8	网页中图形绘制与操作的应用设计	6	10
单元 9	网页中特效与交互的应用设计	10	15
单元 10	网页中元素与整体布局的应用设计	8	10
小计		64	100

（2）教学流程设计

课程设计方案 3 的教学流程设计如表 4-23 所示。

表 4-23　课程设计方案 3 的教学流程设计

教学环节序号	教学环节名称	说　明
1	知识必备	对 HTML5、CSS3、网页设计相关的理论知识进行梳理，为网页的应用设计提供方法指导和知识支持
2	引导训练	引导学习者一步一步完成网页的应用设计任务
3	同步训练	参照引导训练的方法，学习者自主完成类似的网页应用设计任务

续表

教学环节序号	教学环节名称	说　明
4	技术进阶	对应用 HTML5、CSS3 设计网页的典型方法和技术要点进行分析
5	问题探究	对网页设计与制作方面的关键问题进行专门分析与阐述
6	单元习题	通过大量的习题进一步加深对 HTML5、CSS3、网页设计相关知识的理解，提升网页设计的操作技能

4.4 比较分析

同一门课程根据其实际需求可以有多种不同的设计方案，也就是说同一门课程，都基于先进的课程设计思念，都符合课程设计的基本要求，面向不同的教学对象、不同的层次要求、不同的设计思路，设计方案不是唯一的，具有多样性和各自的特色。

以下各门课程都提供了多种设计方案，试进行比较分析，进一步熟悉课程设计的方法和技巧，提高课程设计能力。

4.4.1 “财经应用文写作”课程设计方案的比较分析

针对以下两个“财经应用文写作”课程设计方案，试从以下方面进行比较分析：

（1）载体选取是否合理。

（2）单元名称、任务名称命名是否规范。

（3）理论知识与操作任务是否混为一谈，是否体现完成任务这一主线。

（4）各单元的排列顺序是否符合由易至难、由简单至复杂、由具体至抽象的规律，技能训练顺序是否符合由单一至综合、由简单认知至复杂决策的规律。

（5）任务的设置是否与实际工作情境中的工作任务对接，体现实际的工作过程。

（6）各单元名称和任务名称是属于与实际工作任务直接对应，还是有一定的综合和抽象。

这些课程设计方案还有哪些方面可以进一步优化改进？

1.“财经应用文写作”课程设计方案之一

“财经应用文写作”课程设计方案之一如表 4-24 所示。

表 4-24　“财经应用文写作”课程设计方案之一

单元名称	任务名称	
单元 1　撰写常见的校园文书	任务 1　撰写请假条 任务 2　撰写申请书 任务 3　撰写演讲稿	任务 4　撰写新闻 任务 5　撰写求职信

续表

单元名称	任务名称	
单元2 撰写常见的财经社交文书	任务1 撰写邀请函 任务2 撰写介绍信 任务3 撰写证明信	任务4 撰写聘书 任务5 撰写感谢信
单元3 撰写常见的财经事务文书	任务1 撰写凭证性条据 任务2 撰写启事 任务3 撰写计划	任务4 撰写总结 任务5 编制简报 任务6 撰写会议记录
单元4 撰写常见的财经公务文书	任务1 撰写通知 任务2 撰写通报 任务3 撰写函	任务4 撰写请示 任务5 撰写报告 任务6 撰写纪要
单元5 撰写常见的财经专业文书	任务1 撰写经济合同 任务2 撰写经济起诉状 任务3 撰写经济答辩状 任务4 撰写商品广告	任务5 撰写调查报告 任务6 撰写经济论文 任务7 撰写内部审计报告 任务8 撰写财务分析报告

2．“财经应用文写作”课程设计方案之二

“财经应用文写作”课程设计方案之二如表4-25所示。

表4-25 “财经应用文写作”课程设计方案之二

单元名称	任务名称	
单元1 财经公务文书写作	任务1 撰写通知 任务2 撰写通报 任务3 撰写通告 任务4 撰写公告 任务5 撰写报告	任务6 撰写请示 任务7 撰写批复 任务8 撰写会议纪要 任务9 撰写函
单元2 财经事务文书写作	任务1 撰写凭证性条据 任务2 撰写启事 任务3 撰写财经工作计划	任务4 撰写财经工作总结 任务5 撰写财经工作简报
单元3 财经商务文书写作	任务1 撰写商务函电 任务2 撰写招标书 任务3 撰写投标书	任务4 撰写意向书 任务5 撰写协议书 任务6 撰写经济合同
单元4 财经社交文书写作	任务1 撰写邀请函 任务2 撰写介绍信 任务3 撰写证明信	任务4 撰写感谢信 任务5 撰写贺信 任务6 撰写聘书
单元5 财经报告文书写作	任务1 撰写市场调查报告 任务2 撰写市场预测报告 任务3 撰写财务分析报告	任务4 撰写可行性研究报告 任务5 撰写财务审计报告 任务6 撰写财务预决算报告
单元6 财经策划文书写作	任务1 撰写会议策划书 任务2 撰写广告策划书	任务3 撰写营销策划书 任务4 撰写公关策划书
单元7 财经宣传文书写作	任务1 撰写财经新闻 任务2 撰写财经评论	任务3 撰写产品说明书 任务4 撰写财经广告文案

续表

单元名称	任务名称	
单元8 财经诉讼文书写作	任务1 撰写经济仲裁申请书 任务2 撰写经济仲裁答辩书 任务3 撰写经济纠纷起诉状	任务4 撰写经济纠纷上诉状 任务5 撰写经济纠纷答辩状

4.4.2 “办公软件应用”课程设计方案的比较分析

针对以下三个“办公软件应用”课程设计方案，试从以下方面进行比较分析：

（1）载体选取是否合理。

（2）单元名称、任务名称命名是否规范。

（3）理论知识与操作任务是否混为一谈，是否体现完成任务这一主线。

（4）各单元的排列顺序是否符合由易至难、由简单至复杂、由具体至抽象的规律，技能训练顺序是否符合由单一至综合、由简单认知至复杂决策的规律。

（5）任务的设置是否与实际工作情境中的工作任务对接，体现实际的工作过程。

（6）各单元名称和任务名称是属于与实际工作任务直接对应，还是有一定的综合和抽象。

这些课程设计方案还有哪些方面可以进一步优化改进？

1．“办公软件应用”的课程设计方案之一

（1）教学单元设计与教学内容选取

“办公软件应用”课程设计方案之一的教学单元设计与教学内容选取如表 4-26 所示。

表 4-26 “办公软件应用”课程设计方案之一的教学单元设计与教学内容选取

单元名称	教学内容选取	
单元1 中英文的快速输入	（1）文档输入基本流程 （2）拼音输入法及常用汉字、词组的输入技巧 （3）五笔字型输入法及常用汉字、词组的输入技巧 （4）常用办公文档的录入以及撰写思路	
单元2 文书的编辑处理	（1）常用办公文档和商务文档的格式设置 （2）常用办公文档和商务文档的排版技巧 （3）常用办公文档和商务文档的撰写、编辑	
单元3 单据表格的制作	（1）制作表格标题 （2）创建表格 （3）合并与拆分单元格 （4）设置表格的边框和底纹 （5）调整单元格的宽度或高度	（6）设置单元格的对齐方式 （7）添加项目符号 （8）在单元格中输入文字 （9）设置表格文字的字体
单元4 个人简历的制作	（1）Word 中图形的插入 （2）Word 中图形格式的设置 （3）艺术字的使用技巧	（4）表格的插入及格式设置 （5）图、文、表的混排

续表

单 元 名 称	教学内容选取	
单元 5　宣传单的制作	（1）绘图工具的使用 （2）自选图形格式的设置 （3）分栏操作 （4）图形的组合操作 （5）插入水印及设置	（6）页面边框的设置 （7）艺术字的设置 （8）项目符号的设置 （9）图文混排的技巧
单元 6　长文档处理	（1）不同视图下查看文档 （2）大纲级别的设置 （3）插入题注、脚注与尾注 （4）样式的创建、应用和修改	（5）分页符与分节符的使用方法 （6）自动生成目录 （7）页眉和页脚的设置
单元 7　邮件合并的应用	（1）邮件合并的基本方法和步骤 （2）灵活使用文本框、图片、艺术字等对象设计邮件合并的主文档	
单元 8　复杂 Excel 表格处理	（1）工作簿的新建、保存、打开 （2）数据输入、修改和简单格式处理 （3）单元格的选定、格式设置 （4）数据、工作表的复制与移动 （5）行和列的基本操作 （6）自动计算、公式和常用函数的使用 （7）排序、分类汇总、筛选的建立 （8）数据透视表的建立与使用方法 （9）图表的创建与编辑	
单元 9　演示文稿制作	（1）演示文稿和母版的创建、编辑、保存方法 （2）幻灯片的制作和格式设置 （3）在幻灯片中插入及设置图片、表格、图表、自选图形等 （4）幻灯片的管理 （5）动画的设置方法 （6）超链接的设置方法 （7）幻灯片切换设置 （8）演示文稿的打印	

（2）操作任务设计

“办公软件应用”课程设计方案之一的操作任务设计如表 4-27 所示。

表 4-27　“办公软件应用”课程设计方案之一的操作任务设计

单 元 名 称	任 务 名 称
单元 1　中英文及符号的快速输入	【任务 1-1】调研报告文档内容输入 【任务 1-2】感谢信文档创建及内容输入 【任务 1-3】工作总结文档创建及内容输入
单元 2　文书的编辑处理	【任务 2-1】通知文档编辑 【任务 2-2】决定文档编辑 【任务 2-3】邀请函文档制作

续表

单元名称	任务名称
单元3 单据表格的制作	【任务3-1】应聘登记表的制作 【任务3-2】财务票据的制作 【任务3-3】银行卡申请表的制作
单元4 个人简历的制作	【任务4-1】个人简历的制作 【任务4-2】自荐书的制作 【任务4-3】求职简历的制作
单元5 宣传单的制作	【任务5-1】产品宣传单的制作 【任务5-2】活动宣传单的制作 【任务5-3】节目单的制作
单元6 长文档处理	【任务6-1】毕业论文排版及目录生成 【任务6-2】聘用合同排版及目录生成 【任务6-3】广告策划书排版及目录生成
单元7 邮件合并的应用	【任务7-1】毕业证书的制作 【任务7-2】信封的制作 【任务7-3】荣誉证书的制作
单元8 复杂Excel表格处理	【任务8-1】公司产品年销售统计 【任务8-2】学生成绩统计 【任务8-3】职工工资统计
单元9 演示文稿制作	【任务9-1】"毕业答辩"演示文稿制作 【任务9-2】"自我推荐"演示文稿制作 【任务9-3】"公司介绍"演示文稿制作

（3）教学过程设计

每个单元设置4个教学环节：引导训练、同步训练、拓展训练和知识链接。其中引导训练环节详细讲解制作过程及操作步骤；同步训练环节对在引导训练环节没有涉及的知识点进行提示；拓展训练环节设计了前面两个教学环节中都没有涉及的知识点，需要学习者在课外查阅资料，或相互讨论才能完成，从而将讲解知识、训练技能、提高能力有机结合，达到循序渐进的过程。

2."办公软件应用"的课程设计方案之二

（1）教学单元设计与教学内容选取

"办公软件应用"课程设计方案之二的教学单元设计与教学内容选取如表4-28所示。

表4-28 "办公软件应用"课程设计方案之二的教学单元设计与教学内容选取

单元名称	教学内容选取
单元1 电脑资源的高效管理	1.1 管理文件夹和文件 1.2 管理磁盘 1.3 创建与管理用户账户

续表

单元名称	教学内容选取
单元 2　中英文的快速输入	2.1　英文字符与标点符号的输入 2.2　使用拼音输入法输入汉字 2.3　使用五笔字型输入法输入汉字
单元 3　Word 文档的编辑排版与邮件合并	3.1　Word 2010 的基本操作 3.2　Word 文档的格式设置 3.3　Word 文档的页面设置与文档打印 3.4　Word 的表格操作 3.5　Word 的图文混排 3.6　Word 的邮件合并
单元 4　Excel 电子表格的数据处理与统计分析	4.1　Excel 2010 的基本操作 4.2　Excel 数据的输入与编辑 4.3　Excel 工作表的格式设置与页面设置 4.4　Excel 的数据计算与统计 4.5　Excel 的数据分析与应用 4.6　Excel 图表创建与编辑
单元 5　PowerPoint 演示文稿制作与幻灯片放映	5.1　演示文稿的编辑与美化 5.2　演示文稿的放映与打印

（2）操作任务设计

“办公软件应用”课程设计方案之二的操作任务设计如表 4-29 所示。

表 4-29　“办公软件应用”课程设计方案之二的操作任务设计

单元序号	任务名称	
单元 1	【引导训练】 【任务 1-1】浏览文件夹和文件 【任务 1-2】新建文件夹和文件 【任务 1-3】复制与移动文件夹和文件 【任务 1-4】删除文件夹和文件与使用“回收站” 【任务 1-5】搜索文件夹和文件 【任务 1-6】设置文件夹选项 【任务 1-7】设置文件和文件夹的属性 【任务 1-8】查看与设置磁盘属性 【任务 1-9】磁盘检查与碎片整理 【任务 1-10】使用“管理账户”窗口创建管理员账户 admin 【任务 1-11】使用“计算机管理”窗口创建账户 user01	【定向训练】 【任务 1-12】浏览文件夹和文件 【任务 1-13】管理文件夹和文件 【任务 1-14】搜索文件夹和文件 【任务 1-15】管理磁盘 【任务 1-16】文件夹的共享属性设置 【创意训练】 【任务 1-17】文件及文件夹操作 【任务 1-18】创建与切换账户 【任务 1-19】帮助信息的获取 【任务 1-20】文件的备份与还原
单元 2	【引导训练】 【任务 2-1】熟练输入英文短句 【任务 2-2】熟练使用搜狗拼音输入法输入短句 【任务 2-3】使用五笔字型输入法的全码方式输入单个汉字 【任务 2-4】使用五笔字型输入法的简码方式输入汉字和词组	【任务 2-7】使用五笔字型输入法熟练拆分与输入汉字 【任务 2-8】使用五笔字型输入法熟练输入简码汉字和词组 【创意训练】 【任务 2-9】选择熟悉的拼音输入法输入短文

续表

单元序号	任务名称	
单元 2	【定向训练】 【任务 2-5】使用搜狗输入法快速输入中文 【任务 2-6】熟练输入五笔字型输入法的键面汉字或字根	【任务 2-10】使用五笔字型输入法快速输入结构近似的汉字 【任务 2-11】使用五笔字型输入法输入易错字和生僻字 【任务 2-12】快速输入中英文文章
单元 3	【引导训练】 【任务 3-1】“捐书活动倡议书”的输入与编辑 【任务 3-2】“捐书活动倡议书”文档的格式设置 【任务 3-3】“通知”文档中样式与模板的创建与应用 【任务 3-4】“捐书活动倡议书”文档的页面设置与打印 【任务 3-5】创建班级课表 【任务 3-6】计算商品销售表中的金额和总计 【任务 3-7】编辑“苹果 iPhone 5S 简介”实现图文混排效果 【任务 3-8】利用邮件合并打印请柬	【定向训练】 【任务 3-9】编辑感恩节活动方案 【任务 3-10】制作网站备案表 【任务 3-11】制作毕业证书 【任务 3-12】编辑毕业论文 【任务 3-13】制作请柬 【创意训练】 【任务 3-14】编辑实习总结 【任务 3-15】制作培训推荐表 【任务 3-16】制作试卷 【任务 3-17】制作自荐书 【任务 3-18】制作准考证
单元 4	【引导训练】 【任务 4-1】“应聘企业通信录.xlsx”的基本操作 【任务 4-2】“客户通信录.xlsx”的数据输入与编辑 【任务 4-3】“客户通信录.xlsx”的格式设置与效果预览 【任务 4-4】产品销售数据的计算与统计 【任务 4-5】内存与硬盘销售数据的排序 【任务 4-6】内存与硬盘销售数据的筛选 【任务 4-7】内存与硬盘销售数据的分类汇总 【任务 4-8】内存与硬盘销售数据透视表的创建 【任务 4-9】内存与硬盘销售情况图表的创建与编辑	【定向训练】 【任务 4-10】活动经费决算 【任务 4-11】企业部门人数统计 【任务 4-12】人才需求量统计与分析 【任务 4-13】公司人员结构分析 【创意训练】 【任务 4-14】课程考核成绩分析 【任务 4-15】班级人员结构分析 【任务 4-16】工资计算与工资条制作
单元 5	【引导训练】 【任务 5-1】制作“感恩节活动策划”演示文稿 【任务 5-2】演示文稿“感恩节活动策划”的动画设计与幻灯片放映	【定向训练】 【任务 5-3】制作“产品宣传”演示文稿 【创意训练】 【任务 5-4】制作“毕业答辩”演示文稿

（3）教学过程设计

每个教学单元设置了 7 个教学环节：规范探究、知识梳理、引导训练、定向训练、创意训练、单元小结、单元习题。

技能训练设置了分层次的 3 个环节：引导训练、定向训练、创意训练。其中引导训练环节针对基础知识和基本方法的学习需求设置了多项训练任务，实现熟练掌握办公软件应用的基础知识和具备办公软件操作的基本技能的目标；定向训练环节采用任务驱动方法，每一项任务提出了明确的操作要求，对相关知识和方法进行定向训练，实现按规定要求快速完成规定任务的目标；创意训练环节只给出任务描述和效果要求，具体的实施步骤和方法选用由学习者自行确定，训练创意思维能力，实现根据实际需求进行规划和创意的目标。

3．“办公软件应用”的课程设计方案之三

（1）教学单元设计与教学内容选取

“办公软件应用”课程设计方案之三的教学单元设计与教学内容选取如表 4-30 所示。

表 4-30 “办公软件应用”课程设计方案之三的教学单元设计与教学内容选取

单元名称	在线学习内容	方法指导内容
单元 1 Word 中编辑设置文档	1.1 编辑文本 1.2 设置字符格式 1.3 设置段落格式	1.4 应用样式设置文档格式 1.5 创建与应用模板 1.6 页面设置 1.7 分节与分页 1.8 设置页眉与页脚 1.9 插入页码
单元 2 Word 中制作美化表格	2.1 表格的创建 2.2 表格的编辑调整 2.3 表格的格式设置	2.4 表格内容的输入与编辑 2.5 表格内容的格式设置 2.6 表格中的数值计算与数据排序
单元 3 Word 中加工复杂文档	3.1 设置项目符号与编号 3.2 插入与编辑图片	3.3 插入与编辑艺术字 3.4 插入与编辑文本框 3.5 插入与编辑公式 3.6 绘制与编辑图形 3.7 制作水印效果
单元 4 Word 中制作批量文档	4.1 关于“邮件合并”	4.2 邮件合并的基本过程
单元 5 Excel 中输入与编辑数据	5.1 Excel 的基本工作对象 5.2 Excel 工作表的基本操作 5.3 Excel 行与列的基本操作 5.4 Excel 单元格的基本操作 5.5 设置单元格格式 5.6 调整工作表的行高和列宽	5.7 Excel 数据的输入 5.8 数据验证 5.9 编辑工作表中的内容
单元 6 Excel 中处理与计算数据	6.1 单元格引用 6.2 使用公式计算	6.3 自动计算 6.4 使用函数计算
单元 7 Excel 中统计与分析数据	7.1 数据的排序	7.2 常用统计分析函数的功能与格式 7.3 数据的筛选 7.4 数据的分类汇总 7.5 数据透视表和数据透视图
单元 8 Excel 中展现与输出数据	8.1 Excel 图表的作用与类型选择	8.2 Excel 图表创建与编辑 8.3 Excel 工作表的页面设置与打印输出
单元 9 设计与制作文件解读 PPT	9.1 PowerPoint 的基本概念 9.2 PowerPoint 窗口的基本组成 9.3 PowerPoint 演示文稿的视图类型与切换方式 9.4 演示文稿的创建与保存	9.5 幻灯片中的文字设计 9.6 幻灯片中的段落排版 9.7 幻灯片中使用默认样式

续表

单 元 名 称	在线学习内容	方法指导内容
单元 10 设计与制作景点赏析 PPT	10.1 幻灯片中的图片格式与分辨率	10.2 幻灯片中的图片选用原则 10.3 幻灯片中的 SmartArt 图形
单元 11 设计与制作宣传推广 PPT	11.1 幻灯片母版与版式 11.2 使用主题统一幻灯片风格 11.3 快速调整 PPT 字体 11.4 调整 PPT 的页面显示比例和页面版式	11.5 更换配色方案 11.6 主题效果和样式 11.7 设计幻灯片模板 11.8 复制与重用幻灯片 11.9 使用表格制作时间轴目录
单元 12 设计与制作教学培训 PPT	12.1 设置与应用幻灯片动画	12.2 设计与制作 PPT 的基本原则 12.3 幻灯片动画设计的基本原则 12.4 设计与制作 PPT 的基本步骤 12.5 设计幻灯片的版面

（2）操作任务设计

"办公软件应用"课程设计方案之三的操作任务设计如表 4-31 所示。

表 4-31 "办公软件应用"课程设计方案之三的操作任务设计

单 元 名 称	任 务 名 称	
单元 1 Word 中编辑设置文档	分步训练	【任务 1-1】"教师节贺信"文档的格式设置
	引导训练	【任务 1-2】"通知"文档中样式与模板的创建与应用 【任务 1-3】"教师节贺信"文档的页面设置与打印
	创意训练	【任务 1-4】编辑设置"感恩节活动方案"文档
单元 2 Word 中制作美化表格	分步训练	【任务 2-1】创建班级课表
	引导训练	【任务 2-2】计算商品销售表中的金额和总计
	创意训练	【任务 2-3】制作个人基本信息表 【任务 2-4】制作培训推荐表
单元 3 Word 中加工复杂文档	分步训练	【任务 3-1】编辑"华为 P10 Plus 简介"实现图文混排效果
	引导训练	【任务 3-2】编辑加工毕业论文
	创意训练	【任务 3-3】编辑制作"应用数学"考试试卷 【任务 3-4】编辑制作悠闲居创业计划
单元 4 Word 中制作批量文档	分步训练	【任务 4-1】利用邮件合并功能制作并打印研讨会请柬
	引导训练	【任务 4-2】利用邮件合并功能制作毕业证书
	创意训练	【任务 4-3】利用邮件合并功能制作产品推介会请柬 【任务 4-4】利用邮件合并功能制作准考证
单元 5 Excel 中输入与编辑数据	分步训练	【任务 5-1】"企业通信录.xlsx"的基本操作
	引导训练	【任务 5-2】"客户通信录"的数据输入与编辑 【任务 5-3】"客户通信录.xlsx"的格式设置
	创意训练	【任务 5-4】"感恩节活动经费决算表.xlsx"的数据输入与格式设置
单元 6 Excel 中处理与计算数据	分步训练	【任务 6-1】产品销售数据的处理与计算 【任务 6-2】找出成绩表中的重复数据并予以删除 【任务 6-3】查找成绩表中的缺失数据和错误数据

续表

单 元 名 称	任 务 名 称	
单元 6　Excel 中处理与计算数据	引导训练	【任务 6-4】员工基本信息的加工与处理 【任务 6-5】工资计算与工资条制作
	创意训练	【任务 6-6】企业部门人数统计
单元 7　Excel 中统计与分析数据	分步训练	【任务 7-1】内存与硬盘销售数据的排序 【任务 7-2】内存与硬盘销售数据的筛选 【任务 7-3】内存与硬盘销售数据的分类汇总
	引导训练	【任务 7-4】对多个工作表的数据进行合并与计算 【任务 7-5】课程成绩数据的统计与分析 【任务 7-6】内存与硬盘销售数据的统计与分析
	创意训练	【任务 7-7】公司人员结构统计与分析 【任务 7-8】人才需求量统计与分析
单元 8　Excel 中展现与输出数据	分步训练	【任务 8-1】内存与硬盘销售情况展现与输出
	引导训练	【任务 8-2】人才需求情况展现与输出
	创意训练	【任务 8-3】班级人员结构展现与输出
单元 9　设计与制作文件解读 PPT	分步训练	【任务 9-1】创建演示文稿“任务 9-1.pptx”，解读《国务院关于大力推进大众创业万众创新若干政策措施的意见》 【任务 9-2】创建演示文稿“任务 9-2.pptx”，熟悉图形在 PPT 中的应用
	引导训练	【任务 9-3】创建演示文稿“任务 9-3.pptx”，解读《国务院办公厅关于促进电子政务协调发展的指导意见》
	创意训练	【任务 9-4】创建解读“十三五”规划建议总思路的演示文稿“任务 9-4.pptx”
单元 10　设计与制作景点赏析 PPT	分步训练	【任务 10-1】创建展示阿坝美景的演示文稿“任务 10-1.pptx” 【任务 10-2】创建演示文稿“任务 10-2.pptx”，熟悉 SmartArt 图形在 PPT 中的应用
	引导训练	【任务 10-3】创建展示阿坝旅游目的地的相册“任务 10-3.pptx” 【任务 10-4】创建展示“我的旅程”的演示文稿“任务 10-4.pptx”
	创意训练	【任务 10-5】创建展示西湖十景的相册“任务 10-5.pptx” 【任务 10-6】创建展示九寨沟美景的演示文稿“任务 10-6.pptx”
单元 11　设计与制作宣传推广 PPT	分步训练	【任务 11-1】创建展示华为系列产品的演示文稿“任务 11-1.pptx”
	引导训练	【任务 11-2】创建推广“IU 画频式娱乐社交即时通讯软件系统”的演示文稿“任务 11-2.pptx”
	创意训练	【任务 11-3】创建演示文稿“任务 11-3.pptx”，熟悉表格在 PPT 中的应用 【任务 11-4】创建推介“可口可乐的颠覆式社交传播方式”的演示文稿“任务 11-4.pptx”
单元 12　设计与制作教学培训 PPT	分步训练	【任务 12-1】创建企业形象礼仪培训的演示文稿“任务 12-1.pptx”
	引导训练	【任务 12-2】创建实用礼仪培训的演示文稿“任务 12-2.pptx”
	创意训练	【任务 12-3】创建时间管理技能培训的演示文稿“任务 12-3.pptx”

（3）教学过程设计

每个教学单元设置了 5 个教学环节：在线学习、方法指导、分步训练、引导训练、创意训练。在在线学习和方法指导两个环节对这些常用知识通过列表、比较等方法进行条理化、系统化展示，避免出现“只见树木，不见森林”的问题。

设置了3个层次的训练：分步训练、引导训练和创意训练，以满足学习者的不同需要。其中分步训练环节为基础训练环节，主要针对各个基础知识和基本方法进行分步验证训练，以满足学习者熟练掌握基础知识和具备基本技能的需要；引导训练环节为综合训练环节，主要针对实际工作中文档处理、数据处理和PPT制作的具体实现方法，引导学习者思考、领会知识的应用和熟悉操作方法及实用技巧，以满足学习者按规定要求快速完成规定工作任务的需要；创意训练则只给出具体的任务描述和必要的操作提示，具体的实施步骤和方法选用由学习者自行确定，训练学习者灵活运用所掌握的各种方法完成指定任务的能力，提升学习者分析问题、解决问题、拓展知识面的综合能力，提升创新思维能力，以满足遇到问题时想办法自行解决难题的需要。

创新教学手段，线上学习和线下学习相结合，充分利用智能手机等信息化教学手段，采用翻转式学习方式，通过扫描二维码获取学习内容，并在线学习相关知识。创意训练环节的“任务描述”和“操作提示”也是通过扫描二维码的方式浏览，以激发学习兴趣，提高教学效率。

4.4.3 “常用工具软件应用”课程设计方案的比较分析

针对以下三个“常用工具软件应用”课程设计方案，试从以下方面进行比较分析：

（1）载体选取是否合理。

（2）单元名称、任务名称命名是否规范。

（3）理论知识与操作任务是否混为一谈，是否体现完成任务这一主线。

（4）各单元的排列顺序是否符合由易至难、由简单至复杂、由具体至抽象的规律，技能训练顺序是否符合由单一至综合、由简单认知至复杂决策的规律。

（5）任务的设置是否与实际工作情境中的工作任务对接，体现实际的工作过程。

（6）各单元名称和任务名称是属于与实际工作任务直接对应，还是有一定的综合和抽象。

这些课程设计方案还有哪些方面可以进一步优化改进？

1.“常用工具软件应用”的课程设计方案之一

“常用工具软件应用”课程设计方案之一如表4-32所示。本课程以任务的方式介绍目前广泛流行的工具软件的使用方法与技巧，包括系统安全工具、网络搜索与优化工具、文件文档工具、音频视频工具、图形图像工具、通信工具、翻译工具、云存储工具和虚拟工具等9个方面。

表4-32 “常用工具软件应用”课程设计方案之一

单元名称	任务名称
单元1 使用系统安全工具	任务1 使用360杀毒
	任务2 使用360安全卫士
	任务3 使用硬盘分区管理工具——分区助手
	任务4 使用硬盘分区备份及恢复工具——傲梅轻松备份

续表

单 元 名 称	任 务 名 称
单元 2　使用网络搜索与优化工具	任务 1　使用综合搜索工具——百度、搜狗、谷歌 任务 2　垂直网站信息搜索与选择 任务 3　获取小众信息
单元 3　使用文件文档工具	任务 1　使用压缩工具——360 压缩 任务 2　使用文档浏览工具——福昕 PDF 阅读器 任务 3　使用数据恢复工具——360 文件恢复
单元 4　使用音频视频工具	任务 1　使用视频下载工具——维棠 任务 2　使用格式转换工具——格式工厂 任务 3　使用音频编辑工具——Adobe Audition CS6 任务 4　使用影音制作工具——Windows Live 影音制作
单元 5　使用图形图像工具	任务 1　使用图片浏览工具——ACDSee 任务 2　使用屏幕捕捉工具——Snagit 任务 3　使用图片编辑工具——美图秀秀
单元 6　使用通信工具	任务 1　使用即时通信工具——QQ 任务 2　使用移动通信工具——微信 任务 3　使用微信——公众平台
单元 7　使用翻译工具	任务 1　使用翻译工具——金山词霸 任务 2　使用翻译工具——有道词典
单元 8　使用云存储工具	任务 1　使用私有云平台搭建工具——云盒子 任务 2　使用公有云平台搭建工具——百度云管家
单元 9　使用虚拟工具	任务 1　使用虚拟光驱工具——Daemon Tools 任务 2　构建网络虚拟环境

2.“常用工具软件应用”的课程设计方案之二

“常用工具软件应用”课程设计方案之二如表 4-33 所示。

表 4-33　“常用工具软件应用”课程设计方案之二

单 元 名 称	任 务 名 称
单元 1　使用常用办公软件	任务 1　使用“有道词典”翻译工具 任务 2　使用“有道云笔记”同步手机和计算机笔记 任务 3　使用 Adobe Reader 阅读 PDF 文档
单元 2　保护系统安全	任务 1　使用“360 安全卫士”全面防御系统 任务 2　使用“360 杀毒”杀毒病毒
单元 3　优化系统保护数据	任务 1　使用工具软件对系统进行优化加速 任务 2　利用系统备份快速还原系统 任务 3　使用 iCare Undelete Free 恢复丢失数据
单元 4　使用网络工具	任务 1　使用“360 安全”安全上网 任务 2　使用“360 云盘”实现云存储 任务 3　使用“360 免费 Wi-Fi”实现网络共享免费上网 任务 4　使用“迅雷”下载数据

续表

单元名称	任务名称
单元5　使用网络通信工具	任务1　申请账号并进行会话聊天 任务2　使用“飞信”免费发短信 任务3　使用“微信电脑版”与手机微信共享信息 任务4　使用“YY语音”即时通信 任务5　使用“阿里旺旺”进行网上商务沟通
单元6　快速编辑处理图像	任务1　使用“光影看图”快速浏览图像 任务2　使用“美图秀秀”快速美化照片 任务3　使用“红蜻蜓抓图精灵”截取图像 任务4　使用“光影魔术手”进行照片美化
单元7　使用音乐媒体播放器	任务1　使用“酷狗”播放音乐 任务2　使用“千千静听”播放音乐 任务3　使用“多米音乐”收听音乐 任务4　使用MvBox制作卡拉OK
单元8　使用视频媒体播放器	任务1　使用“暴风影音”观看电影 任务2　使用“PPTV聚力网络电视”在线观看电影电视 任务3　使用“爱奇艺PPS影音”收看网络视频
单元9　构建虚拟试验平台	任务1　创建虚拟机 任务2　在虚拟机中安装操作系统 任务3　共享虚拟机文件
单元10　使用格式转换工具	任务1　使用“魔影工厂”转换视频文件格式 任务2　使用MediaCoder转换音频文件格式 任务3　使用PDF转换工具
单元11　使用压缩刻录工具	任务1　使用“360压缩”工具 任务2　使用winRAR压缩工具 任务3　使用“光盘刻录大师”刻录光盘 任务4　使用Daemo Tools虚拟光驱软件
单元12　使用股票网银	任务1　使用“同花顺股票行情分析软件”炒股 任务2　使用“个人网上银行”进行网上支付 任务3　使用“支付宝”进行快捷支付

3.“常用工具软件应用”的课程设计方案之三

（1）教学单元设计

“常用工具软件应用”课程设计方案之三的教学单元设计如表4-34所示。

表4-34　“常用工具软件应用”课程设计方案之三的教学单元设计

单元名称	任务数量	课时建议	考核分值建议
单元1　应用工具软件处理日常事务	10	4	12
单元2　应用工具软件获取网上资源	8	6	10
单元3　应用工具软件进行网上交流	6	6	12
单元4　应用工具软件阅读与制作特殊格式文档	6	4	10

续表

单元名称	任务数量	课时建议	考核分值建议
单元5　应用工具软件捕捉与处理图像	6	8	12
单元6　应用工具软件播放音视频与观看网络影视	6	4	10
单元7　应用工具软件录制编辑视频与转换文件格式	8	10	12
单元8　应用工具软件管理电脑与优化系统	9	6	12
单元9　应用工具软件保护系统数据与查杀计算机病毒	11	8	10
合计	70	56	100

（2）操作任务设计

“常用工具软件应用”课程设计方案之三的操作任务设计如表4-35所示。

表4-35　“常用工具软件应用”课程设计方案之三的操作任务设计

单元序号	任务名称	
1	1.1　文件的压缩与解压缩 【任务1-1】使用WinRAR压缩与解压文件 【任务1-2】使用快压压缩与解压文件 1.2　中文的快速输入 【任务1-3】使用搜狗输入法快速输入中文 【任务1-4】使用QQ输入法快速输入中文 1.3　中英文翻译 【任务1-5】使用金山词霸翻译中英文	【任务1-6】使用灵格斯词霸翻译中英文 1.4　文件名的批量重命名 【任务1-7】使用拖把更名器批量重命名 【任务1-8】使用小秘书批量改名工具重命名 1.5　光盘刻录 【任务1-9】使用Nero Burning ROM制作数据光盘 【任务1-10】使用光盘刻录大师制作数据光盘
2	2.1　畅游Internet与获取网上资源 【任务2-1】使用Google Chrome浏览器获取网上招聘信息 【任务2-2】使用360浏览器搜索图书信息 2.2　下载网上资源 【任务2-3】使用迅雷下载网上资源 【任务2-4】使用QQ旋风下载网上资源	2.3　下载网页视频 【任务2-5】使用ImovieBox网页视频下载专家下载网页视频 【任务2-6】使用硕鼠视频下载器下载网页视频 2.4　下载网站 【任务2-7】使用Offline Explorer下载网站 【任务2-8】使用Teleport Ultra下载网站
3	3.1　收发电子邮件 【任务3-1】使用Foxmail收发电子邮件 【任务3-2】使用网易闪电邮收发电子邮件 3.2　网络即时信息交流 【任务3-3】使用QQ即时交流	【任务3-4】使用飞信即时交流 3.3　在线语音聊天 【任务3-5】使用YY语音在线语音聊天 【任务3-6】使用QT语音（QQTalk）进行语音聊天
4	4.1　阅读PDF格式文档 【任务4-1】使用Adobe Reader阅读PDF文档 【任务4-2】使用福昕阅读器阅读PDF文档 4.2　制作与编辑特殊格式文档 【任务4-3】使用Print2Flash制作SWF文档	【任务4-4】使用合适的工具软件制作PDF文档 4.3　制作电子书 【任务4-5】使用eBook Workshop制作EXE电子书 【任务4-6】使用友益文书制作EXE电子书
5	5.1　图片浏览与管理 【任务5-1】使用ACDSee浏览与管理图片 【任务5-2】使用Picasa浏览与管理图片 5.2　图像捕获 【任务5-3】使用Snagit捕获与编辑图像	【任务5-4】使用HyperSnap捕获图像 5.3　图像编辑与处理 【任务5-5】使用光影魔术手美化图片 【任务5-6】使用美图秀秀处理图像

续表

单元序号	任务名称	
6	6.1 播放音乐 【任务 6-1】使用 QQ 音乐播放器播放音乐 【任务 6-2】使用酷我音乐播放音乐 6.2 播放视频 【任务 6-3】使用暴风影音播放视频 【任务 6-4】使用百度影音播放器播放视频	6.3 观看网络电影和网络电视 【任务 6-5】使用风行在线观看网络电影与网络电视 【任务 6-6】使用爱奇艺 PPS 观看网络电影和网络电视
7	7.1 屏幕录像和编辑 【任务 7-1】使用 Camtasia Studio 进行屏幕录像和编辑 【任务 7-2】使用 AVS Video Editor 进行屏幕录像和编辑 7.2 视频制作与剪辑 【任务 7-3】使用爱剪辑编辑视频 【任务 7-4】使用视频编辑专家编辑视频	7.3 音视频格式转换 【任务 7-5】使用格式工厂转换文件格式 【任务 7-6】使用狸窝超级全能视频转换器转换音视频格式 7.4 将 PowerPoint 文档转换成 Flash 格式 【任务 7-7】使用 iSpring Free 将 PPT 转换为 SWF 【任务 7-8】使用 PowerPoint to Flash 将 PPT 转换为 SWF
8	8.1 电脑软件管理 【任务 8-1】使用腾讯“软件管理”管理电脑软件 【任务 8-2】使用“360 软件管家”管理电脑软件 8.2 电脑管理与系统优化 【任务 8-3】使用腾讯电脑管家高效管理电脑 【任务 8-4】使用 Windows 优化大师检测与优化系统	【任务 8-5】使用瑞星安全助手管理电脑与优化系统 8.3 电脑检测与驱动程序更新 【任务 8-6】使用鲁大师检测电脑硬件 【任务 8-7】使用驱动精灵检测系统并更新驱动程序 【任务 8-8】使用 AIDA64 检测电脑硬件 【任务 8-9】使用驱动人生检测系统与更新驱动程序
9	9.1 系统的备份与还原 【任务 9-1】使用一键 GHOST 实现系统备份与还原 【任务 9-2】使用一键还原精灵实现系统备份与还原 9.2 数据的恢复与修复 【任务 9-3】使用 EasyRecovery 恢复与修复数据 【任务 9-4】使用 FinalData 恢复数据 9.3 文件的加密与解密 【任务 9-5】使用文件夹加密超级大师对文件进行加密与解密 【任务 9-6】使用易通文件夹锁对文件进行加密与解密	9.4 计算机病毒的防治与查杀 【任务 9-7】使用瑞星杀毒软件进行电脑防护与查杀计算机病毒 【任务 9-8】使用瑞星个人防火墙监控网络连接与净化网络 【任务 9-9】使用金山毒霸防护电脑与查杀计算机病毒 9.5 查杀木马与修复系统漏洞 【任务 9-10】使用 360 安全卫士查杀木马与修复漏洞 【任务 9-11】使用百度卫士查杀木马与修复漏洞

（3）教学过程设计

“常用工具软件应用”课程设计方案之三的教学过程设计如表 4-36 所示。

表 4-36 “常用工具软件应用”课程设计方案之三的教学过程设计

教学环节序号	教学环节名称	说 明
1	教学导航	明确教学目标，熟悉教学方法，了解课时建议
2	操作准备	安装工具软件，准备所需素材
3	软件综述	介绍同类工具软件的典型产品及其主要功能特点

续表

教学环节序号	教学环节名称	说明
4	引导训练	引导学习者渐进式完成工具软件实际应用的操作任务
5	探索实战	参照引导训练的方法，应用同类工具软件自主完成类似的操作任务，训练上网搜索与下载工具软件、安装工具软件、获取工具软件操作说明，参考相关资料完成规定任务的技能
6	考核评价	对引导训练和探索实战任务的完成情况进行考核评价
7	单元总结	对单元教学内容和技能训练情况进行归纳总结，形成整体印象

4.4.4 “计算机组装与维护”课程设计方案的比较分析

针对以下八个“计算机组装与维护”课程设计方案，试从以下方面进行比较分析：

（1）载体选取是否合理。

（2）单元名称、任务名称命名是否规范。

（3）理论知识与操作任务是否混为一谈，是否体现完成任务这一主线。

（4）各单元的排列顺序是否符合由易至难、由简单至复杂、由具体至抽象的规律，技能训练顺序是否符合由单一至综合、由简单认知至复杂决策的规律。

（5）任务的设置是否与实际工作情境中的工作任务对接，体现实际的工作过程。

（6）各单元名称和任务名称是属于与实际工作任务直接对应，还是有一定的综合和抽象。

这些课程设计方案还有哪些方面可以进一步优化改进？

1. “计算机组装与维护”的课程设计方案之一

（1）教学单元设计与操作任务设计

“计算机组装与维护”课程设计方案之一的教学单元设计与操作任务设计如表 4-37 所示。

表 4-37 “计算机组装与维护”课程设计方案之一的教学单元设计与操作任务设计

单元名称	任务名称	
单元 1 认识与选购计算机部件	任务 1 认识计算机部件	任务 2 选购计算机
单元 2 拆装计算机	任务 1 组装计算机 任务 2 拆解计算机	任务 3 故障排除
单元 3 安装软件系统	任务 1 BIOS 设置 任务 2 制作 U 盘启动盘	任务 3 安装 Windows 操作系统
单元 4 测试计算机性能	任务 1 部件测试	任务 2 整机测试
单元 5 系统维护	任务 1 常规维护系统 任务 2 查杀病毒 任务 3 系统备份与恢复	任务 4 数据恢复 任务 5 刻录数据光盘 任务 6 故障排除
单元 6 使用外设与网络	任务 1 安装音响 任务 2 安装打印机	任务 3 安装扫描仪 任务 4 路由器与网络配置

（2）教学过程设计

每项任务的实施分为 5 个环节：任务描述、任务分析、相关知识点、任务实施、总结提高。

2. “计算机组装与维护”的课程设计方案之二

“计算机组装与维护”课程设计方案之二的教学单元设计与操作任务设计如表 4-38 所示。

表 4-38 “计算机组装与维护”课程设计方案之二的教学单元设计与操作任务设计

单元名称	任务名称	
单元 1 认识计算机系统	任务 1 认识计算机硬件	任务 2 了解计算机软件
单元 2 安装常用的计算机硬件设备	任务 1 CPU 安装至主板 任务 2 内存条安装至主板 任务 3 安装主板 任务 4 安装显卡与显示器 任务 5 安装声卡和音箱	任务 6 安装网卡 任务 7 安装外部存储器 任务 8 安装电源 任务 9 安装键盘和鼠标 任务 10 整机性能的优化与测试
单元 3 安装软件系统	任务 1 计算机启动 任务 2 BIOS 设置 任务 3 硬盘分区与格式化 任务 4 安装操作系统	任务 5 VMware 虚拟机的安装 任务 6 安装驱动程序 任务 7 应用软件的安装和卸载
单元 4 安装与维护计算机外部设备	任务 1 常用外设的硬件及软件的安装	任务 2 常用外设的故障排除
单元 5 计算机系统的日常维护	任务 1 计算机系统的基本维护	任务 2 常用系统工具软件的使用
单元 6 解决计算机故障	任务 1 计算机故障的排除	任务 2 计算机病毒查杀与系统安全维护

3. “计算机组装与维护”的课程设计方案之三

“计算机组装与维护”课程设计方案之三的教学单元设计与操作任务设计如表 4-39 所示。

表 4-39 “计算机组装与维护”课程设计方案之三的教学单元设计与操作任务设计

单元名称	任务名称
单元 1 选购计算机配件	任务 1 设计组装台式机选配方案 任务 2 设计品牌机选配方案 任务 3 设计笔记本电脑选配方案
单元 2 计算机硬件组装	任务 1 台式机的硬件组装
单元 3 BIOS 设置	任务 1 基础 BIOS 设置 任务 2 BIOS 的更新与升级
单元 4 硬盘的分区和格式化	任务 1 硬盘的分区和格式化操作
单元 5 操作系统和驱动程序的安装	任务 1 Windows XP 的安装 任务 2 Windows 7 的安装 任务 3 CHOST XP 的安装 任务 4 驱动程序的安装

续表

单元名称	任务名称
单元 6　常用软件的安装	任务 1　常用工具软件的安装 任务 2　常用办公软件的安装
单元 7　计算机病毒与系统安全	任务 1　常用杀毒软件和反木马软件的使用 任务 2　常见网络防火墙软件的使用 任务 3　Windows XP 用户权限的设置
单元 8　系统的备份与优化	任务 1　利用 Ghost 软件备份还原磁盘分区 任务 2　利用 Shadow Defender 软件保护操作系统 任务 3　常见系统优化软件的使用 任务 4　误删除恢复软件的使用
单元 9　计算机故障诊断	任务 1　计算机系统故障检修的原则和思路 任务 2　常见计算机故障的诊断修复

4．“计算机组装与维护”的课程设计方案之四

“计算机组装与维护”课程设计方案之四的教学单元设计与操作任务设计如表 4-40 所示。

表 4-40　“计算机组装与维护”课程设计方案之四的教学单元设计与操作任务设计

单元名称		任务名称
单元 1　选购计算机配件	任务 1　选购合适的 CPU 任务 2　选择合适的主板 任务 3　选购内存 任务 4　选购硬盘 任务 5　选购光驱/刻录机 任务 6　选购显卡 任务 7　选购显示器	任务 8　选购键盘和鼠标 任务 9　选购机箱 任务 10　选购电源 任务 11　选购声卡和音箱 任务 12　选购网卡和路由器 任务 13　制定装机方案
单元 2　组装计算机	任务 1　装机前的准备	任务 2　最小系统法安装与测试计算机
单元 3　BIOS 的设置	任务 1　认识 BIOS 任务 2　设置 BIOS	任务 3　升级 BIOS
单元 4　硬盘分区与格式化	任务 1　认识硬盘分区	任务 2　硬盘分区与格式化
单元 5　安装操作系统	任务 1　安装操作系统 任务 2　安装驱动程序	任务 3　安装应用软件
单元 6　优化、备份和还原系统	任务 1　使用 Ghost 备份和还原系统 任务 2　使用 360 安全卫士维护系统安全	
单元 7　排除计算机故障	任务 1　排除常见软件故障 任务 2　排除计算机主机硬件故障 任务 3　排除计算机外部设备故障	

5．“计算机组装与维护”的课程设计方案之五

“计算机组装与维护”课程设计方案之五的教学单元设计与操作任务设计如表 4-41 所示。

表 4-41 “计算机组装与维护”课程设计方案之五的教学单元设计与操作任务设计

单元名称	任务名称	
单元 1 认知计算机系统	任务 1 认知计算机系统的组成 任务 2 认知“品牌机”与“组装机”	
单元 2 认识计算机主机	任务 1 认识 CPU 任务 2 认识内存	任务 3 认识主板 任务 4 认识机箱和电源
单元 3 计算机外部存储设备	任务 1 认识硬盘 任务 2 认识光驱	任务 3 认识移动存储设备
单元 4 认识计算机的输入/输出设备	任务 1 认识鼠标、键盘 任务 2 认识显卡 任务 3 认识显示器 任务 4 认识声卡、音箱	任务 5 认识打印机、扫描仪 任务 6 认识数码摄像头 任务 7 认识网络设备
单元 5 组装计算机硬件	任务 1 组装前的准备	任务 2 组装计算机硬件
单元 6 认识 BIOS	任务 1 进入 BIOS	任务 2 设置 BIOS
单元 7 安装操作系统及驱动程序	任务 1 使用 DiskGenius 进行硬盘的分区和格式化	任务 2 安装 Windows 7 操作系统 任务 3 安装驱动程序
单元 8 硬件测试与系统的优化维护	任务 1 查看计算机配置 任务 2 优化计算机系统	任务 3 使用 Ghost 进行系统备份与还原 任务 4 使用 Windows 7 系统的还原和映像修复功能
单元 9 计算机常见故障的分析与处理	任务 1 处理开机类故障 任务 2 处理主板故障 任务 3 处理 CPU 故障 任务 4 处理内存故障 任务 5 处理显示卡故障 任务 6 处理显示器故障 任务 7 处理硬盘故障 任务 8 处理光驱故障	任务 9 处理键盘故障 任务 10 处理鼠标故障 任务 11 处理声卡故障 任务 12 机箱使用和维护 任务 13 处理关机故障 任务 14 处理死机故障 任务 15 排除 Windows 10 系统下的常见故障
单元 10 外设常见故障检测与维修	任务 1 喷墨打印机常见故障的检测与维修 任务 2 激光打印机常见故障的检测与维修 任务 3 扫描仪故障的检测与维修 任务 4 数码相机常见故障的检测与维修	

6. “计算机组装与维护”的课程设计方案之六

“计算机组装与维护”课程设计方案之六的教学单元设计与操作任务设计如表 4-42 所示。

表 4-42 “计算机组装与维护”课程设计方案之六的教学单元设计与操作任务设计

单元名称	任务名称		
单元 1 认知计算机	引导训练	任务 1 认识常用的计算机 任务 2 认识计算机的硬件组成	任务 3 认识计算机的软件组成
	同步训练	任务 4 认识计算机硬件组成及连接	

续表

单元名称	任务名称		
单元 2　选购计算机硬件	引导训练	任务 1　认识和选购 CPU 任务 2　认识和选购主板 任务 3　认识和选购内存 任务 4　认识和选购硬盘 任务 5　认识和选购固态硬盘	任务 6　认识和选购显卡 任务 7　认识和选购显示器 任务 8　认识和选购机箱与电源 任务 9　认识和选购鼠标与键盘
	同步训练	任务 10　设计计算机装机方案	任务 11　利用网络模拟计算机配置
单元 3　选购计算机其他设备	引导训练	任务 1　认识和选购打印机 任务 2　认识和选购扫描仪 任务 3　认识和选购网卡	任务 4　认识和选购路由器 任务 5　认识其他常用的硬件设备
	同步训练	任务 6　安装打印机	
单元 4　组装计算机	引导训练	任务 1　装机前的准备 任务 2　安装机箱内部硬件	任务 3　连接机箱内部各种线缆 任务 4　连接外部设备
	同步训练	任务 5　拆卸计算机硬件连接	
单元 5　设置 BIOS 和硬盘分区	引导训练	任务 1　认识 BIOS 任务 2　设置 BIOS	任务 3　硬盘分区 任务 4　硬盘格式化
	同步训练	任务 5　使用 U 盘启动计算机并分区和格式化	
单元 6　安装操作系统和常用软件	引导训练	任务 1　安装操作系统 任务 2　安装系统驱动程序	任务 3　安装常用软件
	同步训练	任务 4　安装 Windows 10 操作系统	任务 5　安装双操作系统
单元 7　备份与优化计算机系统	引导训练	任务 1　备份操作系统 任务 2　还原操作系统	任务 3　手动优化操作系统 任务 4　使用软件优化操作系统
	同步训练	任务 5　备份与还原操作系统	任务 6　通过 360 安全卫士优化操作系统
单元 8　搭建虚拟计算机测试平台	引导训练	任务 1　创建和配置虚拟机	任务 2　在 VM 中安装操作系统
	同步训练	任务 3　用 VM 安装 Windows 10 操作系统	
单元 9　安全维护计算机	引导训练	任务 1　维护 CPU 任务 2　维护主板 任务 3　维护硬盘 任务 4　维护显卡和显示器 任务 5　维护机箱和电源	任务 6　维护鼠标和键盘 任务 7　查杀计算机病毒 任务 8　修复操作系统漏洞 任务 9　防御黑客攻击
	同步训练	任务 10　使用 360 安全卫士维护计算机安全	
单元 10　排除计算机故障	引导训练	任务 1　排除操作系统故障 任务 2　排除 CPU 故障 任务 3　排除主板故障 任务 4　排除内存故障 任务 5　排除常见硬盘故障	任务 6　排除显卡故障 任务 7　排除声卡故障 任务 8　排除鼠标故障 任务 9　排除键盘故障
	同步训练	任务 10　使用最小化系统法检测系统故障 任务 11　检测计算机硬件设备	

7．“计算机组装与维护”的课程设计方案之七

“计算机组装与维护”课程设计方案之七的教学单元设计与操作任务设计如

表 4-43 所示。

表 4-43 “计算机组装与维护”课程设计方案之七的教学单元设计与操作任务设计

单元名称	任务名称	
单元 1 拆卸计算机与拟订装机配置方案	任务 1 拆卸计算机看硬件	操作 1 认识计算机组装和维护的常用工具 操作 2 拆卸外部设备 操作 3 拆卸机箱内部
	任务 2 拟订装机配置方案	操作 1 家庭普及型 操作 2 办公应用型 操作 3 图形设计型 操作 4 游戏娱乐型
	同步实训	实训 1 拆卸一台计算机认识硬件 实训 2 设计一台符合自己需求的计算机配置方案
单元 2 计算机硬件选购	任务 1 选购计算机主要配件	操作 1 选购主板 操作 2 选购 CPU 操作 3 选购内存 操作 4 选购存储设备 操作 5 选购显示设备
	任务 2 选购音箱与网络设备	操作 1 选购音箱 操作 2 选购网卡
	任务 3 选购机箱、电源、鼠标与键盘	操作 1 选购机箱 操作 2 选购电源 操作 3 选购鼠标 操作 4 选购键盘
	任务 4 选购计算机外设	操作 1 选购打印机 操作 2 选购扫描仪 操作 3 选购手写板 操作 4 选购摄像头
	同步实训	实训 1 收集计算机主流硬件资料 实训 2 计算机硬件的模拟选购
单元 3 计算机组装	任务 1 组装机箱内部硬件	操作 1 装机准备工作 操作 2 理清计算机组装的一般流程 操作 3 安装电源 操作 4 安装 CPU 与散热风扇 操作 5 安装内存 操作 6 安装主板 操作 7 安装显卡、声卡和网卡 操作 8 安装硬盘 操作 9 安装光驱
	任务 2 连接机箱内的各种连线	操作 1 连接主板电源线 操作 2 连接硬盘数据线和电源线 操作 3 连接光驱数据线和电源线 操作 4 连接内部控制线和信号线
	任务 3 连接外设	操作 1 连接显示器 操作 2 连接键盘和鼠标 操作 3 安装侧面板并连接主机电源线 操作 4 连接音箱
	同步实训	实训 1 拆卸与连接计算机各外设 实训 2 拆卸与安装主机内各硬件
单元4 BIOS 设置与硬盘分区、格式化	任务 1 BIOS 设置	操作 1 进入 BIOS 操作 2 设置系统日期与时间 操作 3 设置系统启动顺序 操作 4 启动病毒防护功能 操作 5 设置 CPU 报警温度 操作 6 设置 BIOS 密码

续表

单元名称	任务名称	
单元4　BIOS 设置与硬盘分区、格式化	任务1　BIOS 设置	操作7　载入安全默认设置 操作8　载入优化设置 操作9　保存与退出 BIOS
	任务2　硬盘分区及格式化	操作1　使用 PartitionMagic 对硬盘分区 操作2　使用 PartitionMagic 格式化硬盘 操作3　在 DOS 环境下对硬盘进行格式化
	同步实训	实训1　设置 BIOS 实训2　用 PartitionMagic 创建并格式化分区
单元5　安装软件	任务1　安装操作系统	操作1　安装 Windows 10 操作2　安装 Windows XP 与 Windows 10 双系统
	任务2　安装驱动程序和常用软件	操作1　获取驱动程序　操作2　安装主板驱动程序 操作3　获取常用软件　操作4　安装计算机测试软件
	同步实训	实训1　安装 Windows Vista 操作系统 实训2　下载并安装 360 安全卫士
单元6　操作系统的优化、备份与还原	任务1　计算机整体性能测试	操作1　使用 PCMark 程序测试计算机整机性能 操作2　使用 3DMark 程序测试计算机整机性能
	任务2　操作系统的优化	操作1　取消多余的启动项 操作2　关闭多余的服务 操作3　用 Windows 优化大师优化系统
	任务3　操作系统的备份与还原	操作1　使用 Ghost 备份与还原 操作2　使用 MSBackup 备份工具 操作3　使用 EasyRecovery 恢复数据
	同步实训	实训1　备份与还原操作系统 实训2　使用 MSBackup 备份文件
单元7　计算机维护与安全防范	任务1　计算机日常维护	操作1　保持良好的工作环境 操作2　清理磁盘 操作3　整理磁盘碎片 操作4　硬件的维护
	任务2　查杀病毒	操作1　病毒的防治 操作2　使用 360 杀毒软件查杀病毒
	任务3　安全防范	操作1　查杀木马 操作2　修复操作系统漏洞 操作3　防止黑客攻击
	同步实训	实训1　对计算机硬件进行一次系统维护 实训2　对系统进行一次木马和病毒的彻底查杀
单元8　计算机常见故障的诊断与排除	任务1　系统常见故障的诊断与处理	操作1　死机故障的诊断与排除 操作2　蓝屏故障的诊断与排除 操作3　自动重启故障的诊断与排除 操作4　无法开机故障的诊断与排除
	同步实训	实训1　检测计算机是否存在故障 实训2　使用最小系统法检测计算机故障

8. “计算机组装与维护”的课程设计方案之八

（1）教学单元设计与教学内容选取

“计算机组装与维护”课程设计方案之八的教学单元设计如表 4-44 所示。

表 4-44 “计算机组装与维护”课程设计方案之八的教学单元设计

单元序号	单元名称	任务数量	建议课时	建议考核分值
单元 1	认知计算机整机与配件	17	6	10
单元 2	选购计算机配件与整机	16	8	13
单元 3	拆卸与组装计算机	7	10	15
单元 4	熟知与设置 BIOS	17	6	10
单元 5	安装配置操作系统与应用软件	9	8	12
单元 6	优化计算机与保护系统数据	10	10	15
单元 7	维护计算机与排除故障	13	10	15
单元 8	使用与保养笔记本电脑	4	6	10
合计		93	64	100

（2）操作任务设计

“计算机组装与维护”课程设计方案之八的操作任务设计如表 4-45 所示。

表 4-45 “计算机组装与维护”课程设计方案之八的操作任务设计

单元序号	操作任务	
单元 1	【任务 1-1】认知计算机的构成 【任务 1-2】认知计算机主机和主板 【任务 1-3】认知台式电脑 【任务 1-4】认知 CPU 【任务 1-5】认知主板 【任务 1-6】认知内存 【任务 1-7】认知硬盘 【任务 1-8】认知显卡 【任务 1-9】认知声卡	【任务 1-10】认知网卡 【任务 1-11】认知散热器 【任务 1-12】认知光驱/刻录机 【任务 1-13】认知电源 【任务 1-14】认知机箱 【任务 1-15】认知显示器 【任务 1-16】认知键盘 【任务 1-17】认知鼠标
单元 2	【任务 2-1】选购符合规定要求的主板 【任务 2-2】选购符合规定要求的 CPU 【任务 2-3】选购符合规定要求的内存 【任务 2-4】选购符合规定要求的硬盘 【任务 2-5】选购符合规定要求的显卡 【任务 2-6】选购符合规定要求的光驱/刻录机 【任务 2-7】选购符合规定要求的显示器 【任务 2-8】选购符合规定要求的机箱 【任务 2-9】选购符合规定要求的电源	【任务 2-10】选购符合规定要求的键盘 【任务 2-11】选购符合规定要求的鼠标 【任务 2-12】选购符合规定要求的音箱 【任务 2-13】选购符合规定要求的品牌台式电脑 【任务 2-14】选配经济实惠型的组装电脑 【任务 2-15】选配图像音像型组装电脑 【任务 2-16】选配高价位的疯狂游戏型组装电脑
单元 3	【任务 3-1】拆机前的准备 【任务 3-2】拆卸计算机的外部设备 【任务 3-3】拆卸主机及内部设备 【任务 3-4】装机前的准备	【任务 3-5】组装计算机主机 【任务 3-6】连接外部设备 【任务 3-7】安装与设置打印机

续表

单元序号	操作任务
单元 4	【任务 4-1】认知 BIOS 【任务 4-2】熟悉 Award BIOS 的基本设置 【任务 4-3】在 Award BIOS 中设置日期和时间 【任务 4-4】在 Award BIOS 中更改磁盘的启动顺序 【任务 4-5】在 Award BIOS 中设置快速开机 【任务 4-6】在 Award BIOS 中设置硬盘智能检测功能 【任务 4-7】在 Award BIOS 中恢复最优默认设置 【任务 4-8】熟悉 AMI BIOS 的基本设置 【任务 4-9】在 AMI BIOS 中禁用计算机的 USB 接口 【任务 4-10】在 AMI BIOS 中设置系统自动识别 USB 接口 【任务 4-11】在 AMI BIOS 中排除关机时要多按一下电源开关的故障 【任务 4-12】在 AMI BIOS 中恢复按计算机的“启动”开关才正常开机 【任务 4-13】在 AMI BIOS 中设置不需按 F1 就能正常开机 【任务 4-14】在华硕图形化 UEFI BIOS 中进行必要设置 【任务 4-15】在技嘉图形化 BIOS 界面 StartupGuide 中进行必要设置 【任务 4-16】在 Award BIOS 中进行 CPU 超频设置 【任务 4-17】在华硕图形化 UEFI BIOS 中进行超频设置
单元 5	【任务 5-1】全新安装 Windows 7 操作系统 【任务 5-2】全新安装 Windows 10 操作系统 【任务 5-3】安装与升级硬件设备的驱动程序 【任务 5-4】使用设备管理器管理与更新硬件设备的驱动程序 【任务 5-5】安装驱动精灵 【任务 5-6】使用驱动精灵安装操作系统补丁与修复系统漏洞 【任务 5-7】使用驱动精灵下载与升级硬件驱动程序 【任务 5-8】安装常用应用软件
单元 6	【任务 6-1】使用 CPU-Z 检测计算机主要硬件的参数指标 【任务 6-2】使用鲁大师检测电脑硬件 【任务 6-3】使用 Windows 优化大师检测与优化系统性能 【任务 6-4】利用 Windows 操作系统中自带的安全管理工具配置安全的系统环境 【任务 6-5】使用瑞星杀毒软件查杀病毒 【任务 6-6】使用 360 安全卫士保护系统安全 【任务 6-7】使用瑞星个人防火墙监控网络连接与净化网络 【任务 6-8】使用 Ghost 备份系统和恢复主分区镜像 【任务 6-9】保护数据与恢复数据 【任务 6-10】使用 EasyRecovery 恢复被误删的文件和没有保存的 PPT
单元 7	【任务 7-1】保养与维护 CPU 【任务 7-2】保养与维护硬盘 【任务 7-3】保养与维护显示器 【任务 7-4】熟知计算机故障维修的基本原则和排除方法 【任务 7-5】诊断与排除计算机的常见故障 【任务 7-6】诊断与排除主板的常见故障 【任务 7-7】诊断与排除内存的常见故障 【任务 7-8】诊断与排除电源的常见故障 【任务 7-9】诊断与排除 CPU 的常见故障 【任务 7-10】诊断与排除硬盘的常见故障 【任务 7-11】诊断与排除显卡的常见故障 【任务 7-12】诊断与排除显示器的常见故障 【任务 7-13】诊断与排除光驱的常见故障
单元 8	【任务 8-1】认知笔记本电脑 【任务 8-2】选购符合规定要求的品牌笔记本电脑 【任务 8-3】拆解笔记本电脑与认知笔记本电脑结构组成 【任务 8-4】维护与保养笔记本电脑

（3）教学过程设计

每个教学单元设置了教学导航、操作实战、考核评价、归纳总结4个环节，有利于有效实施“教、学、做、评”一体化的教学方式，实现由教师引导操作到学生独立操作，这样既强调示范引导，又强调动手实践。

4.4.5 “网页设计与制作”和“移动Web应用开发”课程设计方案的比较分析

针对以下“网页设计与制作”和“移动 Web 应用开发”课程设计方案，试从以下方面进行比较分析：

（1）载体选取是否合理。

（2）单元名称、任务名称命名是否规范。

（3）理论知识与操作任务是否混为一谈，是否体现完成任务这一主线。

（4）各单元的排列顺序是否符合由易至难、由简单至复杂、由具体至抽象的规律，技能训练顺序是否符合由单一至综合、由简单认知至复杂决策的规律。

（5）任务的设置是否与实际工作情境中的工作任务对接，体现实际的工作过程。

（6）各单元名称和任务名称是属于与实际工作任务直接对应，还是有一定的综合和抽象。

这些课程设计方案还有哪些方面可以进一步优化改进？

1. “网页设计与制作”的课程设计方案

“网页设计与制作”课程结合 HTML、CSS 和 JavaScript 的基础知识及应用，设置了 7 种不同类型的网页设计任务。其中，单元 1 介绍了创建站点和浏览网页；单元 2 至单元 8 为 7 项完整的网页设计任务，涉及“旅游”“网店”“儿童摄影”“服装”“网络交友”“订购车票”“学习英语”等多个方向，有助于学习者掌握不同网站的设计风格和制作技巧。“网页设计与制作”课程以任务为载体，通过网页制作任务将知识点贯串起来，完成一个教学单元的任务就能制作一个完整的页面，激发学习者的学习兴趣。

“网页设计与制作”课程设计方案如表 4-46 所示。

表 4-46 “网页设计与制作”课程设计方案

单元名称	相应的任务名称
单元 1 创建站点与浏览网页	【任务 1-1】创建本地站点 【任务 1-2】浏览网页
单元 2 制作“说旅游”专题页	【任务 2-1】制作“头部”模块 【任务 2-2】制作“伊露岛介绍”模块 【任务 2-3】制作“伊露岛推荐”模块 【任务 2-4】制作“驴友评论”模块 【任务 2-5】制作“页脚”模块

续表

单 元 名 称	相应的任务名称
单元 3　制作“网上花店”专题页	【任务 3-1】制作“标题”模块 【任务 3-2】制作“分类”模块 【任务 3-3】制作“热卖”模块 【任务 3-4】制作“页脚”模块
单元 4　制作“春树儿童摄影网”首页	【任务 4-1】制作“导航”及“banner”模块 【任务 4-2】制作“最新动态”模块 【任务 4-3】制作“样片欣赏”模块 【任务 4-4】制作“页脚”及“悬浮框”模块
单元 5　制作“穿搭速递”首页	【任务 5-1】制作“头部”导航模块 【任务 5-2】制作“banner”和“精品展示”模块 【任务 5-3】制作“潮流前沿”模块 【任务 5-4】制作“版权信息”模块
单元 6　制作“千年之恋”注册页面	【任务 6-1】制作头部及导航模块 【任务 6-2】制作“banner”及“内容”模块 【任务 6-3】制作“页脚”模块
单元 7　制作“赶快回家网”首页	【任务 7-1】制作“头部”模块 【任务 7-2】制作“导航”模块 【任务 7-3】制作“banner”和“时间”模块 【任务 7-4】制作“客运信息”模块 【任务 7-5】制作“底部”模块
单元 8　制作“学好英语网”首页	【任务 8-1】制作“头部”及“导航”模块 【任务 8-2】制作“banner”模块 【任务 8-3】制作“简介”模块 【任务 8-4】制作“课程特色”模块 【任务 8-5】制作“页脚”模块

2.“移动 Web 应用开发”的课程设计方案

本课程从移动 Web 应用开发实际应用的角度理解 HTML5 和 CSS3 的新元素和新功能，而不是从 HTML5 和 CSS3 理论知识本身取舍教学内容。同时遵循学习者的认知规律和技能的成长规律，将基于 HTML5+CSS3 的移动 Web 应用开发分为 8 类：网站首页设计、文本新闻浏览网页设计、旅游景点推荐网页设计、商品信息展示网页设计、注册登录与留言网页设计、音乐视频网页播放设计、网页图形绘制与游戏设计、复杂样式与网页特效设计，对应这 8 种类型的 Web 应用开发设置了 8 个教学单元，将 HTML5 和 CSS3 的相关知识合理安排到各个教学单元。

（1）教学单元设计

“移动 Web 应用开发”课程设计方案的教学单元设计如表 4-47 所示。

（2）开发任务设计

“移动 Web 应用开发”课程设计方案的开发任务设计如表 4-48 所示。

表 4-47 “移动 Web 应用开发”课程设计方案的教学单元设计

单元名称	建议课时	建议考核分值
单元 1 网站首页设计	8	10
单元 2 文本新闻浏览网页设计	8	10
单元 3 旅游景点推荐网页设计	6	10
单元 4 商品信息展示网页设计	6	10
单元 5 注册登录与留言网页设计	6	10
单元 6 音乐视频网页播放设计	6	10
单元 7 网页图形绘制与游戏设计	8	20
单元 8 复杂样式与网页特效设计	12	20

表 4-48 “移动 Web 应用开发”课程设计方案的开发任务设计

单元序号	训练环节	任务名称
单元 1	实例探析	【任务 1-1】探析携程旅行网的首页
	引导训练	【任务 1-2】设计苏宁易购网的首页 【任务 1-3】设计穷游网的首页
	同步训练	【任务 1-4】设计同程旅游网的首页
	拓展训练	【任务 1-5】设计酷狗音乐网的首页
单元 2	实例探析	【任务 2-1】探析手机搜狐网的名站导航网页
	引导训练	【任务 2-2】设计手机搜狐网的站内导航网页 【任务 2-3】设计手机搜狐网的文本新闻网页
	同步训练	【任务 2-4】设计新华网手机版的网址导航网页 【任务 2-5】设计新华网手机版的文本新闻网页
	拓展训练	【任务 2-6】设计新华网手机版的标题新闻及导航网页
单元 3	实例探析	【任务 3-1】探析蚂蜂窝的推荐旅游目的地网页
	引导训练	【任务 3-2】设计去哪儿旅行网的 Touch 版旅图网页
	同步训练	【任务 3-3】设计携程旅行网的最佳旅游景区网页
	拓展训练	【任务 3-4】设计路趣网手机版的热点景点推荐网页
单元 4	实例探析	【任务 4-1】探析手机麦包包网触屏版的热销商品网页
	引导训练	【任务 4-2】设计苏宁易购触屏版的促销商品列表网页 【任务 4-3】设计易购网的选用商品列表网页
	同步训练	【任务 4-4】设计凡客诚品网触屏版的品牌墙网页
	拓展训练	【任务 4-5】设计苏宁易购触屏版的家用电器精选商品导航网页
单元 5	实例探析	【任务 5-1】探析手机麦包包网的用户注册网页
	引导训练	【任务 5-2】设计同程旅游无线网的会员登录网页 【任务 5-3】设计去哪儿网的意见反馈网页
	同步训练	【任务 5-4】设计掌上 1 号店的用户登录网页
	拓展训练	【任务 5-5】设计手机搜狐网的留言反馈网页 【任务 5-6】设计易购网的个性化用户注册网页

续表

单元序号	训练环节	任务名称
单元6	实例探析	【任务6-1】探析基于HTML5的网页音乐播放器之一 【任务6-2】探析基于HTML5的网页视频播放器之一
	引导训练	【任务6-3】设计基于HTML5的网页音乐播放器之二 【任务6-4】设计基于HTML5的网页视频播放器之二
	同步训练	【任务6-5】设计基于HTML5的网页音乐播放器之三 【任务6-6】设计基于HTML5的网页音乐播放器之四 【任务6-7】设计基于HTML5的网页视频播放器之三
	拓展训练	【任务6-8】设计基于HTML5的网页音乐播放器之五 【任务6-9】设计基于HTML5的网页视频播放器之四 【任务6-10】设计基于HTML5的网页视频播放器之五
单元7	实例探析	【任务7-1】探析网页中菊花图形的绘制 【任务7-2】探析网页中精美挂钟的绘制
	引导训练	【任务7-3】网页中绘制各种图形和文字 【任务7-4】设计网页俄罗斯方块游戏
	同步训练	【任务7-5】网页中绘制多种图形和图片
	拓展训练	【任务7-6】网页中绘制多个五角星 【任务7-7】设计HTML5版连连看网页游戏
单元8	实例探析	【任务8-1】探析迷你音乐播放器面板制作 【任务8-2】探析纯CSS3实现的焦点图切换效果
	引导训练	【任务8-3】网页中绘制阴阳图和五角星 【任务8-4】网页中制作圆角按钮和圆角图片 【任务8-5】设计网页中的圆形导航按钮 【任务8-6】网页中实现图片拖拽操作 【任务8-7】网页中实现仿Office风格的多级菜单
	同步训练	【任务8-8】网页中绘制各种几何图形 【任务8-9】网页中实现超酷导航菜单 【任务8-10】网页中模仿苹果iPhone的搜索框聚焦变长效果 【任务8-11】网页中实现拖动选择多张景点图片
	拓展训练	【任务8-12】网页中实现相册效果 【任务8-13】网页中实现带有字体图标效果的下拉导航菜单

（3）教学流程设计

“移动Web应用开发”课程设计方案的教学流程设计如表4-49所示。

表4-49 “移动Web应用开发”课程设计方案的教学流程设计

教学环节序号	教学环节名称	说明
1	教学导航	明确教学目标，记住关键字，熟悉教学方法，了解课时建议
2	实例探析	探析典型移动Web应用，对HTML5和CSS3的相关知识和典型应用有初步认识，形成初步印象
3	知识梳理	对HTML5和CSS3相关的理论知识进行分析与归纳，为移动Web应用开发提供方法指导和知识支持

续表

教学环节序号	教学环节名称	说　明
4	引导训练	引导学习者一步一步完成移动 Web 应用开发任务
5	同步训练	参照引导训练的方法，学习者自主完成类似的移动 Web 应用开发任务
6	拓展训练	对学习时间和技能水平进行拓展，自主完成有一定难度的移动 Web 应用开发任务，从而进一步提升学习者的移动 Web 应用开发能力
7	单元小结	对本单元所学习的知识和训练的技能进行简要归纳总结

4.4.6 “管理信息系统应用与开发”课程设计方案的比较分析

针对以下两个“管理信息系统应用与开发”课程设计方案，试从以下方面进行比较分析：

（1）载体选取是否合理。

（2）单元名称、任务名称命名是否规范。

（3）理论知识与操作任务是否混为一谈，是否体现完成任务这一主线。

（4）各单元的排列顺序是否符合由易至难、由简单至复杂、由具体至抽象的规律，技能训练顺序是否符合由单一至综合、由简单认知至复杂决策的规律。

（5）任务的设置是否与实际工作情境中的工作任务对接，体现实际的工作过程。

（6）各单元名称和任务名称是属于与实际工作任务直接对应，还是有一定的综合和抽象。

这些课程设计方案还有哪些方面可以进一步优化改进？

1. “管理信息系统应用与开发”的课程设计方案之一

“管理信息系统应用与开发”围绕着一个完整的真实软件项目——图书管理系统，介绍管理信息系统开发的基本方法和流程，主要分为 4 个教学阶段：系统分析、模块设计、系统整合和系统部署，重点是模块设计阶段。模块设计分为 10 个模块：用户登录模块、用户管理模块、基础数据管理模块、类型管理模块、业务数据管理模块、数据查询模块、报表打印模块、条码编制与图书入库模块、图书借出与归还模块、罚款管理模块。

“管理信息系统应用与开发”课程设计方案之一如表 4-50 所示。

表 4-50 “管理信息系统应用与开发”课程设计方案之一

单 元 名 称	任 务 名 称
单元 1 分析图书管理系统	任务 1 分析图书管理系统的业务需求 任务 2 分析图书管理系统的参与者 任务 3 分析图书管理系统的用例 任务 4 分析图书管理系统的类 任务 5 分析图书管理系统的功能模块结构 任务 6 分析图书管理系统的数据库 任务 7 分析图书管理系统的主要操作流程

续表

单元名称	任务名称
单元2　设计用户登录模块	任务1　【用户登录】业务需求建模 任务2　建立数据库和数据表 任务3　设计【用户登录模块】多层架构 任务4　创建类 任务5　设计【用户登录】应用程序界面 任务6　编写【用户登录】窗体程序代码 任务7　测试【用户登录】程序
单元3　设计用户管理模块	任务1　【用户管理】业务需求建模 任务2　建立数据表 任务3　设计【用户管理】模块多层架构 任务4　创建类 任务5　设计【用户管理】应用程序界面 任务6　编写【用户管理】窗体程序代码 任务7　测试【用户管理】程序
单元4　设计基础数据管理模块	任务1　【基础数据管理】业务需求建模 任务2　建立数据表 任务3　设计【基础数据管理】模块多层架构 任务4　创建类 任务5　设计【出版社数据管理】应用程序界面 任务6　编写【出版社数据管理】窗体程序代码 任务7　测试【出版社数据管理】程序
单元5　设计类型管理模块	任务1　【图书类型管理】业务需求建模 任务2　建立数据表 任务3　设计【图书类型管理】模块多层架构 任务4　创建类 任务5　设计【图书类型管理】应用程序界面 任务6　编写【图书类型管理】窗体程序代码 任务7　测试【图书类型管理】程序
单元6　设计业务数据管理模块	任务1　【业务数据管理】业务需求建模 任务2　建立数据表与数据视图 任务3　设计【业务数据管理】模块多层架构 任务4　创建类 任务5　设计【浏览与管理书目数据】应用程序界面 任务6　设计【新增书目】应用程序界面 任务7　设计【修改书目数据】应用程序界面 任务8　设计【选择出版社】应用程序界面 任务9　编写【浏览与管理书目数据】窗体程序代码 任务10　编写【新增书目】窗体程序代码 任务11　编写【修改书目数据】窗体程序代码 任务12　编写【选择出版社】窗体程序代码 任务13　测试【浏览与管理书目数据】程序

续表

单元名称	任务名称
单元7　设计数据查询模块	任务1　【数据查询】业务需求建模 任务2　建立数据表与数据视图 任务3　设计【数据查询】模块多层架构 任务4　创建类 任务5　设计【查询图书借阅数据】应用程序界面 任务6　编写【查询图书借阅数据】窗体程序代码 任务7　测试【查询图书借阅数据】程序
单元8　设计报表打印模块	任务1　【报表打印】业务需求建模 任务2　建立数据表与数据视图 任务3　设计【报表打印】模块多层架构 任务4　创建类 任务5　设计数据报表 任务6　设计【报表打印】应用程序界面 任务7　编写【报表打印】窗体程序代码 任务8　完善【查询图书借阅数据】窗体 任务9　测试【报表打印】程序
单元9　设计条码编制与图书入库模块	任务1　【条码编制与图书入库】业务需求建模 任务2　建立数据表 任务3　设计【条码编制与图书入库】模块多层架构 任务4　创建类 任务5　设计【条码编制与图书入库】应用程序界面 任务6　编写【条码编制与图书入库】窗体程序代码 任务7　测试【条码编制与图书入库】程序
单元10　设计图书借出与归还模块	任务1　【图书借出与归还】业务需求建模 任务2　建立数据表与数据视图 任务3　设计【图书借出与归还】模块多层架构 任务4　创建类 任务5　设计【图书借出】应用程序界面 任务6　编写【图书借出】窗体程序代码 任务7　设计【选择借阅者】应用程序界面 任务8　设计【选择图书】应用程序界面 任务9　测试【图书借出与归还】程序
单元11　设计罚款管理模块	任务1　【罚款管理】业务需求建模 任务2　建立数据表 任务3　设计【罚款管理】模块多层架构 任务4　创建类 任务5　设计【罚款管理】应用程序界面 任务6　编写【罚款管理】窗体程序代码 任务7　测试【罚款管理】程序
单元12　设计主窗体和整合系统	任务1　【图书管理系统】业务需求建模 任务2　设计【图书管理系统】多层架构 任务3　绘制数据库E-R图

续表

单元名称	任务名称
单元 12　设计主窗体和整合系统	任务 4　添加【图书管理系统】类 任务 5　设计【图书管理系统】主界面 任务 6　添加窗体 任务 7　编写【图书管理系统】主窗体程序代码 任务 8　测试【图书管理系统】程序
单元 13　部署与发布图书管理系统	任务 1　向解决方案中添加部署项目 任务 2　设置部署项目的属性 任务 3　向部署项目中添加项目输出项 任务 4　创建应用程序的快捷方式 任务 5　添加并配置程序安装过程的预定义对话框 任务 6　生成安装程序 任务 7　安装应用系统 任务 8　还原数据库 任务 9　试运行安装后的图书管理系统

2. "管理信息系统应用与开发"课程设计方案之二

根据管理信息系统开发的岗位需求和系统开发的工作过程将"管理信息系统应用与开发"课程的教学内容划分为 7 个模块：管理信息系统的整体规划与可行性分析、管理信息系统的分析与建模、管理信息系统的系统设计、系统模块实施与测试、管理信息系统的整合与发布、管理信息系统的运行与维护、管理信息系统的有效管理与安全保障。系统模块实施与测试模块划分为 3 个子模块：用户登录与管理模块的实施与测试、基础数据管理模块的实施与测试、业务功能模块的实施与测试。

在完成管理信息系统的系统规划与可行性分析、系统分析与建模、系统设计、系统模块的实施与测试、系统的整合与联调、系统的运行与维护、系统管理与安全保障等各项具体任务过程中体验真实项目的实现方法，训练软件项目开发的技能，掌握管理信息系统的理论知识，积累管理信息系统的开发经验，从而形成适应岗位需求的项目开发能力。

（1）教学单元设计

"管理信息系统应用与开发"课程设计方案之二的教学单元设计如表 4-51 所示。

表 4-51　"管理信息系统应用与开发"课程设计方案之二的教学单元设计

单元名称	建议课时	建议考核分值
单元 1　管理信息系统的开发整体规划与可行性分析	4	6
单元 2　管理信息系统的系统分析与建模	6	12
单元 3　管理信息系统的系统设计	4	10
单元 4　用户登录与管理模块的实施与测试	6	8
单元 5　基础数据管理模块的实施与测试	18	24
单元 6　业务功能模块的实施与测试	10	16

续表

单 元 名 称	建 议 课 时	建议考核分值
单元7　管理信息系统的整合与发布	6	14
单元8　管理信息系统的运行与维护	6	6
单元9　管理信息系统的有效管理与安全保障	4	4

（2）项目开发任务设计

“管理信息系统应用与开发”课程设计方案之二的项目开发任务设计如表4-52所示。

表4-52　“管理信息系统应用与开发”课程设计方案之二的项目开发任务设计

单 元 序 号	项目开发任务
单元1	【任务1-1】图书管理系统开发的规划与可行性分析 【任务1-2】进销存管理系统开发的规划与可行性分析
单元2	【任务2-1】应用UML分析图书管理系统 【任务2-2】分析图书管理系统的数据库 【任务2-3】应用数据流图分析图书管理系统 【任务2-4】分析进销存管理系统
单元3	【任务3-1】图书管理系统的总体设计 【任务3-2】图书管理系统的数据库设计 【任务3-3】进销存管理系统的总体设计和数据库设计
单元4	【任务4-1】图书管理系统的用户登录程序设计与测试 【任务4-2】图书管理系统的用户管理程序设计与测试 【任务4-3】进销存管理系统的用户登录程序的实施与测试
单元5	【任务5-1】出版社数据管理模块的实施与测试 【任务5-2】图书类型管理模块的实施与测试 【任务5-3】图书书目管理模块的实施与测试 【任务5-4】进销存管理系统基础数据管理模块的实施与测试
单元6	【任务6-1】图书借出模块的实施与测试 【任务6-2】图书续借与归还模块的实施与测试 【任务6-3】进销存管理系统的业务功能模块的实施与测试
单元7	【任务7-1】图书管理系统的主界面设计与系统整合 【任务7-2】图书管理系统的部署与发布 【任务7-3】进销存管理系统的主界面设计与系统整合
单元8	【任务8-1】图书管理系统的数据采集与编码 【任务8-2】图书管理系统的系统评价与运行维护 【任务8-3】进销存管理系统的数据采集与系统评价
单元9	【任务9-1】图书管理系统的有效管理和安全保障 【任务9-2】进销存管理系统的有效管理和安全保障

（3）教学流程设计

“管理信息系统应用与开发”课程设计方案之二的教学流程设计如表4-53所示。

表 4-53 “管理信息系统应用与开发”课程设计方案的教学流程设计

教学环节序号	教学环节名称	说 明
1	教学导航	明确教学目标，熟悉教学方法，了解建议课时
2	知识必备	对本单元的理论知识从整体上进行把握和熟悉，为完成项目开发任务提供必要的方法指导
3	项目实战	引导学习者一步一步完成项目开发任务
4	项目实战考核评价	对单元项目实战任务的完成情况进行考核评价，包括考核项目、考核内容、评分标准和评价方法等方面
5	同步实践	借助参考资料，参照项目实战的过程，完成类似的项目开发任务
6	同步实践考核评价	对单元同步实践任务的完成情况进行考核评价
7	归纳总结	对本单元所学习的知识和训练的技能进行简要归纳总结
8	单元习题	通过习题测试对理论知识的掌握情况

4.4.7 “SQL Server 数据库应用与设计”课程设计方案的比较分析

针对以下两个“SQL Server 数据库应用与设计”课程设计方案，试从以下方面进行比较分析：

（1）载体选取是否合理。

（2）单元名称、任务名称命名是否规范。

（3）理论知识与操作任务是否混为一谈，是否体现完成任务这一主线。

（4）各单元的排列顺序是否符合由易至难、由简单至复杂、由具体至抽象的规律，技能训练顺序是否符合由单一至综合、由简单认知至复杂决策的规律。

（5）任务的设置是否与实际工作情境中的工作任务对接，体现实际的工作过程。

（6）各单元名称和任务名称是属于与实际工作任务直接对应，还是有一定的综合和抽象。

这些课程设计方案还有哪些方面可以进一步优化改进？

1. “SQL Server 数据库应用与设计”的课程设计方案之一

“SQL Server 数据库应用与设计”课程设计方案之一如表 4-54 所示。

表 4-54 “SQL Server 数据库应用与设计”课程设计方案之一

单 元 名 称	任 务 名 称
单元 1 创建关系数据库	任务 1 认知关系数据库 任务 2 启动 SQL Server 数据库管理系统 任务 3 创建关系数据库 任务 4 创建数据表 实训 1 创建数据库 实训 2 认识 C/S 架构

续表

单元名称	任务名称
单元2 关系数据库日常管理	任务1 备份与还原数据库 任务2 分离与附加数据库 任务3 修改数据库名 任务4 修改数据表 任务5 使用对象资源管理器删除数据表中的数据行 任务6 使用对象资源管理器删除数据表 任务7 使用对象资源管理器删除数据库 任务8 为表创建主键和索引 实训3 数据库的备份与还原 实训4 数据库的分离与附加
单元3 利用标准SQL语句操作数据库	任务1 认识标准SQL语言 任务2 利用Select语句从数据表中提取数据 任务3 利用Insert语句向数据表中插入数据 任务4 利用Delete语句从数据表中删除数据 任务5 利用Update语句更新（修改）数据表中的数据 任务6 利用数据定义语言创建和删除数据库 任务7 认识数据控制语言 实训5 简单查询 实训6 多表连接查询 实训7 嵌套和相关查询 实训8 数据的插入、更新、删除
单元4 创建并利用视图操作数据库	任务1 认识视图 任务2 使用命令方式创建视图 任务3 使用命令方式管理视图 任务4 使用对象资源管理器管理视图 实训9 视图的创建及应用
单元5 应用Transact-SQL语言编写程序	任务1 认识Transact-SQL语言 任务2 系统内置函数的认识及其应用 任务3 程序控制语句及其应用 任务4 用户自定义函数创建与应用 任务5 事务及其应用 任务6 游标及其应用 实训10 Transact-SQL程序设计
单元6 存储过程的设计及应用	任务1 认识存储过程 任务2 创建和执行存储过程 任务3 存储过程的管理与维护 实训11 存储过程设计
单元7 创建及应用触发器	任务1 认识触发器 任务2 创建和应用触发器 任务3 触发器的管理与维护 任务4 DDL触发器及其应用 实训12 触发器设计

续表

单 元 名 称	任 务 名 称
单元 8 SQL Server 的安全管理	任务 1 认识 SQL Server 的安全模型 任务 2 认识 SQL Server 访问控制 任务 3 管理 SQL Server 数据库引擎的身份验证模式 任务 4 管理 SQL Server 数据库引擎的安全连接 任务 5 数据库的安全性管理 任务 6 认知数据库用户角色 任务 7 权限管理 实训 13 数据库安全管理
单元 9 关系数据库设计	任务 1 用 E-R 模型图描述现实客观世界 任务 2 E-R 模型图向关系模型的转化 任务 3 深入理解关系数据库 实训 14 成绩管理数据库设计

2. “SQL Server 数据库应用与设计”的课程设计方案之二

（1）教学单元设计与教学内容选取

“SQL Server 数据库应用与设计”课程设计方案之二的教学单元设计与教学内容选取如表 4-55 所示。

表 4-55 “SQL Server 数据库应用与设计”课程设计方案之二的教学单元设计与教学内容选取

单 元 名 称	教学内容选取
单元 1 体验数据库应用与试用 SQL Server	1.1 数据库应用体验 1.2 试用 SQL Server
单元 2 创建与操作 SQL Server 数据库	2.1 创建 SQL Server 数据库 2.2 操作 SQL Server 数据库
单元 3 创建与维护数据表	3.1 导入与导出数据表中的数据 3.2 查看与修改数据表 3.3 创建数据表 3.4 维护数据表
单元 4 检索与操作数据表数据	4.1 创建与使用查询 4.2 创建与使用视图 4.3 创建与使用索引
单元 5 以 SQL 语句方式操作 SQL Server 数据库及其对象	5.1 使用 SQL 语句定义与操作数据库 5.2 使用 SQL 语句定义与操作数据表 5.3 使用 SQL 语句定义与管理视图 5.4 使用 SQL 语句定义与管理索引 5.5 创建与管理数据库快照
单元 6 以程序方式处理数据表中的数据	6.1 编辑与执行多条 SQL 语句 6.2 创建与执行用户自定义函数 6.3 创建与使用存储过程 6.4 创建与使用游标 6.5 创建与使用触发器 6.6 创建与使用事务

续表

单元名称	教学内容选取
单元 7　维护 SQL Server 数据库安全	7.1　SQL Server 服务器登录管理 7.2　数据库用户账户管理 7.3　角色管理与权限管理 7.4　创建与应用架构
单元 8　分析与设计数据库	8.1　数据库设计的需求分析 8.2　数据库的概念结构设计 8.3　数据库的逻辑结构设计 8.4　数据库的物理结构设计 8.5　数据库的优化与创建

（2）操作任务设计

"SQL Server 数据库应用与设计"课程设计方案之二的操作任务设计如表 4-56 所示。

表 4-56　"SQL Server 数据库应用与设计"课程设计方案之二的操作任务设计

单元序号	任务名称
1	【任务 1-1】体验数据库应用与初识数据库 【任务 1-2】初识 SQL Server 2014 Management Studio（SSMS） 【任务 1-3】查看系统数据库及系统表 【任务 1-4】查看 SQL Server 2014 的登录名和服务器角色 【任务 1-5】启动与停止 SQL Server 2014 的服务
2	【任务 2-1】创建数据库 【任务 2-2】操纵数据库 【任务 2-3】备份与还原数据库 【任务 2-4】分离和附加数据库 【任务 2-5】数据库的联机与脱机
3	【任务 3-1】导入与导出数据 【任务 3-2】查看与修改数据表记录 【任务 3-3】查看与修改数据表结构 【任务 3-4】创建数据表 【任务 3-5】维护数据库中数据完整性 【任务 3-6】维护数据表
4	【任务 4-1】查询时选择与设置列 【任务 4-2】查询时选择行 【任务 4-3】查询时的排序操作 【任务 4-4】查询时的分组与汇总操作 【任务 4-5】创建连接查询 【任务 4-6】创建多表联合查询 【任务 4-7】创建嵌套查询 【任务 4-8】创建相关子查询 【任务 4-9】创建视图

续表

单元序号	任务名称
4	【任务 4-10】使用视图 【任务 4-11】创建聚集索引 【任务 4-12】创建非聚集索引
5	【任务 5-1】使用 Create Database 语句创建数据库 【任务 5-2】使用 Alter Database 语句修改数据库 【任务 5-3】使用 Create Table 语句创建数据表 【任务 5-4】使用 Alter Table 语句修改数据表结构 【任务 5-5】使用 Insert 语句向数据表中插入记录 【任务 5-6】使用数据导入向导为数据表导入数据 【任务 5-7】使用 Update 语句更新数据表中的数据 【任务 5-8】使用 Delete 语句删除数据表中的记录 【任务 5-9】使用 Transact-SQL 语句设置数据表的约束 【任务 5-10】使用 Select 语句从数据表中检索数据 【任务 5-11】使用 Create View 语句创建视图 【任务 5-12】使用 Alter View 语句修改视图 【任务 5-13】利用视图查询与更新数据表中的数据 【任务 5-14】使用 Create Index 语句创建索引 【任务 5-15】创建数据库快照
6	【任务 6-1】在【SQL 编辑器】中编辑与执行多条 SQL 语句 【任务 6-2】创建与执行用户自定义函数 【任务 6-3】创建与管理存储过程 【任务 6-4】创建与管理游标 【任务 6-5】创建与管理触发器 【任务 6-6】创建与使用事务
7	【任务 7-1】SQL Server 服务器登录管理 【任务 7-2】数据库用户账户管理 【任务 7-3】角色管理 【任务 7-4】权限管理 【任务 7-5】创建与应用架构
8	【任务 8-1】图书管理数据库的需求分析 【任务 8-2】图书管理数据库的概念结构设计 【任务 8-3】图书管理数据库的逻辑结构设计 【任务 8-4】图书管理数据库的物理结构设计 【任务 8-5】图书管理数据库的优化与创建

4.4.8 “Photoshop 图形图像处理”课程设计方案的比较分析

针对以下三个“Photoshop 图形图像处理”课程设计方案，试从以下方面进行比较分析：

（1）载体选取是否合理。

（2）单元名称、任务名称命名是否规范。

（3）理论知识与操作任务是否混为一谈，是否体现完成任务这一主线。

（4）各单元的排列顺序是否符合由易至难、由简单至复杂、由具体至抽象的规律，技能训练顺序是否符合由单一至综合、由简单认知至复杂决策的规律。

（5）任务的设置是否与实际工作情境中的工作任务对接，体现实际的工作过程。

（6）各单元名称和任务名称是属于与实际工作任务直接对应，还是有一定的综合和抽象。

这些课程设计方案还有哪些方面可以进一步优化改进？

1. “Photoshop 图形图像处理”的课程设计方案之一

“Photoshop 图形图像处理”课程设计方案之一如表 4-57 所示。

表 4-57 “Photoshop 图形图像处理”课程设计方案之一

单元名称	任务名称	
单元 1 初识 Photoshop 软件	引导训练	任务 1 制作香水广告 任务 2 给小熊换衣服
	实战训练	实战任务 1——制作公益海报 实战任务 2——制作网页按钮
单元 2 使用选区和移动工具	引导训练	任务 1 制作儿童摄影店宣传广告 任务 2 绘制可爱天使
	实战训练	实战任务 1——制作国庆海报 实战任务 2——制作画框效果 实战任务 3——制作“上传”图标
单元 3 使用绘画和编辑工具	引导训练	任务 1 制作环保公益海报 任务 2 修复破损照片
	实战训练	实战任务 1——制作珍珠项链广告 实战任务 2——制作网络卡通熊
单元 4 使用文字工具	引导训练	任务 1 制作电影海报——变形金刚绝迹重生 任务 2 制作精美的网页域名
	实战训练	实战任务 1——制作教师节海报 实战任务 2——制作唯美风格照片 实战任务 3——制作金属字按钮
单元 5 绘制路径与矢量图形	引导训练	任务 1 制作卡通壁纸 任务 2 制作儿童节海报
	实战训练	实战任务 1——制作爱国公益宣传画 实战任务 2——将宝宝照片制作成台历 实战任务 3——制作“下载”按钮
单元 6 应用通道和蒙版	引导训练	任务 1 摄影图片合成 任务 2 抠取人像
	实战训练	实战任务 1——制作街舞招贴 实战任务 2——数码照片做旧 实战任务 3——制作网页特效文字

续表

单元名称	任务名称	
单元 7　广告设计	引导训练	任务 1　制作“农大附小”招贴广告
		任务 2　绘制车展广告
	实战训练	实战任务 1——制作公益海报
		实战任务 2——制作招贴画
		实战任务 3——制作房地产广告
单元 8　包装设计	引导训练	任务 1　制作茶叶包装
		任务 2　制作饮料包装
	实战训练	实战任务 1——保健品包装正面设计
		实战任务 2——制作包装立体效果图
		实战任务 3——杀毒软件包装平面图
单元 9　书籍封面和装帧设计	引导训练	任务 1　制作《金色太行》书籍封面
		任务 2　制作《金色太行》书籍的立体效果
	实战训练	实战任务 1——制作自己头像的杂志封面
		实战任务 2——制作书籍的封面和封底 1
		实战任务 3——制作书籍的封面和封底 2
单元 10　影楼照片后期制作	引导训练	任务 1　制作快乐童年照片
		任务 2　制作深情密码照片
	实战训练	实战任务 1——制作宝丽来照片堆叠特效
		实战任务 2——制作艺术唯美婚片封面
单元 11　网页图片设计	引导训练	任务 1　制作“瀚方手机”网站 LOCO
		任务 2　制作“瀚方手机”网站首页效果图
	实战训练	实战任务 1——制作“亦江南”餐饮网站首页效果图
		实战任务 2——制作“海天度假村”网站首页效果图
		实战任务 3——制作“鹏乐购物”网站首页效果图

2. “Photoshop 图形图像处理”的课程设计方案之二

“Photoshop 图形图像处理”课程设计方案之二如表 4-58 所示。

表 4-58　“Photoshop 图形图像处理”课程设计方案之二

单元名称	任务名称
单元 1　图形图像素材采集与编辑	任务 1　图像素材采集与初步处理
	任务 2　图形图像的造型编辑
	任务 3　图形图像的选取和细节处理
单元 2　图形图像素材制作	任务 1　网站 LOGO 设计与制作
	任务 2　banner 设计与制作
	任务 3　网页背景纹理图案制作
单元 3　图像色彩处理与配色	任务 1　图像色彩调整与编辑
	任务 2　图像色彩模式转化
	任务 3　网页图像的整体配色
单元 4　图形图像特效制作	任务 1　金属质感特效制作
	任务 2　柔软质感特效制作
	任务 3　光影质感特效制作

续表

单 元 名 称	任 务 名 称
单元5　图像的修饰与编辑	任务1　商品图片处理与修饰 任务2　数码照片处理
单元6　广告设计与制作	任务1　平面招贴设计与制作 任务2　平面广告设计与制作
单元7　版面设计与制作	任务1　商业版面设计与制作 任务2　网站版面编排设计与制作 任务3　网站登录界面设计 任务4　网页图形图像的优化与输出

3．“Photoshop 图形图像处理”的课程设计方案之三

“Photoshop 图形图像处理”课程设计方案之三如表 4-59 所示。

表 4-59　“Photoshop 图形图像处理”课程设计方案之三

<table>
<tr><th>单 元 名 称</th><th colspan="3">任 务 名 称</th></tr>
<tr><td rowspan="12">单元1　特效字制作</td><td rowspan="3">任务1　雕塑字制作</td><td>知识准备</td><td>初识 Photoshop CC</td></tr>
<tr><td>实战演练</td><td>用“斜面”滤镜制作雕塑字效果
用内置“斜面浮雕”图层样式制作雕塑字效果</td></tr>
<tr><td>强化训练</td><td>制作雕塑字标题</td></tr>
<tr><td rowspan="3">任务2　图案字制作</td><td>知识准备</td><td>奇妙的“粘贴入”
“发光”滤镜</td></tr>
<tr><td>实战演练</td><td>制作花样标题——春韵
用鲜花题字——富贵吉祥</td></tr>
<tr><td>强化训练</td><td>制作图案字“太阳花”
制作图案字“夏趣”</td></tr>
<tr><td rowspan="3">任务3　黄金字制作</td><td>知识准备</td><td>通道与滤镜</td></tr>
<tr><td>实战演练</td><td>黄金字制作</td></tr>
<tr><td>强化训练</td><td>用“黄金”打造祥瑞的标题文字
制作金质货币符号</td></tr>
<tr><td rowspan="3">任务4　火焰字制作</td><td>知识准备</td><td>图像颜色模式与内置滤镜</td></tr>
<tr><td>实战演练</td><td>火焰字制作</td></tr>
<tr><td>强化训练</td><td>制作火焰字标题</td></tr>
<tr><td rowspan="6">单元2　图片合成</td><td rowspan="3">任务1　设计制作常用卡片</td><td>知识准备</td><td>选区羽化与图层混合模式</td></tr>
<tr><td>实战演练</td><td>设计制作温馨贺卡</td></tr>
<tr><td>强化训练</td><td>设计制作 VIP 会员卡
设计制作“牡丹诗社”名片</td></tr>
<tr><td rowspan="3">任务2　设计制作宣传画</td><td>知识准备</td><td>外部斜面滤镜与 HSB 噪点滤镜</td></tr>
<tr><td>实战演练</td><td>设计制作购物节宣传画</td></tr>
<tr><td>强化训练</td><td>设计制作儿童摄影展宣传画</td></tr>
</table>

续表

单元名称	任务名称		
单元2　图片合成	任务3　设计制作风景图片	知识准备	渐变填充与图层操作
		实战演练	设计制作“长江画廊”
		强化训练	用图层混合模式合成画面
	任务4　设计制作车展招贴画	知识准备	蒙版及其应用
		实战演练	设计制作“名车荟萃”
		强化训练	用蒙版合成图片
单元3　图形制作	任务1　设计制作LOGO	知识准备	形状工具
		实战演练	设计制作新春园艺博览会LOGO
		强化训练	设计制作旅行社LOGO
	任务2　设计制作蓝宝石项链	知识准备	图层样式
		实战演练	蓝宝石项链制作
		强化训练	设计制作翡翠手镯
	任务3　设计制作绿色环保灯泡	知识准备	光感效果处理
		实战演练	绿色环保灯泡制作
		强化训练	设计制作水晶播放按钮
单元4　数码后期制作	任务1　儿童写真制作	知识准备	填充路径和描边路径
		实战演练	宝贝相册制作
		强化训练	意趣童年写真效果处理 活力女孩写真效果处理
	任务2　信封邮票制作	知识准备	路径与选区的转换
		实战演练	童年信封制作
		强化训练	制作中国邮政邮票效果 制作童年信纸效果
	任务3　婚纱写真制作	知识准备	剪贴蒙版
		实战演练	花语清风制作
		强化训练	制作浓蜜情意婚纱照效果 制作情定今生婚纱照效果
	任务4　函件类图片制作	知识准备	快速选择工具
		实战演练	公司活动邀请函制作
		强化训练	设计制作结婚请柬 设计制作新春联谊会邀请函
单元5　包装设计	任务1　光盘封套制作	知识准备	链接图层和图像透视
		实战演练	童谣精选光盘封面制作
		强化训练	设计制作“青春的喝彩”CD包装平面效果图 设计制作“贝贝服饰精品屋”手提袋
	任务2　酒瓶瓶贴设计	知识准备	动作
		实战演练	皇城金牌葡萄酒包装设计制作

续表

单元名称	任务名称		
单元5 包装设计	任务2 酒瓶瓶贴设计	强化训练	设计麦清啤酒瓶贴 设计五谷米酒瓶贴
	任务3 图书装帧设计	知识准备	图层组
		实战演练	漫画图书装帧设计
		强化训练	名人传记装帧设计

4.4.9 “Photoshop 平面设计”课程设计方案的比较分析

针对以下两个“Photoshop 平面设计”课程设计方案，试从以下方面进行比较分析：

（1）载体选取是否合理。

（2）单元名称、任务名称命名是否规范。

（3）理论知识与操作任务是否混为一谈，是否体现完成任务这一主线。

（4）各单元的排列顺序是否符合由易至难、由简单至复杂、由具体至抽象的规律，技能训练顺序是否符合由单一至综合、由简单认知至复杂决策的规律。

（5）任务的设置是否与实际工作情境中的工作任务对接，体现实际的工作过程。

（6）各单元名称和任务名称是属于与实际工作任务直接对应，还是有一定的综合和抽象。

这些课程设计方案还有哪些方面可以进一步优化改进？

1. “Photoshop 平面设计”的课程设计方案之一

“Photoshop 平面设计”课程设计方案之一如表 4-60 所示。

表 4-60 “Photoshop 平面设计”课程设计方案之一

单元名称	教学内容与操作任务		
单元 1 书籍装帧设计——“阳光洒满窗台”封面设计	知识链接	（1）书籍装帧设计的概念 （2）书籍外观构成要素	（3）书籍装帧设计的要素 （4）书籍装帧的形式
	方法指导	（1）文件基本操作 （2）图像相关操作 （3）选区操作	（4）颜色选取与填充 （5）文字工具的使用
	任务实施	（1）书籍封面制作	（2）立体效果图制作
单元 2 DM 广告设计——写字楼 DM 广告设计	知识链接	（1）DM 广告的概念 （2）DM 广告的特点和类型	（3）DM 广告的设计要点 （4）DM 广告的尺寸、纸张
	方法指导	（1）图层的概念 （2）图层的基本操作	（3）图层混合模式的使用 （4）图层样式的使用
	任务实施	（1）写字楼 DM 广告设计	（2）写字楼 DM 广告制作

续表

单元名称	教学内容与操作任务		
单元 3　商业广告设计——“芸芸”三折页广告设计	知识链接	（1）商业广告的概念 （2）商业广告的特点和作用	（3）商业广告的分类 （4）商业广告的设计原则
	方法指导	（1）画笔工具组的使用 （2）模糊工具组的使用	（3）擦除工具的使用
	任务实施	（1）三折页广告正面页面制作 （2）三折页广告背面页面制作	（3）三折页广告立体效果制作
单元 4　标志设计——“计算机学院”标志设计	知识链接	（1）标志设计的概念 （2）标志的分类和功能 （3）标志的特征	（4）标志的表现手法 （5）标志设计的基本要素 （6）标志设计的流程
	方法指导	（1）钢笔工具组的使用 （2）路径选择工具组的使用	（3）“路径”面板的使用 （4）矩形工具组的使用
	任务实施	（1）院徽标志设计	（2）院徽标志设计绘制
单元 5　画册设计——《重庆印象》宣传画册设计	知识链接	（1）画册的分类 （2）画册设计原则	（3）画册设计流程 （4）画册打印设置
	方法指导	（1）蒙版 （2）填充/调整图层	（3）图像调整命令 （4）自动调整命令
	任务实施	（1）画册前封面制作 （2）画册目录制作 （3）画册正文内容制作	（4）画册封底制作 （5）画册立体效果制作
单元 6　海报设计——音乐会海报设计	知识链接	（1）海报设计的概念 （2）海报的种类和特点	（3）海报的表现形式 （4）海报的设计原则
	方法指导	（1）减淡工具组	（2）滤镜
	任务实施	（1）处理背景素材 （2）添加舞台 （3）制作灯光效果	（4）处理钢琴素材 （5）制作发光蝴蝶 （6）制作文字
单元 7　UI 设计——“智能家”手机 App UI 设计	知识链接	（1）UI 设计的概念 （2）GUI 的主要组成部分	（3）GUI 设计的基本原则 （4）GUI 设计的配色原则
	方法指导	（1）智能对象基本操作	（2）智能对象的使用
	任务实施	（1）“智能家”图标设计与制作	（2）“智能家”UI 设计与制作
单元 8　网店美工设计——琪栋食品有限公司胎菊网店页面设计	知识链接	（1）确定网店风格	（2）网店美工设计中的注意事项
	方法指导	（1）网页图像的修饰工具 （2）网页图像的修复工具 （3）网页图像的切片	（4）图像的优化与导出 （5）动作与批处理
	任务实施	（1）琪栋食品有限公司胎菊网店页面设计 （2）琪栋食品有限公司图片优化处理	（3）琪栋食品有限公司胎菊网店页面制作 （4）网店页面的优化与导出

2. “Photoshop 平面设计”的课程设计方案之二

“Photoshop 平面设计”课程设计方案之二如表 4-61 所示。

表 4-61 “Photoshop 平面设计”课程设计方案之二

单元 1 音乐海报设计	任务 1 背景设计 任务 2 主体物设计 任务 3 调整画面气氛
单元 2 招贴设计	任务 1 招贴背景设计 任务 2 标题文字设计 任务 3 素材拼接 任务 4 丰富细节
单元 3 UI 设计	任务 1 手机锁屏界面制作 任务 2 手机 App 图标设计 任务 3 手机 App 启动页面设计 任务 4 首页界面设计 任务 5 登录页面设计
单元 4 网站页面设计	任务 1 网站 LOGO 设计 任务 2 网站版式设计 任务 3 网站首页设计
单元 5 彩平设计	任务 1 室内彩色平面效果图制作 任务 2 小区景观彩色平面图制作
单元 6 产品设计	任务 1 产品造型设计平面制作 任务 2 产品材质效果制作 任务 3 提案展板设计制作

4.5 参考借鉴

4.5.1 专业相关岗位的岗位职责调研与分析

1. 高星级酒店运营与管理专业相关岗位的岗位职责分析

高星级酒店运营与管理专业相关岗位的岗位职责分析如表 4-62 所示。

表 4-62 高星级酒店运营与管理专业相关岗位的岗位职责分析

岗位名称	岗位职责
餐厅服务员	餐厅服务员能为宾客安排座位、点配菜点、酒水，进行宴会设计、装饰、布置，提供就餐服务。 岗位职责描述之一： （1）负责开餐前的准备工作。 （2）爱护餐厅设施设备，并对其实施保养、清洁。 （3）保持餐厅环境整洁，确保餐具、部件等清洁完好。 （4）保证各种用品、调料的清洁和充足。 （5）了解每餐客人预订和桌位安排情况，为客人提供周到的服务。 （6）严格按餐厅规定的服务程序和服务规格进行服务。

续表

岗位名称	岗位职责
餐厅服务员	（7）熟悉菜单上所有品种的名称、单价，掌握菜品、饮料知识和服务操作技巧。 （8）接受客人点菜、点酒水，推销餐厅的特色菜品。 （9）将客人的要求传递给厨房。 （10）与客人礼貌交谈并保持良好的关系。 （11）能迅速有效地处理各类突发事件。 岗位职责描述之二： （1）按照规格标准，布置餐厅和餐桌，做好开餐前的准备工作。 （2）确保所用餐具、玻璃器皿等清洁、卫生、明亮、无缺口，桌布、餐巾干净、挺括、无破损、无污迹。 （3）按服务程序迎接客人入座就席，熟悉餐牌和酒水牌的内容，协助客人点菜，向客人介绍特色或时令菜点。 （4）按程序提供各种服务，及时收撤餐具，勤换烟盅。 （5）做好餐后收尾工作。
前厅服务员	前厅服务员能够正确使用办公软件和前台操作系统，按照所在的酒店的服务流程及标准，及时、高效地为宾客办理客房预订，提供咨询、迎送、入住登记、结账等一系列服务，让宾客满意。 岗位职责描述之一： （1）能通过电话、信函、电报、传真、当面洽谈及电脑终端的方式了解客人的订房要求。 （2）受理预订，记录存储预订资料。 （3）检查和控制预订过程。 （4）宾客抵店前准备。 （5）为客人办理入住登记手续，安排房间，尽可能满足客人的合理需求。 （6）灵活运用礼仪、礼貌常识进行对客服务工作。 （7）为客人办理换房、加床、续住等手续。 （8）负责保管、制作和发放客房钥匙卡。 （9）按规定填写、录入并统计入住散客及团队登记单。 （10）保持前台清洁整齐，检查所需表格、文具和宣传品是否齐全，并报告前台领班。 （11）认真核对上一个班次输入电脑的客人资料，及时准确地输入当班的客人资料。 （12）按规定登记、录入和发送客人档案资料。 （13）认真细致做好交接班工作，保证工作的延续性。 （14）为散客提供行李服务。 （15）为团队客人提供行李服务。 （16）提供饭店内寻人服务。 （17）及时、准确地递送邮件、报表。 （18）提供出租自行车服务。 （19）提供出租汽车的预订服务。 （20）提供雨具和订票服务。 （21）提供电梯服务。 岗位职责描述之二： （1）指挥和疏导门前车辆，做好宾客迎送工作。 （2）帮助客人装卸行李，观察出入门厅人员的动向，注意做好防暴、防窃工作，并协助保卫人员做好宾客抵达与离开时的保卫工作。 （3）接受电话订房及到店订房，按要求合理安排房间，办理客人住宿。

续表

岗位名称	岗位职责
前厅服务员	（4）接听电话，按服务规程做好代客留言、信件收发及各项代办等工作并有记录。 （5）做好与客房服务中心员工工作的衔接，根据安排及时做好房间的房态更改工作，通报房间状态等相关信息。做好各项工作的交班，确保清楚。 （6）保持台内摆放整齐及周围环境干净。做好日常设备、设施的使用及保养工作，发现问题及时上报及时维修，确保一切设备、设施的正常运转。
客房服务员	客房服务员能正确使用各种清洁器具和清洁剂，对客房、设施设备进行清洁保养，能规范对客服务。 岗位职责描述之一： （1）正确使用各种清洁器具和清洁剂，按操作程序完成服务区域内的日常卫生和计划卫生工作。 （2）灵活运用礼仪、礼貌常识及各种服务技能进行对客服务工作。 （3）做好日常设备、设施的使用及保养工作，发现问题及时上报及时维修，确保一切设备、设施的正常运转。 岗位职责描述之二： （1）完成服务区域内的卫生清洁及房间的布置工作。 （2）灵活运用礼仪、礼貌常识进行对客服务工作。 （3）做好与接待员工作的衔接，根据接待员的安排及时做好房间的清洁及跟房工作，并做好记录。 （4）做好每日安排的工作计划、卫生工作及安全检查工作。 （5）做好日常设备、设施的使用及保养工作，发现问题及时上报及时维修，确保一切设备、设施的正常运转。 （6）使用各种清洁工具和清洁用品，客房设施设备的使用与保养，进行对客服务。 （7）完成本职工作的同时做好领导交办的其他工作。

2．学前教育专业相关岗位的岗位职责分析

学前教育专业相关岗位的岗位职责分析如表4-63所示。

表4-63　学前教育专业相关岗位的岗位职责分析

岗位名称	岗位职责
幼儿园教师	能开展班级幼儿日常教育活动，负责幼儿的卫生保健和安全工作，设计并组织实施幼儿教学活动。 （1）做好晨间接待工作以及离园工作。 （2）组织开展晨间锻炼。 （3）组织并实施教学活动。 （4）组织幼儿开展自主性游戏。 （5）负责幼儿日常生活照料和安排。 （6）有计划地组织幼儿的户外活动和室内活动。 （7）认真实施计划，观察、记录、评估每个幼儿的发展情况，并做好相应记录。 （8）与家长沟通交流并及时记录，指导家庭教育。
育婴师	负责0～3岁婴幼儿生活照料、日常卫生、保健护理与启蒙教育。 （1）照料婴幼儿穿衣、洗澡、睡眠、大小便、被动操等日常活动。 （2）负责对婴幼儿进行游泳、抚触按摩。 （3）负责婴幼儿生长监测。 （4）能为婴幼儿进行营养配餐。 （5）做好婴幼儿房、游泳池设备日常养护，游泳馆等活动室的消毒清洁卫生。 （6）做好预防接种、常见疾病护理及能够识别铅中毒。

续表

岗位名称	岗位职责
育婴师	（7）能进行婴幼儿意外事故的急救处理。 （8）善于与宝宝及家长沟通交流，能提供专业化咨询服务。 （9）能设计、实施婴幼儿的语言教育活动、感知教育活动、认知能力活动。 （10）培养婴幼儿的社会性行为。
早教指导师	用现代教育观念和科学方法对0～3岁婴幼儿及父母进行护理指导和教育。 （1）定期监测幼儿身体生长发育状况，并向家长及社会宣传幼儿卫生保健知识。 （2）合理调配0～3岁婴幼儿营养膳食。 （3）组织开展0～3岁婴幼儿亲子活动。 （4）负责0～3岁婴幼儿动作训练。 （5）有计划地组织0～3岁婴幼儿进行语言能力训练。 （6）有计划地组织0～3岁婴幼儿进行感知能力训练。 （7）有计划地组织0～3岁婴幼儿进行社会性行为培养。 （8）适时进行家长育婴指导。 （9）负责0～3岁婴幼儿疾病护理。 （10）负责0～3岁婴幼儿日常生活照料。
保育员	在托幼园所、社会福利机构及其他保育机构中，辅助教师负责婴幼儿保健、养育和协助教师对婴幼儿进行教育。 （1）做好婴幼儿一日活动各环节的保育基本工作，例如日常清洁与消毒。 （2）协助制定幼儿园卫生保健制度，幼儿园安全措施和安全教育内容。 （3）参与制定婴幼儿生活制度，协助班级教师制订婴幼儿常规活动计划，创设班级环境，设计、组织卫生保健工作。 （4）婴幼儿常见疾病、传染病预防及护理。 （5）负责做好婴幼儿意外伤害事故的应急措施与初步处理。 （6）观察婴幼儿行为，并处理婴幼儿常见行为问题。 （7）培养婴幼儿良好生活卫生习惯和生活能力。 （8）定期测评婴幼儿身体生长发育状况并向家长及社会宣传婴幼儿卫生保健知识。

3. 旅游服务与管理专业相关岗位的岗位职责分析

旅游服务与管理专业相关岗位的岗位职责分析如表4-64所示。

表4-64　旅游服务与管理专业相关岗位的岗位职责分析

岗位名称	岗位职责
导游员	按照旅行社的接待计划，给游客提供向导、讲解及交通、食宿、娱乐、购物等服务。 （1）按照接团计划接送不同旅游团。 （2）负责为游客导游、讲解，介绍中国（地方）文化和旅游资源。 （3）配合和督促有关单位安排游客的交通、食宿、购物等。 （4）保护游客的人身和财物安全。 （5）耐心解答游客的问询。 （6）协助处理旅途中遇到的突发问题。 （7）反映游客的意见和要求。 （8）协助安排游客会见、会谈活动。

续表

岗位名称	岗位职责
接待员	按照相关的接待要求，为游客提供旅游线路推介、旅游资讯宣讲、旅游业务办理等服务。 （1）接听客户咨询电话，加强与客户的联系与沟通。 （2）接待客户来访，协助客户填写报名所需证件资料。 （3）团队和散客的资料收发、整理归档及用品合理的保管。 （4）及时对销售情况进行电脑录入，并得到各线路计调的确认。 （5）及时补充、更新柜台上摆放的旅游线路夹。 （6）车船票、机票查询及销售。 （7）设计旅游线路、销售旅游产品。 （8）及时上缴门市的营收款。 （9）妥善处理游客的投诉。
计调员	按照接待计划落实团队在食、宿、行、游、购、娱等方面衔接、联络等具体事宜，以确保行程、日程正常进行。 （1）广泛搜集资料，开展市场需求调查。 （2）按接待计划落实团队在食、宿、行、游、购、娱等方面的具体事宜。 （3）设计旅游行程。 （3）对外采购、联络成本核算计价与报价。 （4）编制团队接待计划并落实接待计划。 （5）处理旅游中的意外事件。
景区讲解员	按照旅游景区的接待计划为游客提供向导、讲解等服务。 （1）按照接待计划安排和组织游客参观、游览。 （2）根据景区相关要求和工作流程为游客导游、讲解、介绍景区文化和旅游资源。 （3）耐心解答游客的问询，协助处理讲解中遇到的问题。 （4）向景区管理部门反映游客的意见和要求。

4．文秘专业相关岗位的岗位职责分析

文秘专业相关岗位的岗位职责分析如表 4-65 所示。

表 4-65　文秘专业相关岗位的岗位职责分析

岗位名称	岗位职责
办公室文员	（1）负责日常事务性工作，负责各种文稿的打印、发送，负责文件材料的领取。 （2）负责办理各类文件的收发、登记、阅签、清退、整理、归档、保密工作。 （3）负责办公室的日常管理工作，负责来访接待、收发传真、接听电话等工作。 （4）负责会议的筹备、会议通知的拟写、下发工作，负责会议记录和文字材料的整理。 （5）负责收集和撰写有关信息，及时向领导提供信息参考和建设意见，提请领导应尽快办理的有关工作。 （6）完成领导交办的其他工作。
前台文员	（1）负责公司前台接待、基本咨询和引见，严格执行公司的接待服务规范，保持良好的礼节礼貌。 （2）负责电话转接，做好来电咨询工作，重要事项认真记录并传达给相关人员，不遗漏、延误。 （3）负责员工日常考勤，并按时上报，建立行政档案。 （4）负责协助组织例行会议和活动，做好会议纪要及活动策划方案。 （5）负责日常行程安排。 （6）完成公司及领导交办的临时事宜。

续表

岗位名称	岗位职责
行政助理	（1）公司领导批示、决议及交办事项的协调、催办及督办工作。 （2）负责日常接听电话、收发传真及回复邮件工作。 （3）负责公司各种公文的制作工作。 （4）协助行政部经理完成公司行政事务工作及部门内部日常事务工作会务安排，做好会前准备、会议记录和会后内容整理工作。 （5）负责公司档案的建立、保管及查询、借阅等工作。 （6）各种上传下达文件、函件和材料的收发、核稿、传递及催办工作。 （7）负责信函的处理、外来文件的登记、传阅、发放和收回工作。 （8）安排工作日程、接打电话、文件收发、印信管理、差旅事务、电子邮件管理。 （9）办公用品的采购与管理。 （10）办公室环境的维护与安全管理。 （11）办公软件的操作、办公设备的使用。

5．Oracle 数据库应用与设计相关岗位的岗位职责分析

Oracle 数据库应用与设计相关岗位的岗位职责分析如表 4-66 所示。

表 4-66　Oracle 数据库应用与设计相关岗位的岗位职责分析

职位名称：Oracle 数据库工程师/管理员	
岗位职责	岗位要求
（1）从事数据库开发设计、数据仓库系统开发、数据库性能优化和调度监控。 （2）负责将行业领域数据抽象为数据模型，业务统计分析内容转化为数据库逻辑模型等规划设计工作。 （3）完成数据库系统开发及相关模块编码、测试和性能调优工作。 （4）配合前端开发人员进行性能优化。 （5）负责对数据-功能模块进行单元测试。 （6）根据软件工程开发流程要求完成相应文档资料。 （7）配合完成项目或软件产品数据库基础框架的选型。 （8）负责项目或软件产品的实施，处理用户数据方面的需求。	（1）熟悉 Oracle、SQL Server、DB2 等主流数据库及其数据仓库的开发、设计和调优。 （2）了解 J2EE 平台，理解面向对象的思想与设计模式，精通 AJAX、JSP/Servlet、Struts、Spring 等编程。 （3）了解云计算技术概念和相关发展趋势，熟悉系统架构设计（MVC，SOA）思想。 （4）热爱数据处理工作，具备快速学习能力，有高度的责任感和良好的团队精神。 （5)有 Oracle 方面大型数据库开发项目或数据仓库项目或产品研发经验优先。
职位名称：Oracle 数据库管理员	
岗位职责	岗位要求
（1）负责 Oracle 的新环境搭建工作，包括进行安装、配置、部署、更新 CMDB 等工作。 （2）负责对 Oracle 实施月度健康检查，记录并处理发现的异常。 （3）负责 Oracle 的日常维护管理，包括状态检查、用户管理、交易日志维护、表空间重组等工作。 （4）负责协助 Oracle 备份恢复演练、切换演练。 （5）负责 Oracle 的变更实施，包括补丁安装、参数及配置调整、表空间调整、数据迁移、更新 CMDB 等。 （6）负责 Oracle 的性能监控和优化工作。 （7）负责 Oracle 相关事件及事故的响应和处理。 （8）负责协助 Oracle 问题的处理，包括问题的描述和跟进、配合原厂分析问题、安排问题的测试及解决等。 （9）负责总结经验，编写或修改文档，完善操作手册。	（1）熟悉 Linux、Windows 服务器系统的使用。 （2）熟悉 Oracle 的安装、部署、参数配置、性能调优、问题诊断、备份恢复。 （3）了解基于 Oracle 的 SQL 开发和优化。 （4）具备编写条理清楚、内容完善的故障处理文档、性能分析文档的能力。 （5）通过 Oracle 相关认证，并提供相关证书。 （6）有很好的学习创新能力，善于思考解决问题。 （7）有较强的交流和沟通能力，并善于总结，与人共享知识成果。 （8）具有较强的客户服务意识，强烈的工作责任心，做事积极主动，工作认真细致，有责任心及团体合作精神。

续表

职位名称：数据库管理员	
岗 位 职 责	岗 位 要 求
（1）数据库安全体系建立，定义用户访问规则和策略。 （2）审核和执行 SQL 语句，部署数据库对象。 （3）配合数据库审计工作，贯彻执行数据库审计政策和策略。 （4）了解数据库与应用软件架构原则，配合应用团队设计数据库的架构。 （5）完成应用程序日常发布工作。 （6）安装和部署高可用性数据库，建立各种数据库环境，例如数据库集群和镜像。 （7）监控数据库性能，定期维护数据库和解决日常故障问题。 （8）其他相关数据库管理和维护工作等。	（1）具有较强的责任感、团队精神和积极的工作态度，具有高度的责任心，能够严格遵守职业操守。 （2）精通 MS SQL Server，熟悉 Oracle 的数据库优化方法和各种备份、安全、存储方案，具有 MSDBA 或 OCP 认证证书。 （3）创建 DBLINK、JOB 和存储过程。 （4）熟悉索引和 SQL 语句的优化，以及服务器的性能参数调整。 （5）能快速进行数据库备份、恢复和故障解决，保证业务的正常运行。 （6）熟悉关系数据库理论，深刻理解 E-R 图，了解数据库范式。
职位名称：Oracle 数据库 DBA	
岗 位 职 责	岗 位 要 求
（1）安装数据库服务器，以及应用程序工具构建和配置网络环境，保证系统的稳定运行。 （2）制定数据库的存储方案，保证系统的稳定运行。 （3）调整数据库的用户维护数据库的安全性，确保数据的安全运行。 （4）操作监控和优化数据库的性能，确保数据的安全运行。 （5）制订数据库备份计划，灾难出现时对数据库信息进行恢复，确保数据的安全运行。 （6）参与研发部系统设计时的数据库支撑，为系统提供性能保障。	（1）熟练掌握 Oracle 的安装、配置、补丁升级、资源管理、备份恢复等。 （2）精通 Oracle 数据库归档/非归档模式下的备份、灾难恢复，具备丰富的实战经验。 （3）精通 SQL 语言、Linux 命令，熟练编写存储过程等各种脚本文件。 （4）精通使用 RMAN 进行数据库的备份与恢复，熟练掌握 RAC 和高级复制技术。 （5）拥有良好的沟通表达能力和服务意识，有较强的团队合作意识，快速处理系统突发事件的能力，具有良好的学习能力、适应能力。
职位名称：Oracle 数据库开发	
岗 位 职 责	岗 位 要 求
（1）数据库规划，设计实施海量数据库数据优化方案。 （2）负责业务系统数据库的定期维护和异常处理，包括性能优化、数据库备份、数据迁移、灾难恢复等。 （3）制定和执行数据库安全策略。 （4）数据库设计：根据项目开发方案，进行数据库建模、数据库结构设计等，保证数据库开发的规范性，负责项目数据库分析、设计和部署。 （5）数据库编码：根据数据库设计，进行数据库相关脚本的编写及相关模块的代码编写，随时检查开发过程，调整进度，保证编码开发工作按时完成，负责存储过程编写。 （6）数据库测试及优化：根据测试要求对完成编码的模块进行调试，并协助项目主管测试新系统，根据测试结果与用户反馈，对数据库进行优化，并协助数据库维护工程师进行数据库维护。 （7）文档编写：根据软件工程要求，编写数据库文档，包括数据标准、数据词典的定义等，为软件测试与维护提供材料，负责数据库相关文档编写。	（1）熟悉 Oracle 数据库基本理论及概念。 （2）能熟练编写存储过程、触发器，必须能够熟练使用 PL/SQL 语言，独立编写高质量的后台实现脚本，如复杂的存储过程等。 （3）熟悉至少一种数据库建模工具，能够在指导下进行数据库的规划和设计。 （4）工作细致，具有良好的团队合作精神，高度的责任感，较强的适应能力，良好的沟通态度和能力。 （5）主动性及自我规范能力强，能吃苦耐劳，承受压力，能按时完成任务。 （6）有 UNIX/Linux 平台经验者优先。 （7）有海量（每天 1 亿条，约 1GB）数据处理及算法优化经验。 （8）具有 OCM、OCP 认证者优先。 （9）具有一定数据库管理配置经验者优先。 （10）良好的英文口语和读写能力。

6．Android 移动应用开发相关岗位的岗位职责分析

Android 移动应用开发相关岗位的岗位职责分析如表 4-67 所示。

表 4-67 Android 移动应用开发相关岗位的岗位职责分析

职位名称：Android 开发工程师	
岗 位 职 责	岗 位 要 求
（1）负责公司 Android 平台软件的开发工作。 （2）与产品和 UI 人员一起完成产品的发布，保证产品的开发进度。 （3）对客户端软件进行维护和持续升级，并根据产品策略对功能进行调整。 （4）独立完成 Android 软件代码编写、验证和修正测试中发现的问题。 （5）学习和研究新的 Android 平台技术和无线互联网新技术以满足产品功能需求。	（1）熟悉 Java 开发语言，掌握 Java 线程机制，熟悉 Android 的 Handler 机制。 （2）熟悉 Android 系统权限和 Android 四大组件。 （3）熟悉 Android 系统 UI 框架，具有 UI 搭建能力。 （4）熟悉 Android 系统网络编程，熟练掌握 HTTP、Socket 编程。 （5)熟练使用 Android 程序的集成开发平台，熟悉 Android SDK、NDK、DEBUG 调试。 （6）熟悉常用的如 XML、JSON 等数据封装与解析技术，了解常用的数据安全加密、PUSH 推送等相关技术。 （7））具备良好的编码习惯，较强的文档处理能力，有较强的学习能力、解决问题的能力以及一定的项目压力适应能力。 （8）工作认真负责、人品正直，具有良好的沟通能力与团队合作精神。 （9）有 Android 应用商店上架作品或相关作品优先考虑。 （10）熟悉智能卡、网络通信、手机支付等相关领域业务者优先。
职位名称：Android 工程师	
岗 位 职 责	岗 位 要 求
（1）根据产品需求开发 Android 客户端产品。 （2）验证和修正测试中发现的问题。 （3）学习和研究新技术以满足产品的需求。 （4）根据开发过程中的体验对产品提出改进建议。	（1）精通 Java 语言，有一定的 Android 开发经验。 （2）精通 Android 开发平台及框架原理，精通 Android 基本组件的使用。 （3）熟悉 Android 网络编程、网络数据传输和 JSON 数据传输。 （4）熟悉 Android 的安全技术。 （5）熟悉 Android 的多媒体技术、音频、视频、图片等处理。 （6）熟练使用多种常用设计模式，具有扎实的编程功底和良好的编程习惯，良好的设计文档撰写能力，能很好地高保真输出设计师的 UI 。 （7）责任心强，良好的对外沟通和团队协作能力，能承受工作压力。
职位名称：Android 软件工程师	
岗 位 职 责	岗 位 要 求
（1）负责 Android 平台应用客户端程序的开发，包括 Android Phone，Android Pad。 （2）负责手机端手机应用市场类产品的设计和研发。 （3）负责与服务端接口的交互和产品 UI 的开发。 （4）承担并独立完成开发任务，并对交付质量负责。 （5）完成 Android 应用架构的设计和规范化工作。 （6）负责相关技术文档的编写。	（1）熟悉 Android 开发平台的框架原理，精通 Java 编程技术。 （2)能够熟练使用 Android SDK，熟练掌握 Android 网络应用软件开发和调试。 （3）精通 Android 界面 UI 布局设计开发，包括多种分辨率、尺寸和栏目动态展现。 （4）熟练掌握 JSON 和 XML 数据解析、HTTP 协议、Android 系统 API 调用，了解 REST 架构风格。 （5）深刻理解面向对象的理念和设计模式，熟练掌握数据结构、基本算法与重构。 （6）具有严谨的逻辑分析能力，代码写作规范、性能良好。 （7）具备良好的团队合作精神，较强的文档处理能力和沟通能力，较强的责任心，具有创业心态和积极向上的精神。 （8）具有手机应用市场开发经验者优先。

续表

职位名称：Android 开发工程师	
岗 位 职 责	岗 位 要 求
（1）负责搭建开发环境，参与需求分析和架构设计讨论。 （2）从事 Android 平台手机终端软件设计、调试、维护与优化。 （3）独立完成功能模块开发。 （4）撰写相关开发文档。 （5）参与产品单元测试，后期产品升级维护。 （6）负责用户体验优化完善，追求卓越产品的创造和设计。	（1）熟练掌握 Java 语言，能独立进行 Android 的应用开发。 （2）熟悉 Android 应用开发框架，深入了解常用 Android 平台 SDK，了解 Android 的常用功能实现。 （3）对 Android 平台的网络通信、多线程、内存机制有一定的了解，能开发出高性能的 Android 应用。 （4）了解 Android App 的主流界面和界面效果实现方法，能够根据产品文档及 UI 设计图完成 Android App 的开发与调试工作。 （5）熟悉规范文档的编写与维护。 （6）熟悉 Android 下的网络通信机制，熟悉 HTTP、TCP/IP、Socket 等网络通信编程技术。 （7）有较强的学习能力、沟通能力、问题解决能力、组织协调能力。
职位名称：Android 移动开发工程师	
岗 位 职 责	岗 位 要 求
（1）负责 Android App 产品的设计、开发工作。 （2）根据项目计划按时完成软件编码和单元测试工作。 （3）按照开发流程编写相应模块的设计文档。 （4）解决研发过程中的关键问题和技术难题。 （5）协调和指导其他开发人员的开发工作。 （6）协助开发经理保证研发工作的质量和进度。	（1）熟悉 Android 框架及各种特性，有 Android 项目设计经验。 （2）负责 Android 平台软件产品的核心模块的设计与开发，负责关键技术的突破。 （3）参与到产品设计过程中，分析需求，把需求转化为产品。 （4）精通 HTTP/JSON 和 XML 等网络协议，熟悉多线程及面向对象编程，熟悉 SQL Lite 数据库编程。 （5）熟练掌握 Java 进行手机平台上的编程开发。 （6）熟练编写单元测试，了解自动化测试。 （7）按时完成高质量的代码，注重代码细节。 （8）思路清晰，思维敏捷，快速的学习能力，良好的英文资料阅读能力。 （9）有良好的计划、沟通、组织协调能力、语言表达能力，较强的逻辑分析能力和应变能力，良好的团队合作精神，能承担较大工作压力。

4.5.2 专业相关岗位的典型工作任务分析

1. 高星级酒店运营与管理专业相关岗位的典型工作任务分析

高星级酒店运营与管理专业相关岗位的典型工作任务分析如表 4-68 所示。

表 4-68 高星级酒店运营与管理专业相关岗位的典型工作任务分析

岗 位 名 称	典型工作任务	
前厅服务员（A）	A1 前台入住办理 A2 前台账务管理 A3 客史资料维护 A4 外币兑换 A5 前台离店手续办理 A6 换房服务 A7 门童服务 A8 行李服务	A9 礼宾咨询服务 A10 总机接线服务 A11 预订服务 A12 商务中心会议服务 A13 打印装订服务 A14 票务工作 A15 礼宾车服务 A16 订餐服务

续表

岗位名称	典型工作任务	
客房服务员（B）	B1 迎送宾客 B2 住店服务 B3 常用清洁器具使用与保养 B4 常用清洁设备使用与保养 B5 客房清扫	B6 公区清扫 B7 器具消毒 B8 楼层客用消耗品发放与控制 B9 楼层区域安全检查与维护
餐厅服务员（C）	C1 餐厅布置 C2 餐具的使用 C3 服务接待 C4 迎宾引位接待	C5 巡台服务 C6 酒水服务 C7 清洁工作

2．学前教育专业相关岗位的典型工作任务分析

学前教育专业相关岗位的典型工作任务分析如表 4-69 所示。

表 4-69　学前教育专业相关岗位的典型工作任务分析

岗位名称	典型工作任务	
幼儿园教师（A）	A1 幼儿日常生活照料 A2 常见幼儿疾病护理 A3 幼儿日常活动记录 A4 幼儿游戏指导 A5 主题活动组织开展	A6 教育活动组织开展 A7 幼儿园区角活动开展 A8 幼儿园环境创设 A9 玩教具制作与保护 A10 幼儿家庭教育指导
育婴师（B）	B1 婴幼儿日常生活照料 B2 婴幼儿生长监测 B3 常见婴幼儿疾病护理 B4 危险因素的识别 B5 婴幼儿游泳指导	B6 婴幼儿动作训练 B7 婴幼儿语言能力训练 B8 婴幼儿感认知能力训练 B9 婴幼儿社会性行为培养 B10 早教咨询服务
早教指导师（C）	C1 0～3 岁婴幼儿生长发育监测 C2 0～3 岁婴幼儿营养调配 C3 0～3 岁婴幼儿亲子活动设计与指导 C4 0～3 岁婴幼儿动作训练 C5 0～3 岁婴幼儿语言能力训练 C6 0～3 岁婴幼儿感知能力训练	C7 0～3 岁婴幼儿社会性行为培养 C8 家长育婴指导 C9 0～3 岁婴幼儿疾病预防及护理 C10 0～3 岁婴幼儿日常生活照料 C11 幼师基本功训练
保育员（D）	B1 婴幼儿一日活动保育 B2 婴幼儿园卫生保健制度的制定 B3 婴幼儿安全教育 B4 婴幼儿生活常规制度制定 B5 班级环境创设	B6 婴幼儿疾病预防及护理 B7 婴幼儿意外伤害的处理 B8 婴幼儿常见行为问题处理 B9 婴幼儿生长发育监测

3．计算机应用专业相关岗位的典型工作任务分析

计算机应用专业相关岗位的典型工作任务分析如表 4-70 所示。

表4-70 计算机应用专业相关岗位的典型工作任务分析

岗位名称	典型工作任务	
办公室文员（A）	A1 来访客人的接待 A2 文档的录入与排版 A3 打印机、复印机等常用办公设备的使用	A4 文件、资料的归档及管理 A5 报表的编制与汇总 A6 演示文稿的制作
计算机硬件组装与维护（B）	B1 计算机配置单的制定 B2 计算机各硬件设备的连接	B3 计算机系统安装 B4 计算机简单故障处理
静态网页设计与制作（C）	C1 网页素材收集 C2 图形图像处理 C3 动画及影片设计与制作 C4 站点建立与规划	C5 网页设计与制作 C6 网页特效制作 C7 网站测试与发布
平面设计（D）	D1 文字编辑和排版 D2 图形图像处理	D3 平面设计与制作

4．会计专业相关岗位的典型工作任务分析

会计专业相关岗位的典型工作任务分析如表4-71所示。

表4-71 会计专业相关岗位的典型工作任务分析

岗位名称	典型工作任务	
出纳员（A）	A1 收付现金 A2 保管签发支票	A3 点钞 A4 验钞机的使用
报税员（B）	B1 税务登记证的办理 B2 税款的计算和缴纳	B3 税务软件的操作 B4 税务资料的归档和保管
核算员（C）	C1 负责订单、合同审核 C2 往来核对 C3 计算销售成本、产品成本	C4 填制和审核凭证 C5 登记往来账目 C6 编制成本报表并进行分析

5．旅游服务与管理专业相关岗位的典型工作任务分析

旅游服务与管理专业相关岗位的典型工作任务分析如表4-72所示。

表4-72 旅游服务与管理专业相关岗位的典型工作任务分析

岗位名称	典型工作任务	
导游员（A）	A1 接站服务 A2 致欢迎词 A3 组织沿途导游 A4 介绍景点概况 A5 安排交通 A6 安排食宿	A7 引导购物 A8 预防及处理突发问题 A9 协助安排其他相关服务 A10 送站服务 A11 带团活动开展 A12 销售旅游产品
景区讲解员（B）	B1 讲解接待准备 B2 景点讲解 B3 突发问题处理	B4 宣传、销售旅游产品 B5 游客咨询答疑 B6 游客送、离服务

续表

岗位名称	典型工作任务
接待员（C）	C1 咨询服务 C2 接待服务 C3 资料收发、整理归档 C4 销售信息录入 C5 旅游线路夹更新 C6 票务服务 C7 产品宣传、销售 C8 营收款上缴 C9 处理投诉
计调员（D）	D1 市场需求调研 D2 落实专线的散客、团队安排与操作 D3 设计产品和制定行程 D4 对旅游产品进行合理定价 D5 处理团队突发状况或意外事件 D6 负责景点资料的收集及团队反馈 D7 宣传、销售旅游产品

6. 商务英语专业相关岗位的典型工作任务分析

商务英语专业相关岗位的典型工作任务分析如表 4-73 所示。

表 4-73 商务英语专业相关岗位的典型工作任务分析

岗位名称	典型工作任务
单证员（A）	A1 进出口相关单证的制作、管理及信用证审核 A2 收集、整理与核对各种单证，并进行基础数据录入和归档 A3 跟踪每票货物的送货情况，统计核对相关数据 A4 及时准确与货代公司联系装箱，送仓工作 A5 与业务员、跟单员以及客户、货代各方面的协调工作 A6 协助参与收付汇，外汇核销以及退税的跟踪
外贸业务员（B）	B1 客户的开发 B2 客户的接待 B3 订单生产进度的跟踪与产品的发货 B4 商务文档的撰写 B5 样品的申请、收集及分发 B6 商品对账及货款催收 B7 进行出口成本和费用的核算
跟单员（C）	C1 根据任务单，建立客户档案 C2 制定出口业务生产单 C3 落实付款，提单确认 C4 负责企业出口商品商检报验工作（包括制单、交单、到场验货、取单和放行） C5 制作合同、箱单、发票，负责核实、报批、结算相关运费 C6 办理海关核准单据
外贸文员（D）	D1 负责日常的客户订单承接、审核、下单、跟踪、出货，完善合约手续，并将订单任务下达给生产部 D2 负责外贸订单信息的录入、统计、分析，按时做好外贸部各类报表 D3 统计、监督客户应收款情况，催收应收款，负责客户的财务对账、催款工作，并于每月月底做好对账记录清单上报到财务部 D4 建立客户档案，负责收集、整理销售信息，存档、备份各种资料 D5 对客户进行定期电话回访，对产品销量和质量进行跟踪反馈 D6 协助办理货物进出口相关手续 D7 负责外贸客户来访的接待工作 D8 本部门文件的收发与保管

7．电子商务专业相关岗位的典型工作任务分析

电子商务专业相关岗位的典型工作任务分析如表 4-74 所示。

表 4-74 电子商务专业相关岗位的典型工作任务分析

岗位名称	典型工作任务	
网站内容编辑与美化（A）	A1 商品信息采编 A2 网店美工与广告制作	A3 网站内容维护与更新 A4 栏目策划
客户服务（B）	B1 网络客户服务 B2 电子商务物流服务	B3 商务谈判
网络营销推广（C）	C1 市场调查与分析 C2 网络营销策划	C3 消费心理分析
跨境电子商务（D）	D1 外贸单证、函电处理 D2 外贸商业信息发布	D3 跨境电商平台应用

8．数控技术应用专业相关岗位的典型工作任务分析

数控技术应用专业相关岗位的典型工作任务分析如表 4-75 所示。

表 4-75 数控技术应用专业相关岗位的典型工作任务分析

岗位名称	典型工作任务	
数控机床操作（A）	A1 操作数控车床加工机械零件 A2 操作数控铣床加工机械零件	A3 操作加工中心加工机械零件 A4 操作其他数控设备加工机械零件
数控加工工艺及程序编制（B）	B1 编制数控车床的数控加工程序及工艺 B2 编制数控铣床的数控加工程序及工艺 B3 编制加工中心的数控加工程序及工艺 B4 编制数控电加工机床的数控加工程序及工艺	
产品检验和质量管理（C）	C1 产品检验 C2 产品质量反馈	C3 产品质量统计与分析

9．机电设备安装与维修专业相关岗位的典型工作任务分析

机电设备安装与维修专业相关岗位的典型工作任务分析如表 4-76 所示。

表 4-76 机电设备安装与维修专业相关岗位的典型工作任务分析

岗位名称	典型工作任务	
机械设备维修工（A）	A1 识读零件图、装配图 A2 绘制零件图 A3 识读电气控制图 A4 计算机绘图	A5 拆装机械设备 A6 测量工件 A7 安装机械设备 A8 维修机械设备
维修电工（B）	B1 识读电气原理图、安装图 B2 使用常用电工工具 B3 使用常用电工仪表 B4 拆装常用低压电器	B5 安装常用电气控制线路 B6 排除电气控制线路的故障 B7 制作加工电工电子产品 B8 测试与维修电工电子产品
钳工（C）	C1 识读机械图样 C2 组装、调试设备 C3 维护机械设备	C4 检测与维修机械设备 C5 维修工量具 C6 制作加工机械零件

10．汽车运用与维修专业相关岗位的典型工作任务分析

汽车运用与维修专业相关岗位的典型工作任务分析如表 4-77 所示。

表 4-77　汽车运用与维修专业相关岗位的典型工作任务分析

岗位名称	典型工作任务		
汽车机电工（A）	A1　汽车客户维修接待	车辆接待 车辆入厂检验	车辆估时估价 车辆调度安排
	A2　一般维护	磨合期新车维护 车辆一级维护	车辆二级维护
	A3　四万千米保养	清洗发动机机油电路 清洗三元催化器 更换冷却液	更换制动液 更换动力转向液 更换变速器油液
	A4　一般维修	发动机故障灯亮故障维修 发动机发抖故障维修 清洗发动机节气门 更换发动机附件与正时皮带	常见仪表灯报警故障维修 四轮定位 空调维修
	A5　总成维修	大修报价 发动机大修 发动机烧机油故障维修	变速器大修 空调大修
	A6　电气维修	汽车照明和警报灯检修 车辆防盗系统检修	车辆音响的检修
汽车钣金工（B）	B1　常见板件的拆装与检修	车门部件拆装与检修 座椅的拆装与检修 地毯的拆装与检修 前后挡风玻璃的拆装与检修 天窗总成的拆装与检修	前后保险杠的拆装与检修 翼子板的拆装与检修 前后盖的拆装与检修 中网、大灯、后视镜的拆装与检修 排气管的拆装与检修
	B2　事故车辆检修	大梁校正 门板与翼子板的校正	前盖和后盖的校正
汽车喷漆工（C）	C1　安全防护与设备	安全防护设备的认识与使用 底材处理工具的认识与使用	喷涂设备的认识与使用 喷涂基础设施的认识与使用
	C2　底材处理	洗车与清洁 漆面状况的评估	损伤面的处理 原子灰的调配
	C3　中涂面漆喷涂	喷涂前处理 刮腻子与打磨 涂料的选配与调制	喷涂 调漆
汽车装饰与美容工（D）	D1　汽车外部装饰	车身大包围 车顶天窗安装 疝气灯改装	扰流板及导流板安装 车身辅助装饰
	D2　汽车内部装饰	汽车内衬装饰 仪表板装饰	汽车座椅装饰 汽车地板装饰
	D3　汽车防护	汽车车窗防爆隔热膜安装 贴犀牛皮	汽车防盗器安装 底盘装甲及封塑

续表

岗位名称	典型工作任务		
汽车装饰与美容工（D）	D4 汽车电器装饰	汽车影音安装 汽车导航安装	倒车雷达安装
	D5 车身清洁	汽车外部清洁 汽车内室清洁	发动机免拆洗护理
	D6 汽车美容养护	新车养护 汽车漆面打蜡与抛光	汽车封釉和镀膜 汽车季节保养
	D7 漆面处理	漆面损伤修复	漆面老化及美容缺陷

4.5.3 课程设计方案的参考与借鉴

由于课程设计方案具有多样性和复杂性，不同的课程基于的先进理念和方法是一致的，选择的载体也大同小异，但其思路可能不完全相同，所以设置的方案也就没有唯一结果。以下列出23门课程的设计方案，供学习者参考借鉴。

1. “机械设计基础”课程设计方案

“机械设计基础”课程以机械产品中典型的机构、连接、传动为载体，每个单元设置若干任务，每个任务按照“任务分析→相关知识→案例展示→实战训练”的环节组织实施，其中展示的案例与机械设计实际相贴近，而其中任务2-2键连接的选型设计、任务2-3单级减速器轴的设计、任务2-4轴承的选型设计、任务2-5联轴器和离合器的选型设计、任务3-1带传动装置中一级减速器齿轮设计等5个案例的数据相串联，可构成一个带传动一级减速器设计说明书的主体框架，使学生在初次进行机械零件设计“有章可循”，可以减轻学生进行机械零件设计实训的心理压力。

“机械设计基础”课程设计方案如表4-78所示。

表4-78 “机械设计基础”课程设计方案

单元名称	教学内容与任务名称		
单元1 机构设计	任务1-1 绘制雨伞或太阳伞支撑机构运动简图	相关知识	机构运动简图
		案例展示	案例1 绘制偏心轮滑块机构的运动简图 案例2 绘制颚式破碎机主体结构运动简图
		实战训练	绘制雨伞或太阳伞支撑机构运动简图
	任务1-2 牛头刨床主体运动机构自由度的计算	相关知识	机构自由度的计算，机构具有确定运动的条件
		案例展示	案例1 计算内燃机机构的自由度 案例2 计算行星轮机构的自由度 案例3 计算振动式输送机的自由度
		实战训练	计算牛头刨床主体运动机构自由度
	任务1-3 缝纫机踏板机构的设计	相关知识	平面连杆机构传动
		案例展示	设计脚踏轧棉机的曲柄摇杆机构
		实战训练	设计缝纫机踏板机构

续表

单元名称	教学内容与任务名称		
单元1 机构设计	任务1-4 内燃机配气机构凸轮的设计	相关知识	凸轮机构的类型与应用
		案例展示	案例1 设计尖顶移动从动件盘形凸轮机构 案例2 设计精压机中送料凸轮机构
		实战训练	设计包装机械自动给料对心尖顶凸轮机构
单元2 连接设计	任务2-1 螺栓连接的选型设计	相关知识	螺纹连接选型计算及强度校核
		案例展示	案例1 气缸盖与气缸体的凸缘采用普通螺栓连接时螺栓的选型设计 案例2 钢制凸缘联轴器采用普通螺栓连接时螺栓的选型设计 案例3 电动葫芦吊钩连接螺纹的选型计算
		实战训练	带输送机中联轴器螺栓的选型计算
	任务2-2 键连接的选型设计	相关知识	键、销联结选型及强度校核
		案例展示	平键尺寸确定及强度校核
		实战训练	减速器中轴上用键的选型计算
	任务2-3 单级减速器轴的设计	相关知识	轴的功用与分类，轴的结构设计，轴的强度校核 轴的使用与维护
		案例展示	设计带式输送机中低速轴
		实战训练	给定参数的单级减速器中两根轴的设计
	任务2-4 轴承的选型设计	相关知识	滚动轴承，滑动轴承
		案例展示	双支承轴两端的滚动轴承的选型设计
		实战训练	给定参数的单级减速器轴上的滚动轴承的选型设计
	任务2-5 联轴器和离合器的选型设计	相关知识	联轴器的选型计算、离合器
		案例展示	带式输送机传输装置中齿轮减速器的低速轴与输送机滚筒轴之间的联轴器的选型设计
		实战训练	电动机与减速器之间的联轴器的选型设计
单元3 齿轮传动装置设计	任务3-1 带传动装置中一级减速器齿轮设计	相关知识	齿轮机构
		案例展示	案例1 计算齿轮几何尺寸 案例2 设计闭式传动软齿面齿轮 案例3 设计闭式传动硬齿面齿轮
		实战训练	给定参数的单级减速器齿轮的设计
	任务3-2 斜齿圆柱齿轮设计	相关知识	斜齿圆柱齿轮
		案例展示	设计带式输送机斜齿圆柱齿轮传动
		实战训练	给定参数的减速器斜齿轮的设计
	任务3-3 给定参数的直齿圆锥齿轮传动设计	相关知识	直齿圆锥齿轮
		案例展示	设计带式输送机直齿圆锥齿轮传动
		实战训练	给定参数的闭式直齿圆锥齿轮传动设计
	任务3-4 给定参数的蜗杆传动设计	相关知识	蜗杆传动设计
		案例展示	设计驱动带式运输机的蜗杆传动
		实战训练	给定参数的蜗杆传动设计

续表

单元名称	教学内容与任务名称		
单元 3 齿轮传动装置设计	任务 3-5 轮系传动比的计算	相关知识	齿轮系的传动比计算
		案例展示	案例 1 电动提升机传动系统传动比的计算 案例 2 机床传动机构传动比的计算
		实战训练	电动提升机减速机构传动比的计算 机床变速传动装置传动比的计算
单元 4 带传动系统设计	任务 4-1 鼓风机用普通 V 带传动系统设计	相关知识	带传动系统设计
		案例展示	普通 V 带传动设计
		实战训练	鼓风机用 V 带传设计
单元 5 链传动设计	任务 5-1 输送机用链传动设计	相关知识	链传动的组成、特点和分类，滚子链和链轮的结构 滚子链传动的设计，链传动的使用和维护
		案例展示	设计输送机用链传动
		实战训练	设计单排套筒滚子链传动

2. “钳工技能训练”课程设计方案

“钳工技能训练”课程以常见的钳工操作任务为载体，共设置 14 个训练单元，每个训练单元设置多项训练任务，训练任务对接钳工岗位实际工作任务。

“钳工技能训练”课程设计方案如表 4-79 所示。

表 4-79 “钳工技能训练”课程设计方案

单元名称	任务名称	
单元 1 制作 U 形板	任务 1-1 对板料进行平面划线 任务 1-2 錾削去除多余的材料	任务 1-3 锯削 12mm 的槽 任务 1-4 锉削 U 形板至图样要求
单元 2 U 形板的孔加工	任务 2-1 钻头的刃磨 任务 2-2 在钻床上钻孔 任务 2-3 扩孔	任务 2-4 锪孔 任务 2-5 铰孔 任务 2-6 攻螺纹
单元 3 复合作业	任务 3-1 制作对开夹板 任务 3-2 锉配六角形体	任务 3-3 钻、锪、铰孔及攻螺纹综合练习
单元 4 制作圆弧和角度结合件	任务 4-1 材料的矫正	任务 4-2 弯形
单元 5 刮削四方块	任务 5-1 刮削前的准备工作	任务 5-2 四方块的刮削
单元 6 刮削滑动轴承套	任务 6-1 曲面刮刀的刃磨	任务 6-2 滑动轴承套的刮削
单元 7 研磨长方体平面和内、外圆柱面	任务 7-1 研磨长方体平面	任务 7-2 研磨内、外圆柱面
单元 8 制作内卡钳	任务 8-1 加工内卡钳	任务 8-2 铆接
单元 9 阀体的立体划线	任务 9-1 划线前的准备工作	任务 9-2 阀体的划线
单元 10 CA6140 型卧式车床主轴的装配	任务 10-1 轴承的装配 任务 10-2 键连接的装配 任务 10-3 圆柱齿轮传动机构的装配	任务 10-4 轴组的装配 任务 10-5 CA6140 型卧式车床主轴部件的装配和调整

续表

单元名称	任务名称	
单元 11　减速器的装配	任务 11-1　装配前的准备工作 任务 11-2　过盈连接的装配 任务 11-3　螺纹连接的装配 任务 11-4　销连接的装配	任务 11-5　蜗杆传动机构的装配 任务 11-6　锥齿轮传动机构的装配 任务 11-7　联轴器的装配 任务 11-8　减速器的装配与调整
单元 12　CA6140 型卧式车床主要传动机构的装配	任务 12-1　带传动机构的装配 任务 12-2　链传动机构的装配 任务 12-3　螺旋传动机构的装配	任务 12-4　离合器的装配 任务 12-5　管道连接的装配
单元 13　CA6140 型卧式车床主要部件的结构与调整	任务 13-1　CA6140 型卧式车床主轴箱的结构与调整 任务 13-2　CA6140 型卧式车床进给箱的结构与调整 任务 13-3　CA6140 型卧式车床溜板箱的结构与调整 任务 13-4　CA6140 型卧式车床尾座的结构与调整 任务 13-5　CA6140 型卧式车床刀架的结构与调整	
单元 14　CA6140 型卧式车床总装配	任务 14-1　CA6140 型卧式车床总装配 任务 14-2　CA6140 型卧式车床的试车和验收 任务 14-3　CA6140 型卧式车床常见故障及消除方法	

3．“数控加工”课程设计方案

“数控加工”课程以数控加工的典型零件为载体，在课程教学设计上采用 4 阶段教学法，即了解资讯、制订计划、组织实施、检查评价的行动导向的教学模式；在结构上，以能力为本位，按照由简到难的顺序，通过数控车削和铣削 6 个典型零件编程与操作全过程的学习，掌握数控加工基本技能。

“数控加工”课程设计方案如表 4-80 所示。

表 4-80　“数控加工”课程设计方案

单元名称	任务名称	
单元 1　台阶轴类零件数控车削加工	了解资讯	1-1-1　FANUC 系统机床操作面板相关知识 1-1-2　数控车床的坐标系相关知识 1-1-3　切削液的选用
	制订计划	1-2-1　制订台阶轴类零件加工工作流程 1-2-2　台阶轴类零件加工的预期成果 1-2-3　加工台阶轴类零件的工艺分析
	组织实施	领用工具—加工零件—检查评价—完工操作
单元 2　典型轴类零件数控车削加工	了解资讯	2-1-1　数控车削刀具半径补偿知识 2-1-2　外螺纹车削相关知识 2-1-3　数控车削刀具知识
	制订计划	2-2-1　制订典型轴类零件加工工作流程 2-2-2　典型轴类零件加工的预期成果 2-2-3　典型轴类零件的工艺分析
	组织实施	领用工具—加工零件—检查评价—完工操作

续表

<table>
<tr><th>单 元 名 称</th><th colspan="2">任 务 名 称</th></tr>
<tr><td rowspan="3">单元3 典型套类零件数控车削加工</td><td>了解资讯</td><td>3-1-1 内轮廓加工相关知识
3-1-2 内孔加工相关知识
3-1-3 内螺纹车削相关知识</td></tr>
<tr><td>制订计划</td><td>3-2-1 制订套类零件加工工作流程
3-2-2 典型套类零件加工的预期成果
3-2-3 典型套类零件的工艺设施及编程</td></tr>
<tr><td>组织实施</td><td>领用工具—加工零件—检查评价—完工操作</td></tr>
<tr><td rowspan="3">单元4 薄壁类零件数控铣削加工</td><td>了解资讯</td><td>4-1-1 数控铣床操作面板介绍
4-1-2 数控铣床的坐标系相关知识
4-1-3 相关编程指令介绍
4-1-4 切削液的选用</td></tr>
<tr><td>制订计划</td><td>4-2-1 制订薄壁类零件数控铣削加工工作流程
4-2-2 薄壁类零件数控铣削加工的预期成果
4-2-3 薄壁类零件的工艺分析</td></tr>
<tr><td>组织实施</td><td>领用工具—加工零件—检查评价—完工操作</td></tr>
<tr><td rowspan="3">单元5 孔类零件数控铣削加工</td><td>了解资讯</td><td>5-1-1 数控铣削加工刀具系统及切削用量
5-1-2 数控铣削孔类零件的加工工艺相关知识</td></tr>
<tr><td>制订计划</td><td>5-2-1 制订孔类零件数控铣削加工的工作流程
5-2-2 孔类零件数控铣削加工的预期成果
5-2-3 孔类零件的工艺分析</td></tr>
<tr><td>组织实施</td><td>领用工具—加工零件—检查评价—完工操作</td></tr>
<tr><td rowspan="3">单元6 综合类零件数控铣削加工</td><td>了解资讯</td><td></td></tr>
<tr><td>制订计划</td><td>6-2-1 制订数控铣削加工综合类零件的工作流程
6-2-2 综合类零件数控铣削加工的预期成果
6-2-3 综合类零件加工的工艺分析</td></tr>
<tr><td>组织实施</td><td>领用工具—加工零件—检查评价—完工操作</td></tr>
</table>

4．“数控铣削工艺编程与加工”课程设计方案

“数控铣削工艺编程与加工”课程以各种特征的典型零件为载体，针对中小企业对数控编程加工人才需求的特点，从中小企业的岗位实践中提取典型的工作任务设计教学单元和教学任务。让学生在完成工作任务的过程中感知理论知识的应用，学习归纳知识，再运用知识进行加工训练，达到了理论与实践的高度融合，真正实现“做中学，学中做”的目的。

“数控铣削工艺编程与加工”课程设计方案如表4-81所示。

表4-81 “数控铣削工艺编程与加工”课程设计方案

单 元 名 称	任 务 名 称
单元1 数控铣床加工准备	任务1 认知数控铣床结构与数控铣削加工工艺 任务2 使用数控铣床操作面板 任务3 数控铣削程序编辑与校验 任务4 数控铣削零件首件加工

续表

单元名称	任务名称
单元 2　平面类零件铣削工艺编程与加工	任务 1　平面铣削工艺编程与加工 任务 2　垂直面与平行面铣削工艺编程与加工 任务 3　斜面铣削工艺编程与加工
单元 3　二维轮廓铣削工艺编程与加工	任务 1　外轮廓铣削工艺编程与加工 任务 2　内轮廓铣削工艺编程与加工 任务 3　轮廓分层铣削工艺编程与加工
单元 4　槽类零件铣削工艺编程与加工	任务 1　通槽数控铣削工艺编程与加工 任务 2　封闭槽数控铣削工艺编程与加工
单元 5　孔数控铣削工艺编程与加工	任务 1　圆孔数控铣削工艺编程与加工 任务 2　螺纹孔数控铣削工艺编程与加工
单元 6　特征零件铣削工艺编程与加工	任务 1　对称、旋转轮廓铣削工艺编程与加工 任务 2　球面数控铣削工艺编程与加工 任务 3　曲面数控铣削工艺编程与加工

5. “机床电气装调”课程设计方案

“机床电气装调”课程以控制电气装调的典型操作为载体，每个学习单元按照“了解资讯、制订计划、组织实施、检查评价”4 个环节组织实施，通过一个单元的学习与工作，获得一项物化的工作成果，并且每次工作成果均要根据企业的工作规范进行检查与评价。

“机床电气装调”课程设计方案如表 4-82 所示。

表 4-82　“机床电气装调”课程设计方案

单元名称	任务名称		
单元 1　全压起动控制电气的装调	了解资讯		
	制订计划	1-2-1　工作流程	1-2-2　预期成果
	组织实施	1-3-1　绘制连接用电气图 1-3-2　选配导线	1-3-3　选配电器与制作安装板 1-3-4　电气连接操作
	检查评价	1-4-1　检查电气连接	1-4-2　通电调试操作
单元 2　减压起动控制电气的装调	了解资讯		
	制订计划	2-2-1　工作流程	2-2-2　预期成果
	组织实施	2-3-1　绘制连接用电气图 2-3-2　选配电器与导线	2-3-3　电气连接操作
	检查评价	2-4-1　检查电气连接	2-4-2　通电调试操作
单元 3　正反转控制电气的装调	了解资讯		
	制订计划	3-2-1　工作流程	3-2-2　预期成果
	组织实施	3-3-1　绘制连接用电气图 3-3-2　选配电器与导线	3-3-3　电气连接操作
	检查评价	3-4-1　检查电气连接	3-4-2　通电调试操作

续表

单元名称	任务名称		
单元 4　制动控制电气的装调	了解资讯		
	制订计划	4-2-1　工作流程	4-2-2　预期成果
	组织实施	4-3-1　绘制连接用电气图 4-3-2　选配电器与导线	4-3-3　电气连接操作
	检查评价	4-4-1　检查电气连接	4-4-2　通电调试操作
单元 5　普通车床控制电气的装调	了解资讯		
	制订计划	5-2-1　工作流程	5-2-2　预期成果
	组织实施	5-3-1　绘制连接用电气图 5-3-2　选配电器与导线	5-3-3　制作电器安装板 5-3-4　电气连接操作
	检查评价	5-4-1　检查电气连接	5-4-2　通电调试操作
单元 6　异步电动机控制系统的装调	了解资讯		
	制订计划	6-2-1　工作流程	6-2-2　预期成果
	组织实施	6-3-1　选配电器与导线 6-3-2　布置控制系统电器 6-3-3　连接控制系统电气	6-3-4　编制控制系统程序 6-3-5　下载 PLC 程序
	检查评价	6-4-1　检查电气连接	6-4-2　通电调试操作
单元 7　数控车床控制电气的装调	了解资讯		
	制订计划	7-2-1　工作流程	7-2-2　预期成果
	组织实施	7-3-1　绘制连接用电气图 7-3-2　选配电器与导线	7-3-3　电气连接操作
	检查评价	7-4-1　检查电气连接	7-4-2　通电调试操作

6. “机床电气控制与 PLC”课程设计方案

“机床电气控制与 PLC”课程以机床中电气控制为载体，实现“教、学、做”一体化。设计了 9 个单元，共有 22 个任务，每个任务按照“任务导入、任务目标、任务描述、相关知识、任务实施、知识拓展、技能训练、问题思考”8 个环节组织实施。

“机床电气控制与 PLC”课程设计方案如表 4-83 所示。

表 4-83　“机床电气控制与 PLC”课程设计方案

单元名称	任务名称
单元 1　低压电器控制的认知	任务 1　给机床安装照明——开关类电器 任务 2　让机床按照指令动作——主令电器 任务 3　安全控制大功率电器——接触器
单元 2　三相异步电动机的基本控制	任务 1　探究电动机结构——拆装电动机 任务 2　控制电动机断续与连续运转——点动与连续 任务 3　电动机可逆运转——正反转控制
单元 3　三相异步电动机的启动控制	任务 1　减少电网冲击影响——降压启动 任务 2　电动机变速运转——调速控制 任务 3　顺序启停电动机——顺序控制

续表

单元名称	任务名称
单元4　三相异步电动机的制动控制	任务1　电动机快速停止——反接制动 任务2　转换机械能为热能——能耗制动
单元5　典型机床控制线路的认知	任务1　车床电气控制——CA6140 型普通车床 任务2　铣床电气控制——X62 W 型万能铣床 任务3　镗床电气控制——T68 型卧式镗床
单元6　PLC 基本指令的应用	任务1　点亮机床状态指示灯——常开、常闭触点及线圈指令 任务2　PLC 控制工作台实现往复运动——置位、复位指令
单元7　定时器/计数器指令的应用	任务1　改造 Y-Δ降压启动控制线路——定时器指令 任务2　控制机床状态指示灯闪烁——计数器指令
单元8　步进控制指令的应用	任务1　多工步转塔车床 PLC 控制——步进控制指令 任务2　双面钻孔组合机床 PLC 控制——并行序列功能图
单元9　机床线路 PLC 的改造	任务1　镗床电气线路 PLC 改造——T68 型卧式镗床 任务2　组合机床电气线路 PLC 改造——钻锪组合机床

7. “工程机械电气系统检修”课程设计方案

“工程机械电气系统检修”课程以工程机械电气子系统为载体，通过完成多项典型故障的检修任务，掌握工程机械电气系统检修的基本知识和具备基本技能，理论知识主要围绕技能训练要求来安排。

“工程机械电气系统检修”课程设计方案如表 4-84 所示。

表 4-84　“工程机械电气系统检修”课程设计方案

单元名称	任务名称	
单元1　检修电源系统	任务1-1　检修蓄电池 任务1-2　检修交流发电机	任务1-3　检修电压调节器 任务1-4　检修电源系统电路
单元2　检修起动系统	任务2-1　检修起动机 任务2-2　检修起动熄火电磁阀	任务2-3　检修起动预热装置 任务2-4　检修起动系统电路
单元3　检修点火系统	任务3-1　检修电子点火系统 任务3-2　检修微机控制点火系统	任务3-3　检修磁电机点火系统
单元4　检修照明与信号系统	任务4-1　检修照明系统	任务4-2　检修信号系统
单元5　检修仪表与警报系统	任务5-1　检修仪表系统	任务5-2　检修报警系统
单元6　检修辅助电气系统	任务6-1　检修电动刮水器、清洁系统 任务6-2　检修空调系统	任务6-3　检修音响系统
单元7　检修全车电路	任务7-1　检修电路中的辅助装置 任务7-2　识读电路图	任务7-3　检修全车电路

8. “汽车制动系检修”课程设计方案

“汽车制动系检修”课程以汽车制动系的组成部件为载体，分为 6 个教学单元，设置了 10 个学习任务，每个学习任务的设置均采用任务引领型的方式，强调按企业实际工作过程来培养学生的综合职业能力，体现“做中学、做中教”的一体化教学特色，其针对性、实用性强。每项任务按照“车辆维修接待、信息收集与处理、制定检查计划、实施检查作业、检验评估”流程予以实施。

“汽车制动系检修”课程设计方案如表 4-85 所示。

表 4-85 “汽车制动系检修”课程设计方案

单元名称	任务名称	
单元 1 维护自动变速器	任务 1 汽车自动变速器的基本检查 任务 2 ATF 检查与更换	任务 3 自动变速器外部机构检查
单元 2 检修液力变矩器	任务 1 液力变矩器检修	
单元 3 检修变速齿轮机构	任务 1 行星齿轮机构检修	任务 2 定轴式变速齿轮机构检修
单元 4 检修执行元件	任务 1 执行元件检修	
单元 5 检修液压系统	任务 1 油泵检修	任务 2 阀体检修
单元 6 检修电子控制系统	任务 1 电子控制系统检修	

9. “汽车转向、行驶和制动系统诊断与修复”课程设计方案

“汽车转向、行驶和制动系统诊断与修复”课程以汽车转向、行驶和制动的各系统及故障为载体，分为 5 个单元，主要包括汽车行驶系统、转向系统、电子控制被动安全系统、制动系统、电子控制主动安全系统 5 个部分的故障诊断与维修，以汽车维修企业真实工作任务为主线，学生做中学，教师做中教，注重学生职业技能与素质的培养。

“汽车转向、行驶和制动系统诊断与修复”课程设计方案如表 4-86 所示。

表 4-86 “汽车转向、行驶和制动系统诊断与修复”课程设计方案

单元名称	任务名称
单元 1 检修行驶系统	任务 1 检修车桥 任务 2 检查与调整四轮定位 任务 3 使用及维护车轮与轮胎 任务 4 诊断悬架故障
单元 2 检修转向系统	任务 1 保养与维护转向系统 任务 2 拆装与更换转向系统的主要组成部件 任务 3 诊断与修复转向系统典型故障
单元 3 检修电子控制被动安全系统	任务 1 更换安全气囊 任务 2 诊断安全气囊故障灯点亮的故障
单元 4 诊断与修复制动系统的故障	任务 1 诊断制动系统制动时异响的故障
单元 5 检修电子控制主动安全系统	任务 1 诊断 ABS 故障灯点亮的故障 任务 2 诊断 ESP 故障灯点亮的故障

10. “C 语言程序设计”课程设计方案

（1）“C 语言程序设计”教学单元设计

“C 语言程序设计”课程以程序为载体，在完成不同难度的程序编写过程中，学习 C 语言的语法知识，掌握编程规则与技巧，积累程序编写经验。

"C 语言程序设计"课程的教学单元设计方案如表 4-87 所示。

表 4-87 "C 语言程序设计"教学单元设计方案

单元名称	建议课时	建议考核分值
单元 1 简单数学运算 C 程序设计	12	20
单元 2 日常数据处理 C 程序设计	12	20
单元 3 批量数据处理 C 程序设计	8	15
单元 4 字符数据处理 C 程序设计	4	5
单元 5 构造数据处理 C 程序设计	4	5
单元 6 文件内容处理 C 程序设计	4	10
单元 7 趣味数学运算 C 程序设计	6	10
单元 8 经典算法实现 C 程序设计	8	10
单元 9 硬件与嵌入式 C 程序设计	6	5

（2）"C 语言程序设计"任务设计

"C 语言程序设计"任务设计方案如表 4-88 所示。

表 4-88 "C 语言程序设计"任务设计方案

单元序号	任务名称		
1	引例剖析	任务 1 编程计算选购商品的金额	
	编程实战	任务 2 编程输出指定内容 任务 3 编程计算正方形的周长 任务 4 编程计算圆形面积和球体体积 任务 5 编程求一元二次方程的根	任务 6 编程分解三位整数的各位数字 任务 7 编程将小写字母转换为大写字母 任务 8 编程利用函数输出两个数中的最大值
	小试牛刀	任务 9 编程用*号输出字母 C 的图案 任务 10 编程实现摄氏温度和华氏温度之间的换算 任务 11 编程计算三角形的面积	任务 12 编程实现小数的四舍五入 任务 13 编程输出字符的 ASCII 码 任务 14 编程利用自定义函数计算长方形的面积
2	引例剖析	任务 1 编程求最大公约数和最小公倍数	
	编程实战	任务 2 编程判断偶数 任务 3 编程判断闰年 任务 4 编程判断字符的类型 任务 5 编程将分数成绩转换为等级	任务 6 编程计算阶乘 任务 7 编程求圆周率π的近似值 任务 8 编程计算球落地反弹高度 任务 9 编程判断素数
	小试牛刀	任务 10 编程对三个数排序 任务 11 编程判断回文数 任务 12 编程判断三角形的类型 任务 13 编程计算购物的优惠金额	任务 14 编程求自然对数的底 e 的近似值 任务 15 编程求逆数 任务 16 编程输出 9×9 乘法口诀表
3	引例剖析	任务 1 编程计算平均成绩	
	编程实战	任务 2 编程查找数组中的一个数 任务 3 编程求矩阵对角线元素之和 任务 4 编程实现矩阵转置运算 任务 5 编程使用指针实现整数排序	任务 6 编程使用指针输出一门和多门课程的成绩 任务 7 编程实现数组逆序输出

续表

单元序号	任务名称		
3	小试牛刀	任务 8　编程应用数组计算个人所得税 任务 9　编程求一维数组的最大值与最小值 任务 10　编程打印出杨辉三角形	任务 11　编程实现矩阵的乘法运算 任务 12　编程输出数组中的全部元素 任务 13　编程使用指针比较整型数据的大小
4	引例剖析	任务 1　编程计算字符串中包含的单词个数	
	编程实战	任务 2　编程分类统计字符个数 任务 3　编程求一个字符串的长度 任务 4　编程实现字符串的复制	任务 5　编程删除字符串中的指定字符 任务 6　编程将星期序号转换为星期名称 任务 7　编程实现字符串排序
	小试牛刀	任务 8　编程判断字符串是否为回文 任务 9　编程实现字符串倒置 任务 10　编程实现字符串连接	任务 11　编程在指定位置插入指定字符 任务 12　编程将月份号转换为英文月份名称
5	引例剖析	任务 1　编程输入与输出学生的数据记录	
	编程实战	任务 2　编程建立学生数据记录 任务 3　编程利用指针变量输出结构体数组的值	任务 4　编程通过多种方式输出学生数据 任务 5　编程计算学生平均成绩和统计优秀人数
	小试牛刀	任务 6　编程建立通信录 任务 7　编程利用结构指针变量输出一条通信录记录数据	任务 8　编程利用结构指针变量输出多条通信录记录数据
6	引例剖析	任务 1　编程利用磁盘文件存储与输出学生的记录数据	
	编程实战	任务 2　编程从文件中逐个读取字符并在屏幕上输出 任务 3　编程对文件进行读写操作	任务 4　编程统计文件中字符串出现的次数 任务 5　编程删除文件中的指定记录数据 任务 6　编程实现文件的合成
	小试牛刀	任务 7　编程将键盘输入的字符写入到磁盘文件中 任务 8　编程从文件中读出字符串	任务 9　编程实现文件的复制 任务 10　编程在文件中追加一个字符串
7	引例剖析	任务 1　编程求解兔子产仔问题	
	编程实战	任务 2　编程求解不重复的 3 位数问题 任务 3　编程求解百钱买百鸡问题 任务 4　编程求解完全数问题	任务 5　编程输出所有的水仙花数 任务 6　编程验证卡布列克常数问题 任务 7　编程将正整数分解为质因数
	小试牛刀	任务 8　编程求解猴子吃桃问题 任务 9　编程求解完全平方数问题	任务 10　编程求解勾股数问题 任务 11　编程使用递归算法求阶乘
8	引例剖析	任务 1　编程使用回溯法求解背包问题	
	编程实战	任务 2　编程使用迭代法求解方程根 任务 3　编程使用穷举搜索法求解换零钱问题 任务 4　编程使用递推算法求解渔夫捕鱼问题	任务 5　编程使用递归算法求解计算组合数 任务 6　编程实现选择排序 任务 7　编程实现折半查找
	小试牛刀	任务 8　编程使用迭代算法求解开平方运算 任务 9　编程使用递归算法计算 1～n 自然数之和	任务 10　编程使用递归算法求幂 任务 11　编程实现冒泡法排序 任务 12　编程实现顺序查找

续表

<table>
<tr><th>单元序号</th><th colspan="3">任务名称</th></tr>
<tr><td rowspan="3">9</td><td>引例剖析</td><td colspan="2">任务 1　编程实现数字秒表功能</td></tr>
<tr><td>编程实战</td><td>任务 2　编程控制第一盏 LED 灯亮
任务 3　编程控制一盏 LED 灯闪烁
任务 4　编程用右移运算控制流水点亮 8 盏 LED 灯
任务 5　编程用 switch 语句控制 8 盏 LED 灯的点亮状态
任务 6　编程用 while 语句控制 LED 灯的亮灭</td><td>任务 7　编程使用指针数组控制 8 盏 LED 灯的流水点亮
任务 8　编程使用指针作函数参数控制 LED 灯的流水点亮
任务 9　编程使用 LED 数码显示器循环显示数字 0～9</td></tr>
<tr><td>小试牛刀</td><td>任务 10　编程控制单盏 LED 灯的亮与灭
任务 11　编程使用 P3 口控制流水点亮 8 盏 LED 灯</td><td>任务 12　编程使用字符型数组控制 8 盏 LED 灯的流水点亮</td></tr>
</table>

11．“Access 数据库应用”课程设计方案

“Access 数据库应用”课程以 Access 数据库及对象为载体，在完成各项操作任务的过程中理解数据库相关理论知识，掌握各项操作方法。

“Access 数据库应用”课程设计方案如表 4-89 所示。

表 4-89　“Access 数据库应用”课程设计方案

单元名称	任务名称
单元 1　体验数据库应用与试用 Access 2010	【任务 1-1】体验数据库应用与初识数据库 【任务 1-2】启动与退出 Access 2010 【任务 1-3】熟悉 Access 2010 的窗口组成与布局 【任务 1-4】熟悉 Access 2010 的功能区及其主要操作 【任务 1-5】熟悉 Access 2010 的导航窗格及其主要操作
单元 2　创建与保护 Access 数据库	【任务 2-1】创建空数据库 【任务 2-2】使用模板创建数据库 【任务 2-3】打开与关闭数据库 【任务 2-4】转换数据库文件的格式 【任务 2-5】备份与还原数据库 【任务 2-6】在受信任位置打开数据库 【任务 2-7】设置与撤销数据库文件的访问密码
单元 3　创建与编辑 Access 数据表	【任务 3-1】使用表的“设计视图”创建“图书信息”数据表 【任务 3-2】使用直接输入数据的方法创建“出版社”数据表 【任务 3-3】修改“出版社”数据表的“出版社编号” 【任务 3-4】在“出版社”数据表中插入一条记录 【任务 3-5】将“出版社”数据表中的记录进行排序操作 【任务 3-6】将 Excel 工作表中的数据导入到数据库中 【任务 3-7】将数据库“BookData.accdb”中的数据表导入到数据库中 【任务 3-8】将“Book3.accdb”中的数据表导出到 Excel 工作表中 【任务 3-9】从“图书信息”表中按选定内容筛选出所需的记录

续表

单元名称	任务名称
单元3 创建与编辑Access数据表	【任务3-10】使用“筛选器”从“图书信息”数据表中筛选出所需的记录 【任务3-11】使用“窗体”筛选从“图书信息”数据表中筛选出所需的记录 【任务3-12】使用高级筛选从“图书信息”数据表中筛选出所需的记录 【任务3-13】设置“图书信息”数据表的字体格式 【任务3-14】设置“出版社”数据表的网格属性 【任务3-15】调整“出版社”数据表中字段的显示次序 【任务3-16】调整“出版社”数据表所有记录的行高 【任务3-17】调整“出版社”数据表指定字段的列宽 【任务3-18】使用“拖动鼠标”的方法调整数据表“出版社”的行高和列宽 【任务3-19】隐藏数据表“出版社”中的字段 【任务3-20】在数据表“出版社”的数据表视图中冻结字段
单元4 维护与使用Access数据表	【任务4-1】修改数据表的字段名称 【任务4-2】在“图书信息”数据表中插入字段 【任务4-3】在“图书信息”数据表的尾部添加新的字段 【任务4-4】删除“出版社”数据表中的“ID”字段 【任务4-5】在“图书信息”数据表中交换字段的位置 【任务4-6】设置数据表的主键 【任务4-7】在“图书信息”数据表中输入字段的数据内容 【任务4-8】修改“出版社”数据表中字段的数据类型 【任务4-9】设置“图书信息”数据表中字段的格式 【任务4-10】修改“出版社”数据表各个字段的大小 【任务4-11】为“出版社”数据表中“联系电话”字段设置掩码 【任务4-12】为“出版社”数据表的字段设置有效性规则 【任务4-13】创建多个数据表之间的关系 【任务4-14】编辑数据表之间的关系 【任务4-15】删除数据表之间的关系 【任务4-16】为数据表之间的关系设置“实施参照完整性”规则 【任务4-17】在“出版社”表的数据表视图中查看“电子工业出版社”所出版的图书信息 【任务4-18】为“读者类型”添加子数据表
单元5 创建与使用Access查询	【任务5-1】为“图书信息”数据表创建单表选择查询 【任务5-2】使用“简单查询向导”创建单表条件查询 【任务5-3】创建多表查询 【任务5-4】统计“图书信息”数据表中图书总数量 【任务5-5】统计“图书信息”数据表中“电子工业出版社”出版的图书总数量 【任务5-6】统计“图书信息”表中各个出版社所出版的图书总数量 【任务5-7】统计“图书信息”数据表中各种图书的金额 【任务5-8】创建交叉表查询统计每一本图书的借阅情况和借阅总次数 【任务5-9】根据输入的参数值统计出版社所出版的图书数量 【任务5-10】创建查询某个出版社在某个日期范围内所出版的图书数量的“多参数查询”
单元6 应用SQL语句操作Access数据表	【任务6-1】查询时选择“图书信息1”数据表中的所有字段 【任务6-2】查询时选择“图书信息1”数据表中的部分字段 【任务6-3】查询“图书信息1”表时更改查询结果的列标题

续表

单元名称	任务名称
单元 6　应用 SQL 语句操作 Access 数据表	【任务 6-4】查询“图书信息 1”表时计算其每一种图书的总金额 【任务 6-5】从“图书信息 1”数据表中查询无重复的出版社名称 【任务 6-6】使用 Where 子句从“图书信息 1”表中检索满足指定条件的数据 【任务 6-7】使用聚合函数从“图书信息 1”表中查询数据 【任务 6-8】查询时对查询结果进行排序 【任务 6-9】查询时对查询结果进行分组与汇总操作 【任务 6-10】应用 Select 语句从多个数据表检索数据 【任务 6-11】从“出版社”数据表中检索出图书数量超过 20 本的出版社信息 【任务 6-12】使用 Insert 语句向“图书信息 2”表中添加一条记录 【任务 6-13】修改“图书信息 2”表中新添加记录的“价格” 【任务 6-14】从数据表“图书信息 2”中删除指定的 1 条记录 【任务 6-15】向“图书信息 2”数据表中添加两个新字段 【任务 6-16】从“图书信息 2”数据表中删除两个字段 【任务 6-17】使用 SQL 视图修改已创建的查询
单元 7　创建与使用 Access 报表	【任务 7-1】使用报表工具快速创建图书信息报表 【任务 7-2】使用空报表工具创建出版社报表 【任务 7-3】使用报表向导创建按出版社统计图书总数量报表 【任务 7-4】使用标签向导创建借书证标签 【任务 7-5】使用报表的设计视图创建图书信息统计报表
单元 8　创建与使用 Access 窗体	【任务 8-1】使用窗体工具创建图书信息窗体 【任务 8-2】使用分割窗体工具创建出版社窗体 【任务 8-3】使用空白窗体工具创建借书证窗体 【任务 8-4】使用窗体向导与窗体设计视图相结合的方式创建图书信息浏览窗体 【任务 8-5】在图书信息窗体中操作数据 【任务 8-6】在图书信息数据表窗体中进行记录的排序 【任务 8-7】在图书信息数据表窗体中筛选出符合条件的记录
单元 9　分析与设计 Access 数据库	【任务 9-1】图书管理数据库设计的需求分析 【任务 9-2】设计图书管理数据库的概念结构 【任务 9-3】设计图书管理数据库的逻辑结构 【任务 9-4】根据概念结构和逻辑结构设计图书管理系统中数据库的物理结构 【任务 9-5】图书管理数据库的优化与创建

12．“建筑施工”课程设计方案

“建筑施工”课程以不同的施工任务为载体，突出职业教育的针对性和实用性，将土建工程划分为 10 个单元，每个单元设置了若干个工作任务，通过完成各项施工任务，熟悉和掌握房屋建筑工程施工工艺、施工方法、施工机械、施工测量以及施工过程中的安全措施和质量保证措施等方面。

“建筑施工”课程设计方案如表 4-90 所示。

表 4-90 “建筑施工”课程设计方案

单元名称	任务名称	
单元 1 土方工程施工	任务 1 土方量计算与土方调配 任务 2 基坑（槽）的土方开挖 任务 3 土方填筑与压实 任务 4 土方工程的机械化施工	任务 5 地下水位降低 任务 6 土方工程施工安全操作 任务 7 深基坑信息化施工
单元 2 地基处理与基础工程施工	任务 1 地基处理与加固 任务 2 浅埋式钢筋混凝土基础施工 任务 3 预制桩施工	任务 4 混凝土灌注桩施工 任务 5 地下连续墙施工
单元 3 脚手架搭拆与垂直运输机械选择	任务 1 扣件式、碗扣式钢管脚手架搭设与拆除 任务 2 门式、悬挑式和吊篮式脚手架搭设	任务 3 垂直运输设施选择 任务 4 脚手架搭拆与垂直运输机械安拆安全操作
单元 4 砌体工程施工	任务 1 砌筑砂浆配置 任务 2 砖砌体施工 任务 3 石砌体施工	任务 4 砌块砌体施工 任务 5 砌体工程施工质量验收与安全操作
单元 5 钢筋混凝土工程施工	任务 1 模板安装与拆除 任务 2 钢筋验收与加工、安装	任务 3 混凝土配置、运输、浇筑、振捣与养护 任务 4 钢筋混凝土工程施工的安全操作
单元 6 预应力混凝土工程施工	任务 1 先张法施工 任务 2 后张法施工	任务 3 无黏结预应力混凝土施工 任务 4 预应力混凝土施工质量验收与安全操作
单元 7 轻钢结构工程施工	任务 1 轻钢结构工程施工	任务 2 轻钢结构工程施工质量验收与安全操作
单元 8 结构安装工程施工	任务 1 单层工业厂房结构安装 任务 2 多层装配式框架结构安装	任务 3 结构安装工程施工质量验收与安全操作
单元 9 防水工程施工	任务 1 屋面防水工程施工 任务 2 地下防水工程施工	任务 3 卫生间防水工程施工 任务 4 防水工程施工质量验收与安全操作
单元 10 装饰装修工程施工	任务 1 抹灰工程施工 任务 2 饰面工程施工 任务 3 楼地面工程施工 任务 4 吊顶工程施工	任务 5 涂料、刷浆与裱糊工程施工 任务 6 门窗工程施工 任务 7 装饰装修工程施工质量验收与安全操作

13. “路基施工”课程设计方案

“路基施工”课程以路基施工的常见任务为载体，分为一般路基施工、路基排水工程施工、路基防护与加固工程施工、特殊路基施工、路基整修与交工验收 5 个单元。

“路基施工”课程设计方案如表 4-91 所示。

表 4-91 “路基施工”课程设计方案

单元名称	任务名称	
单元 1 一般路基施工	任务 1 填料选择 任务 2 基底处理 任务 3 土质路堤填筑 任务 4 填石路堤施工	任务 5 桥、涵及构筑物回填 任务 6 高填方路堤施工 任务 7 路基压实 任务 8 挖方路基施工

续表

单元名称	任务名称	
单元2　路基排水工程施工	任务1　地表排水	任务2　涵洞施工
单元3　路基防护与加固工程施工	任务1　路基坡面防护 任务2　路基冲刷防护	任务3　路基防滑防护
单元4　特殊路基施工	任务1　软土路基施工 任务2　膨胀土地区路基施工 任务3　黄土地区路基施工	任务4　盐渍土地区路基施工 任务5　多年冻土及季节性冻土地区路基施工 任务6　多雨潮湿地区路基施工
单元5　路基整修与交工验收	任务1　路基整修	任务2　交工验收

14. “财务报表分析与应用”课程设计方案

“财务报表分析与应用”课程以岗位工作任务为载体，整门课程按照“认知、分析、应用、撰写报告”的逻辑顺序设计。单元1属于财务分析的基础部分。单元2、单元3和单元4属于财务分析的主体，主要对资产负债表、利润表和现金流量表这3种财务报表进行分析。单元5和单元6属于财务分析的深化，通过财务综合分析，实现理论与实际的融会贯通，培养学生活学活用的技能。单元7属于财务分析的整合，通过撰写财务分析报告，培养学生对财务分析的正确理解，能具体问题具体分析。

“财务报表分析与应用”课程设计方案如表4-92所示。

表4-92　“财务报表分析与应用”课程设计方案

单元名称	任务名称	
单元1　认知财务报表分析	任务1　了解财务报表	任务2　了解财务报表分析标准和方法
单元2　分析资产负债表	任务1　认知资产负债表	任务2　分析资产负债表
单元3　分析利润表	任务1　认知利润表	任务2　分析利润表
单元4　分析现金流量表	任务1　认知现金流量表	任务2　分析现金流量表
单元5　综合分析财务报表	任务1　认知财务报表综合分析法	任务2　应用综合分析法分析财务报表
单元6　应用财务报表	任务1　投资者的应用 任务2　经营管理者的应用	任务3　债权人的应用
单元7　撰写财务分析报告	任务1　撰写前准备工作	任务2　分析指标和分析方法的选取

15. “出纳岗位操作实务”课程设计方案

“出纳岗位操作实务”课程以出纳岗位的实际操作任务为载体，突出教学过程的系统性、实践性、开放性和职业性。以出纳岗位常见工作内容为线索设计课程，突出与出纳岗位实际工作的一致性，充分体现工作过程的系统化。重点培养学习者的社会能力、岗位能力、自主学习能力、可转移能力及终身学习能力。

“出纳岗位操作实务”课程设计方案如表4-93所示。

表4-93　“出纳岗位操作实务”课程设计方案

单元名称	任务名称	
单元1　认识出纳	任务1　认识出纳 任务2　认知出纳工作的四大职能	任务3　认知出纳员具体要做的工作 任务4　认知出纳员应熟悉的会计法规

续表

单元名称	任务名称	
单元2 训练出纳岗位的基本技能	任务1 书写数码字 任务2 填写出纳员常用单据 任务3 审核原始凭证 任务4 点钞与验钞	任务5 使用点钞机与验钞机 任务6 使用收款机 任务7 使用电子票据软件
单元3 办理现金业务	任务1 认识现金和认知现金管理制度 任务2 办理现金收入结算业务	任务3 办理现金支付结算业务 任务4 清查现金
单元4 办理银行业务	任务1 管理银行账户 任务2 办理银行借款业务	任务3 办理银行结算业务
单元5 填写会计凭证、账簿与出纳报表	任务1 填制记账凭证 任务2 审核记账凭证 任务3 登记账簿	任务4 登记现金日记账 任务5 登记银行存款日记账 任务6 编制现金、银行（收支存）月报表
单元6 交接出纳工作	任务1 整理和保管出纳资料 任务2 移交与调阅出纳资料	任务3 交接出纳工作

16. “财务会计应用”课程设计方案

“财务会计应用”课程以各岗位的核算内容为载体，整门课程以财务会计的工作目标作为逻辑起点，以任务驱动的方式核算企业的资产、负债、所有者权益以及收入、费用和利润要素，生成财务会计报告。涵盖了不同企业各种共同性经济业务会计处理的方法，以企业会计工作目标、会计工作过程和会计工作结果为主线，介绍财务会计的目标和规范、会计报表要素的核算以及财务会计报告编制的相关知识和业务处理方法，体现能力本位、工学结合的改革思路。

“财务会计应用”课程设计方案如表4-94所示。

表4-94 “财务会计应用”课程设计方案

单元名称	任务名称
单元1 财务会计的认知	任务1 认知财务会计 任务2 认知财务会计核算的基本前提 任务3 认知财务会计信息的质量要求 任务4 认知财务会计的工作规范
单元2 出纳岗位的核算——核算货币资金	任务1 核算库存现金 任务2 核算银行存款 任务3 核算其他货币资金
单元3 财产物资岗位的核算——核算存货与资产	任务1 核算存货 任务2 核算固定资产 任务3 核算无形资产
单元4 往来结算岗位的核算——核算应收应付	任务1 核算应收票据 任务2 核算应收账款及预付账款 任务3 核算应付票据与应付账款 任务4 核算应付薪酬与应交税费

续表

单元名称	任务名称
单元5　资金岗位的核算——核算投资与负债	任务1　核算交易性金融资产 任务2　核算持有至到期投资 任务3　核算可供出售金融资产 任务4　核算长期股权投资 任务5　核算借入资金 任务6　核算所有者权益
单元6　财务成果岗位的核算——核算收入、费用和利润	任务1　核算收入 任务2　核算费用 任务3　核算利润 任务4　核算所得税 任务5　结转和分配利润
单元7　财务报告的编制——编制负债表与利润表	任务1　编制资产负债表 任务2　编制利润表

17. “外贸单证实务与操作”课程设计方案

“外贸单证实务与操作”课程以电汇、托收、信用证等不同支付方式的单证操作为载体，分别与出口和进口业务相结合，设计6个独立的工作单元，每个单元都是一笔完整的交易过程。鉴于买卖双方交易的商品不同、海关的监管条件不同、采用的运输方式不同、支付方式不同，每笔交易所涉及的单证的种类也不同，每个单元都是分步骤逐步展开，直至出口商交货后办理收汇核销或进口商提货后办理付汇核销整笔交易的终结。

每个单元都以“案例导入”开始，激发学生的学习兴趣，以“知识导航”铺垫一些外贸单证操作必须掌握的单证知识，以“技能入门”为过渡，进而以一个真实的“任务背景”为情境，以“操作范例”将该笔业务所涉及的不同单证按照真实的业务环节展开，以“相关链接”的方式重点介绍有关单证的缮制规范，同时还借助“提示板”的形式对一些容易混淆的基本概念进行比较归纳，以“资料库”的形式扩展了单证的知识面，最后辅以初级、中级和高级等不同等级的任务训练不断提升学生的单证操作技能。

“外贸单证实务与操作”课程设计方案如表4-95所示。

表4-95　“外贸单证实务与操作”课程设计方案

单元名称	任务名称
单元1　电汇项下出口单证操作	任务1.1　电汇项下出口单证入门 任务1.2　电汇项下出口单证操作
单元2　托收项下出口单证操作	任务2.1　托收项下出口单证入门 任务2.2　托收项下出口单证操作
单元3　信用证项下出口单证操作	任务3.1　信用证项下出口单证入门 任务3.2　信用证分析 任务3.3　信用证审核 任务3.4　信用证项下出口单证操作

续表

单 元 名 称	任 务 名 称
单元 4　电汇项下进口单证操作	任务 4.1　电汇项下进口单证入门 任务 4.2　电汇项下进口单证操作
单元 5　托收项下进口单证操作	任务 5.1　托收项下进口单证入门 任务 5.2　托收项下进口单证操作
单元 6　信用证项下进口单证操作	任务 6.1　信用证项下进口单证入门 任务 6.2　信用证开立和修改操作 任务 6.3　信用证项下进口单证操作

18. “外贸单证实务”课程设计方案

“外贸单证实务”课程以各种常见单证的缮制与审核任务为载体，注重理论联系实际，注重培养学生的实际操作能力，力求突出实用性。

“外贸单证实务”课程设计方案如表 4-96 所示。

表 4-96　“外贸单证实务”课程设计方案

单 元 名 称	任 务 名 称
单元 1　信用证的处理	任务 1　熟知信用证内容 任务 2　开立信用证 任务 3　信用证的审核和修改
单元 2　发票和包装单据的缮制	任务 1　缮制商业发票 任务 2　缮制海关发票 任务 2　缮制其他发票 任务 4　缮制包装单据
单元 3　运输单据的缮制	任务 1　缮制海运出口货物代运委托单 任务 2　缮制海运出口货物托运单 任务 3　缮制海运提单 任务 4　缮制航空运单 任务 5　缮制装运通知
单元 4　保险单据的缮制	任务 1　认识保险单据 任务 2　缮制投保单和保险单
单元 5　出入境货物报检单和商品检验检疫证书的缮制	任务 1　认识商品检验检疫证书 任务 2　缮制出入境货物报检单和商品检验检疫证书
单元 6　原产地证明书的缮制	任务 1　认识原产地证明书 任务 2　申领与缮制一般原产地证明书 任务 3　管理与缮制普惠制原产地证明书（forma）
单元 7　报关单的缮制	任务 1　认识进出口货物报关单 任务 2　缮制进出口货物报关单
单元 8　结算票据的缮制	任务 1　认识本票和支票 任务 2　缮制汇票
单元 9　审单、交单及结汇	任务 1　审核结汇单证 任务 2　交付单据 任务 3　办理出口结汇
单元 10　出口收汇核销和出口退税	任务 1　缮制出口收汇核销单 任务 2　完成出口退税工作

19. “秘书实务”课程设计方案

“秘书实务”课程以秘书常见的工作任务为载体，教学内容与秘书职业岗位无缝接轨。遵循“以够用为度，以适用为则，以实用为标”方针，以职业活动为导向，以职业技能为核心，突出任务驱动的教学特点，体现实用性、职业性的高职教育特色。

“秘书实务”课程设计方案如表4-97所示。

表4-97 “秘书实务”课程设计方案

单元名称	任务名称	
模块一 办公室事务管理	单元1 公司成立筹备事务	任务1 编写公司成立步骤及内容 任务2 规范填写公司注册登记的各种申请表格 任务3 绘制企业组织结构图 任务4 规划办公环境空间，设计办公室格局 任务5 优化办公环境
	单元2 时间安排与计划事务	任务1 辨别秘书工作事务的轻重缓急 任务2 制作日程安排表 任务3 编写约见安排表 任务4 编写工作备忘录
	单元3 办公室日常事务办理	任务1 制作并填写办公用品管理基础性文件 任务2 绘制办公用品购置程序，拟写商业用函 任务3 处理邮件的收寄 任务4 制作印信管理基础文件，模拟用印 任务5 填制值班表格 任务6 填写电话记录表 任务7 填制收发文处理单并模拟操作 任务8 处理信息的工作
	单元4 接待事务	任务1 绘制接打电话流程，模拟电话接待 任务2 模拟预约、未预约现场接待 任务3 制作团队接待方案 任务4 预订返程票及宾馆房间 任务5 安排宴请 任务6 编写参观活动方案 任务7 制作各种账单
模块二 人力资源事务管理	单元1 员工招聘、调动与离职	任务1 绘制招聘流程 任务2 统计职位需求 任务3 安排招聘日程 任务4 编制招聘面试表格 任务5 办理新员工入职手续 任务6 办理员工辞职、离职手续 任务7 办理员工内部调动手续

续表

单元名称	任务名称	
模块二 人力资源事务管理	单元2 绩效考核	任务1 编制员工考勤制度和表格 任务2 编制绩效考核流程 任务3 制定员工绩效考核方案 任务4 设计绩效考核表格 任务5 编写岗位职责与任职条件 任务6 编制员工竞聘文案
	单元3 员工培训管理	任务1 编制培训管理制度与流程 任务2 制定员工培训计划 任务3 编制新员工入职培训方案 任务4 编制员工培训准备事项表 任务5 编制员工培训效果评估流程与表格
模块三 商务活动与会议组织	单元1 安排领导商务出行事务	任务1 编写领导出行秘书准备工作项目表 任务2 绘制公务出国手续流程图 任务3 编写出国旅行日程安排表 任务4 填写国际支付申请书 任务5 办理国际信用卡与还款业务 任务6 拟写、审查商务合同
	单元2 组织商务仪式活动	任务1 策划开业庆典活动 任务2 模拟签字仪式 任务3 准备记者招待会 任务4 制作产品说明演示稿
	单元3 组织商务会议	任务1 编写会议议题、议程 任务2 预算会议成本 任务3 编写会议筹备方案 任务4 确定会议场所 任务5 编写、发送会议通知 任务6 编制会场安排方案、布置会场 任务7 制作会议记录 任务8 编制会议质量反馈表，拟写总结
模块4 模拟活动安排	任务1 模拟现场招聘会 任务2 模拟筹备分公司成立事务 任务3 模拟组织公司客户会 任务4 模拟组织公司年终联谊会 任务5 模拟安排上司出国旅行事务 任务6 模拟主题活动策划与实施 任务7 模拟设计颁奖晚会仪式 任务8 模拟撰写庆祝活动方案	任务9 模拟冠名仪式活动 任务10 模拟整理和撰写申报材料 任务11 模拟组织公司庆典活动 任务12 模拟公司股东大会相关事宜 任务13 模拟参观团队的接待活动 任务14 模拟处理突发事件 任务15 模拟专题展览

20. “文秘写作”课程设计方案

文秘写作既需要掌握一般写作的共性知识，如主题、材料、结构、语言、逻辑、表达方法等写作基础知识，又需要了解文秘应用性体裁的一些写作特点、要求和方法。

“文秘写作”课程以不同类型的公文为载体，分为 5 个教学单元。

“文秘写作”课程的设计方案如表 4-98 所示。

表 4-98 “文秘写作”课程设计方案

单元名称	任务名称		
单元 1 企业行政性公文的写作	方法指导	（1）企业行政性公文的一般格式	（2）常用企业行政性公文的写作要点
	案例分析	案例 1 会议通知 案例 2 表彰通报	案例 3 请示报告 案例 4 给总公司的报告
	写作实战	任务 1 撰写计划 任务 2 撰写总结 任务 3 撰写讲话稿 任务 4 撰写启事	任务 5 撰写命令决定 任务 6 撰写公告通告 任务 7 撰写批复意见 任务 8 撰写会议纪要
单元 2 企业商务性公文的写作	方法指导	（1）企业商务性公文的写作要点	（2）常用商务性公文的例文
	案例分析	案例 1 参加文档管理培训班的函 案例 2 联合举办促销活动的函	案例 3 装修合同 案例 4 独家代理函
	写作实战	任务 1 撰写合同 任务 2 撰写协议	任务 3 撰写报价函 任务 4 撰写投标书
单元 3 企业运营性公文的写作	方法指导	（1）企业运营性公文的写作要点	（2）常用企业运营性公文的例文
	案例分析	案例 1 市场营销方案 案例 2 调查报告	案例 3 促销报告 案例 4 员工培训报告
	写作实战	任务 1 撰写调查报告 任务 2 撰写新产品推广方案 任务 3 撰写市场促销报告	任务 4 撰写接待方案 任务 5 撰写市场预测报告 任务 6 撰写可行性研究报告
单元 4 企业宣传性公文的写作	方法指导	（1）企业宣传性公文的写作要点	（2）常用宣传性公文的例文
	案例分析	案例 1 公司新产品上市的新闻 案例 2 通讯	案例 3 演讲稿 案例 3 解说词
	写作实战	任务 1 撰写消息 任务 2 撰写商业广告 任务 3 撰写启事声明	任务 4 撰写说明书 任务 5 撰写新闻短论
单元 5 企业社交性公文的写作	方法指导	（1）企业社交性公文的一般格式	（2）常用社交性公文的写作要点
	案例分析	案例 1 春节团拜会请柬 案例 2 客户招待会请柬	案例 3 救灾感谢信 案例 4 公司庆典邀请信
	写作实战	任务 1 撰写请柬 任务 2 撰写邀请信 任务 3 撰写贺信	任务 4 撰写感谢信 任务 5 撰写演说词

21. “导游讲解”课程设计方案

“导游讲解”课程以不同类型的景观景点及场景为载体，将导游讲解语言表达能力训练分解为 5 个教学单元，每个教学单元设置了多项任务，按照由易到难的顺序进行安排，增加讲解的训练强度，从而形成讲解内容和讲解能力两条培养线索。每个讲解任务从导游词的内容组成、讲解手法、讲解的原则技巧三个层次进行剖析。

“导游讲解”课程设计方案如表 4-99 所示。

表 4-99 “导游讲解”课程设计方案

单元名称	任务名称
单元 1 致欢迎词和欢送词	任务 1-1 致欢迎词——做好导游员的亮相 任务 1-2 致欢送词——留下深刻的回忆
单元 2 沿途风光的讲解	任务 2-1 沿途导游讲解——拉近你我的距离 任务 2-2 短距离沿途导游讲解——一个不可忽视的环节 任务 2-3 长距离沿途导游——讲解多种能力的综合体现
单元 3 地方文化的讲解	任务 3-1 地方历史讲解——徜徉历史 任务 3-2 地方民俗讲解——多彩民俗 任务 3-3 地方物产特色讲解——水土宜人
单元 4 自然景区景点的讲解	任务 4-1 山岳景观讲解——高山仰止 任务 4-2 水体景观讲解——智者乐水 任务 4-3 特殊地貌景观讲解——神奇的自然力量 任务 4-4 动植物景观讲解——跃动的生命
单元 5 人文景观的讲解	任务 5-1 古代建筑遗存讲解——凝固的音乐 任务 5-2 古典园林讲解——师法自然 任务 5-3 宗教景观讲解——人类智慧的积淀 任务 5-4 民族风情讲解——多姿多彩 任务 5-5 都市风光讲解——多元时尚 任务 5-6 红色旅游景观讲解——红色记忆 任务 5-7 展馆讲解——博览天下

22. “酒店前厅服务”课程设计方案

“酒店前厅服务”课程以酒店前厅服务内容为载体，划分为 6 个教学单元，通过服务训练，熟悉服务流程、礼仪、技巧等方面。

“酒店前厅服务”课程设计方案如表 4-100 所示。

表 4-100 “酒店前厅服务”课程设计方案

单元名称	任务名称	
单元 1 客房预订服务	任务 1-1 散客客房预订 任务 1-2 团队客房预订	任务 1-3 签约单位客房预订
单元 2 礼宾服务	任务 2-1 迎宾服务 任务 2-2 行李服务	任务 2-3 金钥匙服务
单元 3 接待服务	任务 3-1 入住登记	任务 3-2 结账服务
单元 4 问讯服务	任务 4-1 问讯服务 任务 4-2 留言服务	任务 4-3 邮件服务
单元 5 总机服务	任务 5-1 电话接转服务 任务 5-2 叫醒服务	任务 5-3 问讯服务
单元 6 其他服务	任务 6-1 商务服务 任务 6-2 寄存与保管服务	任务 6-3 外币兑换服务

23. “养牛生产”课程设计方案

“养牛生产”课程以养牛的各项工作任务为载体，分为 6 个教学单元。

“养牛生产”课程设计方案如表 4-101 所示。

表 4-101 “养牛生产”课程设计方案

单元名称	任务名称	
单元 1 牛场建设规划与牛舍建筑	任务 1 牛场建设选址与规划布局	任务 2 牛舍建筑类型与结构设计
单元 2 养牛生产设备配置与环境控制	任务 1 养牛生产设施设备配置	任务 2 牛的环境要求及控制
单元 3 牛的饲料选用与供应计划	任务 1 牛的常用饲料及加工调制	任务 2 牛场的饲料供应计划制订
单元 4 牛的选种选配和杂交繁殖	任务 1 牛的生物学特性及品种 任务 2 牛的外貌评定 任务 3 牛的生产性能评定 任务 4 牛的选种方法及引种	任务 5 牛的选配方式及杂交 任务 6 牛的发情鉴定及适配 任务 7 牛的人工授精 任务 8 母牛的妊娠及接产
单元 5 牛的饲养管理和兽医保健	任务 1 牛的兽医卫生保健 任务 2 犊牛的饲养管理 任务 3 育成牛的饲养管理 任务 4 成年奶牛的饲养管理	任务 5 挤奶 任务 6 种公牛的饲养管理 任务 7 肉牛的肥育 任务 8 牛常见病的防治
单元 6 牛的饲养规模和效益分析	任务 1 牛的饲养规模和周转管理	任务 2 牛的成本核算和效益分析

4.5.4 课程教学过程设计方案的参考与借鉴

1. “办公软件应用”课程的教学过程设计方案

“办公软件应用”课程的教学过程设计方案如表 4-102 所示。

表 4-102 “办公软件应用”课程的教学过程设计方案

环节序号	环节名称	要点	说明
1	基础训练	学习知识 掌握方法	针对基础知识和基本方法的学习需求，设置多个基础训练内容，以满足学生熟练掌握基础知识和具备基本技能的需要
2	定向训练	定向操作 积累经验	采用任务驱动方法，每一项任务都提出具体的操作要求，对相关知识和方法进行定向训练，以满足学生按规定要求快速完成规定任务的需要
3	创意训练	创意思维 推陈出新	只给出任务描述和操作要求，具体的实施步骤和方法选用由学生自行确定，训练创新思维能力，以满足学生根据实际需求进行规划和创意的需要
4	提升训练	提升能力 精益求精	采用任务驱动的方法，训练读者灵活运用所掌握的各种方法完成指定任务的能力，提升学习者分析问题、解决问题、拓展知识面的综合能力，以满足遇到问题时想办法自行解决难题的需要

2. “高等数学及应用”课程的教学过程设计方案

“高等数学及应用”课程的教学过程设计方案如表 4-103 所示。

表 4-103 “高等数学及应用”课程的教学过程设计方案

环节序号	环节名称	说明
1	教学导航	明确教学目标、教学重点和教学难点
2	引例探析	通过分析典型实例，引出高等数学的基本概念，对基本概念有初步印象
3	概念认知	集中分析讲解基本概念、基本定义、基本特性和几何意义，为后续解题提供理论指导，解题时如果遇到概念问题直接可以在此环节进行查找
4	知识梳理	集中分析讲解基本定理、基本性质、基本公式和基本方法
5	实例精讲	为进一步理解概念、熟悉公式和方法，针对性地分析讲解典型实例
6	释疑解难	将学生出错可能性大的问题显现进行分析，一方面预防出错，另一方面当出现错误时可能尽快找到解决方法
7	同步训练	设置必要的习题，让学生动手练习，验证知识是否掌握和方法是否会用
8	应用求解 （1）日常应用 （2）经济应用 （3）电类应用 （4）机类应用	学习数学知识主要目的是为了应用，运用所学知识解决生活、工作中的实际问题。这里设置了日常应用、经济应用、电类应用和机类应用 4 类典型应用问题，其中日常应用为必学内容，其他 3 类根据教学需要进行选择讲解即可，同时也为学生了解其他相关专业的应用需求提供方便，有利于拓展学生的知识面，满足学生的个性化需求和职业发展需求
9	应用拓展	设置必要的实际应用问题，让学生自行求解
10	单元小结	对本单元关键知识和常用方法进行小结
11	单元考核	每个单元设置一个考核环节，检查知识掌握情况和训练实际问题的解决能力

3. “职业素养训练与提升”课程的教学过程设计方案

“职业素养训练与提升”课程的教学过程设计方案如表 4-104 所示。

表 4-104 “职业素养训练与提升”课程的教学过程设计方案

环节序号	环节名称	说明
1	箴言警句	箴言警句言简意赅，朗朗上口，简约而有力量，蕴含着深邃的哲理，闪耀着理性的光辉，对职业素养的养成有重要的指导意义和警戒作用。能使学生更深刻地懂得人生哲理，能调动学生自我教育的潜力
2	自我测试	通过完成素养测试题，了解自身某方面的职业素养状况或特点
3	感悟反思	阅读案例故事，感知案例情境，悟透案例寓意或包含的道理，结合自身情况进行反思与调节
4	知识链接	简洁明了地阐述术语概念和理念知识
5	观点剖析	对一些与职业素养密切相关的代表性观点进行剖析，训练问题分析能力等
6	各抒己见	针对与职业素养相关的典型案例进行述说、思考与讨论，发表自己的看法，训练表达能力、概括能力、独立思考能力等
7	团队活动	以小组或班级形式按照规定主题组织团队活动，训练组织协调能力、团队合作能力、自我管理能力、时间管理能力、计划能力、随机应变能力等
8	扬长避短	针对与职业素养相关的典型案例，评说、讨论案例中所描述的优或劣，然后结合自身实际，学习和发扬长处，克服和避开短处，弥补不足，训练辨析能力、比较能力、取舍能力等

续表

环节序号	环节名称	说明
9	互动交流	针对设定的与职业素养相关主题，采用辩论、研讨、演讲、扮演等多种形式进行互动交流，训练团队合作、表达交流、随机应变、语言组织等能力
10	专项训练	对某方面的职业素养进行专项训练，进一步强化、提升职业素养

4. “财经应用文写作”课程的教学过程设计方案

“财经应用文写作”课程的教学过程设计方案如表 4-105 所示。

表 4-105 “财经应用文写作”课程的教学过程设计方案

环节序号	环节名称	说明
1	范文赏析	赏析范文，初步熟悉文书结构和写作要点
2	知识必备	学习相关理论知识
3	规范探究	熟悉文书的写作规范，明确写作要求
4	模板定制	熟悉文书的结构构成、基本要素
5	写作训练	按规定要求训练文书写作

5. “常用工具软件应用”课程的教学过程设计方案

“常用工具软件应用”课程的教学过程设计方案如表 4-106 所示。

表 4-106 “常用工具软件应用”课程的教学过程设计方案

环节序号	环节名称	说明
1	教学导航	明确教学目标，熟悉教学方法，了解课时建议
2	操作准备	安装工具软件，准备所需素材
3	软件综述	介绍同类工具软件的典型产品及其主要功能特点
4	引导训练	引导学习者渐进式完成工具软件实际应用的操作任务
5	探索实战	参照引导训练的方法，应用同类工具软件自主完成类似的操作任务
6	考核评价	对引导训练和探索实战任务的完成情况进行考核评价
7	单元总结	对单元教学内容和技能训练情况进行归纳总结，形成整体印象

6. “网页美化与布局”课程的教学过程设计方案

“网页美化与布局”课程的教学过程设计方案如表 4-107 所示。

表 4-107 “网页美化与布局”课程的教学过程设计方案

环节序号	环节名称	说明
1	知识预览	对 HTML5、CSS3 相关的理论知识进行分析与归纳，为网页美化与布局提供方法指导和知识支持
2	验证训练	通过实例对 HTML5 的典型标签及属性设置、CSS3 的典型属性定义进行验证，进一步理解和熟悉 HTML5 和 CSS3 的相关知识
3	引导训练	引导学习者一步一步完成网页美化与设计任务
4	技术点睛	对网页美化与布局的典型方法和技术要点进行归纳总结

续表

环节序号	环节名称	说明
5	同步训练	参照引导训练的方法，学习者自主完成类似的网页美化与布局任务
6	单元小结	对本单元所学习的知识和训练的技能进行简要归纳总结

4.6 尝试改进

合格的课程设计方案通常需要达到以下要求：

（1）载体选取合理。

（2）单元名称、任务名称命名规范。

（3）课程整体上以完成任务为主线，理论知识主要是为任务的完成提供方法指导。

（4）各单元的排列顺序符合由易至难、由简单至复杂、由具体至抽象的认知规律，技能训练顺序符合由单一至综合、由简单认知至复杂决策的技能成长规律。

（5）任务的设置与实际工作情境中的工作任务对接，体现实际的工作过程。

（6）各单元名称和任务名称可以与实际工作任务直接对应，也允许有一定的综合和抽象。

结合以上课程设计的要求，对具体的课程设计方案进行优化改进。

4.6.1 “网页设计与制作”课程设计方案的改进

待改进的“网页设计与制作”课程设计方案如表4-108所示，该方案不是以网页为载体，也不是以完成网页制作任务为主线，而是以知识学习为主线，案例主要是为验证所学知识而设置。各章名称也不规范，无法反映载体和操作任务。

表4-108 待改进的“网页设计与制作”课程设计方案

章名称	节名称	
第1章 HTML与CSS网页设计概述	1.1 Web基本概念 1.2 网页制作入门	1.3 Dreamweaver工具的使用 1.4 阶段案例——创建网页文档
第2章 HTML入门	2.1 什么是HTML 2.2 HTML文本控制标记	2.3 HTML图像标记 2.4 阶段案例——制作图文混排页面
第3章 CSS入门	3.1 CSS核心基础 3.2 CSS文本相关样式	3.3 CSS高级特性 3.4 阶段案例——制作新闻页面
第4章 盒子模型	4.1 认识盒子模型 4.2 盒子模型相关属性 4.3 元素的类型与转换	4.4 块元素垂直外边距的合并 4.5 阶段案例——制作音乐盒

续表

章名称	节名称	
第5章　列表与超链接	5.1　列表标记 5.2　CSS 控制列表样式 5.3　超链接标记	5.4　链接伪类控制超链接 5.5　阶段案例——制作新闻列表
第6章　表格与表单	6.1　表格标记 6.2　CSS 控制表格样式 6.3　认识表单 6.4　创建表单	6.5　表单控件 6.6　CSS 控制表单样式 6.7　阶段案例——制作注册界面
第7章　浮动与定位	7.1　元素的浮动 7.2　Overflow 属性	7.3　元素的定位 7.4　阶段案例——制作 banner 页面
第8章　CSS 高级技巧	8.1　CSS 布局 8.2　CSS 精灵技术 8.3　CSS 滑动门技术	8.4　margin 负值的应用 8.5　浏览器兼容性 8.6　阶段案例——制作网站主页

试选取网页为载体，对如表 4-108 所示的课程设计方案进行优化改进，以制作网页为主线，将相关知识、技术和方法嵌入任务完成过程进行学习。对章名称重新命名，并设置合理的教学流程，将理论知识学习合理嵌入每个单元的教学过程。

4.6.2　“计算机组装与维护”课程设计方案的改进

待改进的“计算机组装与维护”课程设计方案如表 4-109 所示，该方案将教学内容划分为理论篇和实践篇，理论篇也包括诸如选用与安装、故障处理等操作任务，即理论篇包括理念知识、方法技巧和操作实践三方面的内容，没有真正实现理论实践一体。

表 4-109　待改进的“计算机组装与维护”课程设计方案

理论篇		
章名称	教学内容选取	
第1章　CPU	1.1　CPU 概述 1.2　主流 CPU 简介	1.3　CPU 的选用与安装 1.4　CPU 的常见故障处理
第2章　主板	2.1　主板的结构与组成 2.2　主板的芯片组、总线和接口	2.3　主板的选用与主流主板简介 2.4　主板的故障诊断
第3章　内存	3.1　内存的类型 3.2　内存的性能指标和规范	3.3　内存的安装与选用 3.4　内存常见故障的处理
第4章　显卡与显示器	4.1　显卡的结构 4.2　显卡的安装与设置 4.3　显卡的选用 4.4　显卡的常见故障	4.5　显示器的类型 4.6　显示器的选用 4.7　LCD 显示器的故障处理与维护
第5章　硬盘	5.1　硬盘的工作原理和结构 5.2　硬盘的性能指标 5.3　固态硬盘和混合硬盘	5.4　硬盘的维护与常见故障处理 5.5　硬盘的选用 5.6　硬盘的安装

续表

章 名 称	教学内容选取	
第 6 章 光存储设备	6.1 光存储设备的工作原理和结构 6.2 光存储设备的性能指标	6.3 光驱动器的安装 6.4 光驱动器的使用与维护
第 7 章 机箱与电源	7.1 机箱简介 7.2 机箱的选用 7.3 计算机开关电源的基本原理	7.4 电源的性能指标 7.5 电源的选用 7.6 常见故障处理与维护
第 8 章 键盘与鼠标	8.1 键盘的类型 8.2 键盘的布局与基本工作原理 8.3 键盘的选用与维护	8.4 鼠标的类型 8.5 鼠标的性能指标 8.6 鼠标的选用与维护
第 9 章 声卡与音箱	9.1 声卡的主要类型和工作原理 9.2 声卡的主要技术指标及相关术语	9.3 声卡的选用 9.4 音箱的选用
第 10 章 扫描仪	10.1 扫描仪的工作原理 10.2 扫描仪的种类 10.3 扫描仪的各项性能指标	10.4 扫描仪的选用 10.5 扫描仪的安装与使用 10.6 扫描仪日常维护及简单故障处理
第 11 章 打印机	11.1 针式打印机的工作原理 11.2 针式打印机常见故障处理与维护 11.3 喷墨打印机的工作原理 11.4 喷墨打印机故障诊断与日常维护	11.5 激光打印机的特点 11.6 激光打印机的工作原理 11.7 激光打印机故障诊断与维护 11.8 打印机的选用与安装
实 践 篇		
章 名 称	相 关 任 务	
第 12 章 计算机系统的配置与硬件组装	任务 1 了解计算机系统的基本组成与配置 任务 2 计算机硬件的组装	
第 13 章 计算机系统软件安装	任务 1 BIOS 的设置 任务 2 安装操作系统 任务 3 用克隆 Ghost 的方法安装计算机软件 任务 4 设备驱动程序的安装与设置	
第 14 章 微型机系统常用工具软件的安装与使用	任务 1 常用工具软件的安装 任务 2 Windows 7 系统自带的系统维护功能 任务 3 常用工具软件的使用	
第 15 章 计算机系统常见故障处理	任务 1 系统维护基本知识 任务 2 系统启动故障处理 任务 3 计算机系统运行常见故障处理	
第 16 章 网络常见故障处理与网络共享技术	任务 1 常见网络故障处理 任务 2 常见共享设置 任务 3 常见共享设置故障处理	

试参考实践篇的章名称和任务名称，将理论篇的教学内容进行改进，将前 11 章中各计算机部件与外设的选用、安装与使用、故障诊断与维护重新设置为 3 个单元，分别为计算机部件与外设的选用、计算机部件与外设的安装与使用、计算机部件与外设的故障诊断与维护，将相关的理论知识嵌入各单元讲解。将实践篇的 5 章改为 5 个单元，删除“任务 1　系统维护基本知识”，因为该任务不是真实的操作任务，而是

理论知识学习。整门课程进行优化改进后，载体设置为操作任务，以完成各项操作任务为主线，理论知识为完成各项任务提供方法指导。

4.6.3 “财经应用文写作”课程设计方案的改进

待改进的“财经应用文写作”课程设计方案如表 4-110 所示，该方案将教学内容划分为 10 章，每章选用了相应教学内容。

表 4-110 待改进的“财经应用文写作”课程设计方案

章 名 称	教学内容选取	
第 1 章 财经应用文写作概论	1.1 应用文与财经应用文	1.2 财经应用文的写作要素构成
第 2 章 财经调研文书	2.1 财经调研文书概述 2.2 市场调查报告 2.3 市场预测报告 2.4 经济活动分析报告	2.5 可行性研究报告 2.6 审计报告 2.7 资产评估报告
第 3 章 财经策划文书	3.1 财经策划文书概述 3.2 会议策划书 3.3 广告策划书	3.4 营销策划书 3.5 公关策划书
第 4 章 财经信息文书	4.1 财经信息文书概述 4.2 财经消息 4.3 产品说明书	4.4 财经评论 4.5 财经广告文
第 5 章 常用公务文书	5.1 公务文书概述 5.2 公告、通告、通报、通知	5.3 报告、请示、批复 5.4 函、会议纪要
第 6 章 常用事务文书	6.1 事务文书概述 6.2 工作计划 6.3 工作总结	6.4 述职报告 6.5 工作简报
第 7 章 财经合同文书	7.1 财经合同文书概述 7.2 招标书与投标书	7.3 意向书与协议书 7.4 经济合同
第 8 章 财经诉讼文书	8.1 财经诉讼文书概述 8.2 经济纠纷起诉状、上诉状和答辩状	8.3 经济纠纷仲裁书和公证书
第 9 章 财经信函	9.1 财经信函概述 9.2 财经信函的结构	9.3 主要财经信函写作介绍 9.4 传真和电子邮件
第 10 章 财经论文	10.1 财经论文概述	10.2 财经论文的写作

如表 4-110 所示的课程设计方案中章名称和节名称大多为名词，没有像“10.2 财经论文的写作”那样准备表达为“写作财经论文”，不是“编辑”“修改”“删除”“销售”之类的操作。同时各种类型的文书撰写和“概述”之类的理论知识混在一起，无法真正体现文书撰写主线。

在改进课程设计方案时，不考虑第 1 章的内容，将章改为单元，单元名称改为动宾结构或主谓结构，各节内容改为任务方式，同样任务名称也为动宾结构或主谓结构。

4.6.4 “常用工具软件应用”课程设计方案的改进

待改进的“常用工具软件应用”课程设计方案如表 4-111 所示，该方案将教学内容划分为 12 个单元，每个单元设置了若干项任务。

表 4-111 待改进的“常用工具软件应用”课程设计方案

单元名称	任务名称
单元 1 计算机硬件检测工具	任务 1 硬件检测工具概述 任务 2 CPU 检测工具——CPU-Z 任务 3 硬件型号检测工具——EVEREST Ultimate Edition 任务 4 硬盘性能检测专家——HD Tune Pro
单元 2 系统增强与维护工具	任务 1 系统工具概述 任务 2 优化操作系统——Windows 优化大师 任务 3 驱动程序专职管家——驱动精灵 任务 4 清理和优化系统——超级兔子 任务 5 操作系统安装更新补丁
单元 3 文件管理工具	任务 1 文件管理概述 任务 2 文件压缩软件——WinRAR 任务 3 文档保护软件——铁卫一号 任务 4 文档恢复工具——Recover My Files 任务 5 恢复被删除的 Word 文档
单元 4 磁盘管理工具	任务 1 磁盘分区概述 任务 2 磁盘分区工具——PartitionMagic 任务 3 磁盘备份与还原工具——Norton Ghost 任务 4 分区格式化磁盘——DM 任务 5 磁盘管理概述 任务 6 碎片整理工具——Diskeeper 2009
单元 5 上传与下载工具	任务 1 数据传输概述 任务 2 极速下载工具——迅雷 任务 3 P2P 传输工具——BitComet 任务 4 FTP 传输工具——CuteFTP
单元 6 电子书阅读与制作工具	任务 1 电子书概述 任务 2 轻巧的 PDF 阅读器——Foxit Reader 任务 3 RSS 阅读器——闻天下 RSS 阅读器 任务 4 CHM 制作工具——Visual CHM 任务 5 EXE 电子书制作工具——eBook Edit Pro 任务 6 阅读图书工具——超星图书阅览器
单元 7 网络聊天工具	任务 1 网络通信概述 任务 2 即时通信软件——QQ 任务 3 移动聊天工具——飞信 任务 4 网络电话——Skype
单元 8 多媒体播放工具	任务 1 多媒体技术概述 任务 3 音乐播放器——千千静听

续表

单 元 名 称	任 务 名 称
单元 8　多媒体播放工具	任务 3　MV 点播软件——酷我音乐盒 任务 4　视频播放器——暴风影音 任务 5　网络电视——PPTV
单元 9　多媒体制作与处理工具	任务 1　多媒体制作概述 任务 2　音频编辑工具——GoldWave 任务 3　屏幕录像工具——Camtasia Studio 任务 4　视频编辑工具——Movica 任务 5　视频编码剪辑工具——RealProducer Plus
单元 10　图形图像工具	任务 1　图形图像概述 任务 2　图像浏览工具——iSee 图片专家 任务 3　屏幕捕捉工具——HyperSnap 任务 4　图像处理工具——光影魔术手
单元 11　动画及三维制作工具	任务 1　动画及三维制作工具概述 任务 2　黑白动画制作工具——EasyToon 任务 3　Flash 动画制作软件——KoolMoves 任务 4　三维文字动画制作软件——BluffTitler 任务 5　将照片转换为 GIF 动画 任务 6　制作 Flash 相册
单元 12　光盘制作工具	任务 1　光盘知识概述 任务 2　光盘备份与管理工具——FarStone VirtualDrive Pro 任务 3　虚拟光驱工具——DAEMON Tools 任务 4　光盘刻录工具——Nero Burning ROM 任务 5　光盘镜像编辑工具——WinISO 任务 6　刻录加密光盘

如表 4-111 所示的课程设计方案中主要存在以下问题：

（1）单元名称中缺少动词，无法确定是“应用”“设计”“下载”还是“销售”。

（2）每个单元的第一项任务为“×××概述”，这些内容属于理论知识，不是真正意义上的操作任务。

（3）各个单元的任务名称也缺少动词，没有明确表达任务的操作要点。

试针对以上问题进行改进，然后设置一个完善的“常用工具软件应用”课程设计方案。

4.6.5　“SQL Server 数据库应用与管理”课程设计方案的改进

待改进的“SQL Server 数据库应用与管理”课程设计方案如表 4-112 所示，该方案将教学内容划分为 8 章，每章选用了一些必需的教学内容。

表 4-112 待改进的“SQL Server 数据库应用与管理”课程设计方案

单元名称	教学内容选取	
第 1 章 数据库基础	1.1 数据库系统简介 1.2 数据模型	1.3 数据库的体系结构 1.4 Transact-SQL 简介
第 2 章 创建和管理数据库	2.1 认识数据库 2.2 SQL Server 的命名规范	2.3 数据库操作
第 3 章 创建和管理数据表	3.1 认识数据表 3.2 创建数据表	3.3 修改数据表 3.4 导入和导出数据表
第 4 章 表与表数据操作	4.1 数据表操作 4.2 数据表更新 4.3 表与表之间的关联	4.4 数据完整性 4.5 视图中的数据操作
第 5 章 数据查询	5.1 创建查询和测试查询 5.2 选择查询	5.3 基于多表的连接查询 5.4 子查询
第 6 章 SQL Server 高级应月	6.1 流程控制 6.2 用户自定义函数 6.3 交叉表查询	6.4 存储过程 6.5 触发器 6.6 事务处理
第 7 章 SQL Server 安全管理	7.1 SQL Server 身份验证 7.2 数据库用户	7.3 SQL Server 角色 7.4 管理 SQL Server 权限
第 8 章 SQL Server 维护管理	8.1 脱机与联机数据库 8.2 分离和附加数据库	8.3 备份和恢复数据库

如表 4-112 所示的课程设计方案中主要存在以下问题：

（1）第 1 章的内容属于理念知识学习，不属于任务操作，在对数据库、数据表没有基本认知的前提下讲解第 1 章内容，不符合由易至难、由具体至抽象的认知规律。

（2）第 2 章至第 8 章的章名称命名比较规范，但有些节名称不规范，没有准确表达操作要点。部分节名称不属于真正的操作任务，属于理论知识。

试针对以上问题进行改进，以针对数据库、数据表以及数据的操作任务为载体，适度调整各章的顺序，然后设置一个完善的“SQL Server 数据库应用与管理”课程设计方案。

4.6.6 “管理信息系统应用与开发”课程设计方案的改进

待改进的“管理信息系统应用与开发”课程设计方案如表 4-113 所示，该方案将教学内容划分为 9 章，每章选用了一些必需的教学内容。

表 4-113 待改进的“管理信息系统应用与开发”课程设计方案

章名称	教学内容选取	
第 1 章 管理信息系统概述	1.1 数据与信息 1.2 信息的定义和基本特性 1.3 信息系统的概念和功能 1.4 管理信息系统的概念及其作用	1.5 管理信息系统的特征 1.6 管理信息系统的基本功能 1.7 管理信息系统的结构

续表

章　名　称	教学内容选取	
第 2 章　管理信息系统的总体规划	2.1　管理信息系统的总体规划概述 2.2　管理信息系统的开发策略	2.3　管理信息系统总体规划的方法 2.4　管理信息系统总体规划的实施
第 3 章　管理信息系统的系统分析	3.1　管理信息系统的系统分析概述 3.2　组织机构和业务流程的调查与分析 3.3　数据与数据流程的调查与分析 3.4　薄弱环节调查与分析	3.5　用户需求分析 3.6　新系统逻辑模型的建立 3.7　编制系统分析阶段的文档
第 4 章　管理信息系统的系统设计	4.1　系统设计概述 4.2　系统总体结构设计 4.3　系统配置方案设计	4.4　输出设计 4.5　输入设计 4.6　编写系统设计报告
第 5 章　编码与数据库设计	5.1　编码设计 5.2　数据库设计	5.3　数据安全与保密 5.4　编写数据库设计说明书
第 6 章　管理信息系统的系统实施与测试	6.1　物理系统的实施 6.2　程序设计 6.3　系统测试	6.4　系统的转换 6.5　系统的运行管理 6.6　系统实施阶段的文档
第 7 章　管理信息系统的系统评价与维护	7.1　系统的评价 7.2　系统的维护	7.3　系统评价与维护阶段的文档
第 8 章　管理信息系统的管理	8.1　管理信息系统开发的项目管理 8.2　管理信息系统的文档管理 8.3　管理信息系统的质量管理	8.4　管理信息系统的行为管理 8.5　管理信息系统的运行管理
第 9 章　管理信息系统的安全保障	9.1　管理信息系统的安全隐患	9.2　管理信息系统的安全保障措施

如表 4-113 所示的课程设计方案中主要存在以下问题：

（1）第 1 章的内容属于理论知识学习，不属于任务操作，不应单列一章。

（2）第 2 章至第 9 章属于管理信息系统规划、开发、测试、维护、管理每一阶段，章名称命名比较规范，但有些节名称不规范，没有准确表达操作要点。部分节名称不属于真正的操作任务，属于理论知识。

试针对以上问题进行改进，将第 1 章的名称改为“管理信息系统的使用”，选择几个具有代表性的管理信息系统，进行登录、查询、更新等操作。熟悉管理信息系统的操作界面、操作步骤和功能需求。将其他章中的理论知识与操作任务分离，使这些理论知识充当方法指导的角色，而不是真正的操作任务，然后设置一个完善的“管理信息系统应用与开发”课程设计方案。

4.6.7　“Photoshop 图形图像处理”课程设计方案的改进

待改进的“Photoshop 图形图像处理”课程设计方案如表 4-114 所示，该方案不是以图形图像为载体，也不是以图形图像处理任务为主线，而是以方法与技术介绍为主线，实战案例主要是为验证所介绍的方法和技巧而设置。各章名称无法反映载体和操作任务。

表 4-114 待改进的“Photoshop 图形图像处理”课程设计方案

单 元 名 称	教学内容与操作任务	
单元 1 Photoshop 图像处理入门	方法指导	1.1 Photoshop 应用领域与新增功能 1.2 图像处理的基础知识 1.3 图像文件的常用存储格式 1.4 Photoshop CC 快速入门
	实用技巧	技巧 1 查看图像的方式 技巧 2 辅助工具的使用
	实战体验	设置 Photoshop CC 操作界面颜色
单元 2 Photoshop 图像编辑基本操作方法	方法指导	2.1 图像的基本调整与修改 2.2 图像的基础编辑
	实用技巧	技巧 1 操控变形 技巧 2 内容识别填充 技巧 3 透视裁剪对象 技巧 4 用旋转视图工具旋转画布 技巧 5 使用内容识别比例缩放图像
	实战体验	为杯子添加可爱表情
单元 3 选区工具操作方法	方法指导	3.1 创建规则选区 3.2 创建不规则选区 3.3 选区的编辑
	实用技巧	技巧 1 选区的修改 技巧 2 选取相似与扩大选取 技巧 3 填充与描边选区 技巧 4 使用色彩范围命令创建选区 技巧 5 存储与载入选区
	实战体验	为黑白图像添加颜色
单元 4 图像的绘制与修饰技术	方法指导	4.1 设置颜色 4.2 图像的绘制工具 4.3 图像的修饰工具 4.4 图像像素编辑工具
	实用技巧	技巧 1 图像擦除方法 技巧 2 使用渐变工具填充颜色 技巧 3 历史记录艺术画笔工具
	实战体验	为人物添加挑染发色
单元 5 图层的管理方法	方法指导	5.1 图层的基础知识 5.2 图层的高级应用
	实用技巧	技巧 1 创建填充图层 技巧 2 创建调整图层 技巧 3 创建智能图层
	实战体验	为彩妆添加花纹装饰
单元 6 蒙版与通道技术	方法指导	6.1 蒙版基本操作 6.2 通道的基础知识

续表

单 元 名 称	教学内容与操作任务	
单元 6　蒙版与通道技术	实用技巧	技巧 1　创建快速蒙版 技巧 2　创建剪贴蒙版 技巧 3　分离与合并通道 技巧 4　通道的运算
	实战体验	为儿童照片添加装饰背景
单元 7　图像色彩色调调整方法	方法指导	7.1　自动化调整图像 7.2　图像色调调整 7.3　图像色彩调整 7.4　特殊效果调整
	实用技巧	技巧 1　图像色彩模式转换 技巧 2　颜色取样器和“信息”面板 技巧 3　色域和溢色
	实战体验	调出图像的暖黄色调
单元 8　路径的创建和编辑方法	方法指导	8.1　路径是什么 8.2　使用钢笔类工具创建路径 8.3　使用形状工具创建路径 8.4　路径的编辑
	实用技巧	技巧 1　显示与隐藏路径 技巧 2　填充路径 技巧 3　描边路径
	实战体验	为图像添加装饰效果
单元 9　文字的输入和编辑方式	方法指导	9.1　创建文字 9.2　编辑文字
	实用技巧	技巧 1　拼写检查 技巧 2　查找和替换文字 技巧 3　更新所有文字图层 技巧 4　替换所有文字图层 技巧 5　Open Type　字体
	实战体验	制作公益广告
单元 10　滤镜特效处理技术	方法指导	10.1　滤镜的基础知识. 10.2　应用滤镜库 10.3　滤镜的分类 10.4　独立滤镜的应用
	实用技巧	技巧 1　使用智能滤镜 技巧 2　修改智能滤镜 技巧 3　遮盖智能滤镜 技巧 4　重新排列智能滤镜 技巧 5　复制智能滤镜
	实战体验	制作花纹图案
单元 11　图像输出与处理自动化方法	方法指导	11.1　图像的优化和输出方法 11.2　动作应用

续表

单 元 名 称	教学内容与操作任务	
单元 11　图像输出与处理自动化方法	实用技巧	技巧 1　批处理图像 技巧 2　裁剪并修齐照片 技巧 3　创建快捷批处理
	实战体验	为图像添加边框效果
单元 12　Photoshop 数码照片处理方法	实战体验	12.1　数码照片的常见问题修复 12.1.1　去除照片上的多余人物 12.1.2　修复照片上的划痕
		12.2　人像照片的后期处理 12.2.1　为人物快速添加腮红 12.2.2　改善暗黑肤色效果
		12.3　风光照片的后期处理 12.3.1　调出绚丽五彩风光 12.3.2　为照片添加阳光照射效果
单元 13　Photoshop 图像合成与特效设计方法	实战体验	13.1　图像合成 13.1.1　合成兔耳朵女孩特效 13.1.2　合成灯泡中的金鱼
		13.2　特效制作 13.2.1　制作霓虹边缘照片特效 13.2.2　打造浪漫的图像特效

试选取图形图像为载体，对如表 4-114 所示的课程设计方案进行优化改进，以图形图像处理为主线，将相关知识、技术和方法嵌入任务完成过程进行学习。对章名称重新命名，并设置合理的教学流程，将理论知识学习合理嵌入每个单元的教学过程。可以考虑将前 11 个单元的实战体验环节的任务名称作为单元名称，将单元 12 和单元 13 的任务重新整合到前 11 个单元中。

4.6.8　“货物运输实务”课程设计方案的改进

“货物运输实务”课程根据物流企业运输管理岗位实际工作的要求，以典型货物运输业务为主线组织学习内容。待改进的“货物运输实务”课程设计方案如表 4-115 所示。

表 4-115　待改进的“货物运输实务”课程设计方案

单 元 名 称	任 务 名 称
单元 1　货源组织	任务 1　货源调查 任务 2　运输商务谈判 任务 3　货物运输合同签订
单元 2　货物运输安全管理	任务 1　货物运输风险防范 任务 2　3G 技术的应用 任务 3　货运事故处理

续表

单元名称	任务名称
单元3　货物运输生产计划的编制与执行	任务1　货物运输生产计划的编制 任务2　货物运输车辆运行作业计划的编制与执行
单元4　货物运输与装卸设备的选型	任务1　认识货物运输设备 任务2　认识货物装卸搬运设备 任务3　货物运输与装卸设备选型的原则和步骤
单元5　普通货物运输组织	任务1　整车货物的运输组织 任务2　零担货物的运输组织
单元6　危险品运输组织	任务1　认识危险品 任务2　危险品的包装与装卸 任务3　危险货物的运输组织
单元7　大件物品运输组织	任务1　认识大件物品 任务2　大件物品的运输组织
单元8　鲜活易腐品运输组织	任务1　认识鲜活易腐品 任务2　鲜活易腐品的运输组织
单元9　易碎物品运输组织	任务1　认识易碎物品 任务2　易碎物品的运输组织
单元10　贵重物品运输组织	任务1　认识贵重物品 任务2　贵重物品的运输组织
单元11　货物运输合理化组织	任务1　货物运输合理化的识别和选择 任务2　货运车辆合理化调运方法 任务3　车辆运行组织方式
单元12　货物运输组织绩效评价	任务1　货物运输组织绩效评价方法 任务2　货物运输组织绩效评价指标

该方案中普通货物运输组织、危险品运输组织、大件物品运输组织、鲜活易腐品运输组织、易碎物品运输组织、贵重物品运输组织属于典型货物运输业务，每项货物运输业务都有自身的特点，也有完整的工作过程：货源组织与合同签订、货物运输生产计划的编制与执行、货物运输合理化组织、货物运输与装卸设备的选型、货物运输安全管理、货物运输组织、货物运输组织绩效评价。对于不同的货物运输业务，货源组织与合同签订、货物运输生产计划的编制与执行、货物运输组织绩效评价等方面可能具有通用性，货物运输合理化组织、货物运输与装卸设备的选型、货物运输安全管理等方面可能具有独特性。试以典型货物运输业务为载体，每一项运输业务的组织实施都体现完整的工作过程，对如表4-115所示的“货物运输实务”课程设计方案进行优化改进。

4.7 实战体验

4.7.1 现有课程设计方案的分析

对现有课程的课程命名和课程目标、课程的核心知识点和技能点、教学单元、教学案例、计划课时、教学方法与手段、教学效果等方面进行分析，然后对课程设计方案进行改进与优化。

1. 课程命名分析

根据行动导向的教学理念，分析现有课程名称是否规范、科学。

2. 课程目标分析

分析现有课程的知识、技能、素养目标，将课程的课程名称与目标填入表4-116中。

表4-116 课程目标分析

课程名称	
课程目标	

3. 课程相关的知识、技能、素养分析

分析现有课程相关的知识、技能、素养，并填入表4-117中。

表 4-117　课程相关的知识、技能、素养一览表

序　号	核心知识点（列出 10 个左右）	核心技能（列出 10 个左右）	关键素养（列出 3~5 个左右）
1			
2			
3			
4			
5			
6			
7			
8			
9			
10			

4．课程的教学单元与教学案例分析

分析现有课程的教学单元与教学案例，并填入表 4-118 中

表 4-118　课程的教学单元与教学案例分析

单元序号	单元名称	教学案例（项目、任务、产品等）或教学任务	计划课时
1			
2			
3			
4			
5			
6			
7			
8			
9			
10			

经过以上分析后，思考或回答以下问题：

（1）现有课程的设计方案是知识导向还是行动导向？

（2）现有课程的名称是否合适？课程目标是否明确？

（3）现有课程采用的载体是什么？

（4）对现有课程的设计方案如何进行改进优化？

4.7.2　课程相关岗位需求的调研与分析

针对课程相关的职业岗位进行调研，明确相关岗位的岗位职责和岗位要求。

1．明确课程相关岗位

根据专业定位和岗位面向，明确与课程相关的岗位，将相关岗位及相关典型工作任务填入表 4-119 中。

表 4-119　课程的相关岗位

课程名称	
相关岗位名称	相关典型工作任务

2．调研课程相关岗位的岗位职责和岗位要求

对相关岗位的工作职责、岗位要求进一步进行深入细致调研，将调研的岗位职责、岗位要求填入表 4-120 中。

表 4-120　课程相关岗位的岗位职责与岗位要求

岗 位 名 称	岗 位 职 责	岗 位 要 求

4.7.3　课程的优化设计

1．优化课程命名

根据行动导向的教学理念、课程相关岗位的岗位职责和岗位要求，对课程名称进行优化，形成规范、合理的课程名称。

2．明确课程的教学目标

根据课程相关岗位的工作职责和职位调研分析，进一步明确课程的知识、技能、素养目标，应区分范围要求、层次要求、程度要求，区分一般目标和提升目标，区分当前目标和期待目标。将优化后的课程名称及课程目标填入表 4-121 中。

表 4-121　课程目标分析

课 程 名 称		
课程目标	知识目标	
	技能目标	
	素养目标	

3. 梳理课程的知识点、技能点和关键素养

根据课程相关的岗位职责和岗位要求，充分考虑教学的针对性、实效性、时代性、适用性，梳理课程涉及的知识点和技能点，并填入表 4-122 中。

表 4-122　课程涉及的知识点和技能点

知　识　点	技　能　点

进一步明确专业核心技能、最前沿技术、关键素养，满足教学针对性、实效性、适用性和时代性要求，并填入表 4-123 中，这样保证教学的有效性和时代性。

表 4-123　课程的核心技能点、前沿技术和关键素养

核心技能点	前 沿 技 术	关 键 素 养

4. 选取载体

（1）拟定课程载体的备选方案

根据课程类型和教学特点，初步拟定几个载体，填入表 4-124 中。

表 4-124　课程载体的备选方案

可 选 方 案	载 体 名 称	载 体 类 型	载体选取的基本思路
方案 1			
方案 2			
方案 3			

（2）确定课程载体

经过比较与分析，初步确定一个载体。后面的学习任务拟定、教学单元划分、教学内容整合等步骤都是基于选定的载体进行的。

5. 拟定学习任务或学习情境

根据初选的载体，拟定多个学习任务或学习情境，同时根据知识学习和技能训练需要，进一步细化学习任务或学习情境。学习任务可以是操作任务、设计任务、制作

任务、加工任务、写作任务、维修工作、表演任务、编辑任务、讲解任务、组织任务、管理任务等。

将拟定的学习任务或学习情境填入表 4-125 中。

表 4-125 拟定的学习任务或学习情境

序号	学习任务或学习情境	学习任务或学习情境细化

6. 划分教学单元

根据学生认知规律和职业能力形成规律，按照从简单到复杂、从单项到综合、从具体到抽象的逻辑线索，对拟定的学习任务或学习情境进行整合与序化，形成循序渐进、能力递进的教学单元，并填入表 4-126 中。

表 4-126 教学单元设计

单元序号	单元名称	对应的任务
1		
2		
3		
4		
5		
6		
7		
8		
9		
10		

7. 选取与序化教学内容

（1）整合与序化教学内容

根据行业企业的发展需求和完成职业岗位实际工作任务所需要的知识、技能、素养要求，选取教学内容，并为学生可持续发展奠定良好基础。将选取的教学内容填入

表 4-127 中。

表 4-127　选取的教学内容

知 识 点	技 能 点

（2）整合与序化教学内容

遵循学生职业能力培养的基本规律，以真实工作任务及其工作过程为依据，整合、序化教学内容，将按教学单元进行整合、序化的教学内容填入表 4-128 中。

表 4-128　教学内容的整合与序化

单元序号	单元名称	知 识 点	技 能 点
1			
2			
3			
4			
5			
6			
7			
8			
9			
10			

4.7.4　形成课程方案

课程方案主体内容包括课程名称、载体选取、课程目标、教学单元设计、任务设计、教学过程设计。

1．课程名称优化与载体选取

课程名称与载体选取如表 4-129 所示。

表 4-129　课程名称优化与载体选取

课程名称	
载体选取	

2．确定课程目标

课程目标分析如表 4-130 所示。

表 4-130　课程目标分析

课 程 目 标	知识目标	
	技能目标	
	素养目标	

3．教学单元设计

课程设计方案的教学单元设计如表 4-131 所示。

表 4-131　课程设计方案的教学单元设计

单 元 名 称	建 议 课 时	建议考核分值

4．任务设计

课程设计方案的任务设计如表 4-132 所示。

表 4-132　课程设计方案的任务设计

单 元 序 号	环 节 名 称	任 务 名 称

5．教学过程设计

课程设计方案的教学过程设计如表 4-133 所示。

表 4-133　课程设计方案的教学过程设计

教学环节序号	教学环节名称	说　明

第5阶段 5

控制课程设计过程

为了保证课程整体设计方案有效，课程整体设计应有一个较为严谨、可行的控制流程，并予以严格执行。课程设计过程的控制过程如下：

（1）组建课程整体设计小组。以课程骨干任课教师为组长，组成课程整体设计小组。组长制订设计计划，统筹安排具体课程设计的整体工作，撰写《课程整体设计工作计划》。

（2）进行岗位需求与职业活动调研、职业能力需求分析论证，确定课程目标。课程整体设计小组开展职业活动调研和职业能力需求分析论证，在此基础上确定课程目标，撰写《岗位需求与职业活动调研报告》和《职业能力需求分析报告》。

《岗位需求与职业活动调研报告》的主要内容、基本结构模板如下所示。

调研人姓名		调研日期	
同组人			
调研的代表企业			
调研的典型岗位			
调研方法			
调研的时间段	______年______月至______年______月		
调研的主要结论			
岗位名称	主要岗位职责		

通过对________等企业的调研，获取了_____个岗位的岗位职责以及知识、技能和素养需求，______专业人才需求前3位的岗位或职位包括________、________、________，通过对调研数据的统计分析可知，_______专业（________专业方向）的典型工作岗位或职位、实际工作任务以及相关的知识、技能、职业态度、素养需求如下表所示。

典型工作岗位或职位	对应的实际工作任务	相关的知识、技能	相关的职业态度、素养需求

续表

调研结论： （1）通过本次调研分析，对________专业面向的岗位或职位建议为：_________、_________、_________。 （2）___________专业的专业定位的建议为：___________________________。 （3）通过对典型工作岗位的岗位职责和任职资格的分析，与课程相关的典型岗位需求有： ①____。 ②____。 ③____。 （4）通过对典型工作岗位的实际工作任务及职业活动的分析，与课程相关的典型职业活动有： ①____。 ②____。 ③____。 ④____。 ⑤____。

（3）拟定课程整体设计的初步框架。设计小组根据课程目标，收集教学参考资料，拟定课程目标、教学模块、职业能力训练项目、职业活动素材、课程考核评价等方面的初步设计框架。

（4）编制《课程设计方案及其设计论证报告》。设计小组组长按照课程整体设计的基本内容及要求，根据议定的初步设计框架，编制《课程设计方案及其设计论证报告》，经设计小组讨论、修改后定稿。

（5）评审、批准《课程设计方案》。邀请企业专家、课程开发专家、相关部门领导、本课程的任课教师等人员组成评审小组，对《课程设计方案及其设计论证报告》进行评审。评审通过的，其《课程设计方案》批准实施；评审未通过的，设计小组根据评审意见进行修改，重新进行评审。

第6阶段

6 评审课程设计方案

初步的课程设计方案完成后，在真正执行之前，应听听专家的意见，并对照课程设计标准评审课程设计方案，以保证在思想、理念等方面与最新政策文件精神保持一致，全面贯彻并真正落实现代职业教育思想和先进教学理念，符合课程设计标准各项指标要求。

6.1 《课程设计方案》的评价

《课程设计方案》是课程整体设计的结晶，应依据课程设计标准对课程设计方案进行评价，课程整体设计的思路、原则、内容最终要全部体现在《课程设计方案》中。对照课程设计标准的指标逐项对课程设计方案进行评价。

6.2 《课程设计方案》的执行与修订

经评审通过并经批准实施的《课程设计方案》是课程教学纲领性教学文件，它是评价课程教学效果和效率的主要依据，也是检查、监控教师课程教学过程、行为，评价教师职业教育教学能力和水平的主要依据。《课程设计方案》确定后，一方面要保证其严肃性和稳定性，教师在课程教学中必须严格遵照执行，不可随意改动；另一方面要注意在实施中发现和收集其缺失疏漏之处，并随时追踪职业活动的变化情况，定期予以修订。《课程设计方案》的修订同样要履行评审论证程序。

反侵权盗版声明

举报电话：（010）88254396；（010）88258888

传　　真：（010）88254397

E-mail：　dbqq@phei.com.cn

通信地址：北京市海淀区万寿路 173 信箱

电子工业出版社总编办公室

邮　　编：100036